V&R

Judentum, Christentum und Islam

Christfried Böttrich, Beate Ego,
Friedmann Eißler

Abraham

in Judentum, Christentum und Islam

Vandenhoeck & Ruprecht

Die Autoren
Dr. theol. Christfried Böttrich ist Professor für
Neues Testament an der Universität Greifswald.
Dr. theol. Beate Ego ist Professorin für
Altes Testament an der Universität Osnabrück.
Dr. phil. Friedmann Eßler ist Wissenschaftlicher Referent
an der Evangelischen Zentralstelle für Weltanschauungsfragen
(EZW) in Berlin.

Bibliografische Information der Deutschen Nationalbibliothek

Die Deutsche Nationalbibliothek verzeichnet diese Publikation in der
Deutschen Nationalbibliografie; detaillierte bibliografische Daten sind
im Internet über http://dnb.d-nb.de abrufbar.

ISBN 978-3-525-63398-4

Umschlagabbildung:
Abraham (Fresko in der Synagoge von Dura Europos, 3. Jh.)

Druck und Bindung: ⊕ Hubert & Co, Göttingen
Gedruckt auf alterungsbeständigem Papier.

Reihenvorwort

Juden, Christen und Muslime haben es nicht leicht miteinander. Gemeinsam schöpfen sie aus dem reichen Fundus der großen biblischen Erzählungen. Sie bekennen einen einzigen Gott, der Himmel und Erde erschaffen hat. In ihrer Geschichte sind sie vielfach aufeinander bezogen und miteinander verflochten. Aber je größer die Nähe, umso schärfer gestalten sich bekanntlich auch die Konflikte. Die lange Geschichte jüdisch-christlich-islamischer Beziehungen war häufig von Abgrenzung und Feindseligkeit, von Pogromen, Kreuzzügen, Völkermorden und Terrorakten begleitet. Natürlich hat es auch an Phasen eines friedlichen Miteinanders nicht gefehlt. Die kulturelle Hochblüte jener erstaunlichen jüdisch-islamischen Symbiose im Spanien des 11./12. Jh. etwa hat sich auf unvergessliche Weise in die Annalen der europäischen Geschichte eingeschrieben. Einzelne Persönlichkeiten vermochten schon immer die Gräben religiöser Differenzen zu überbrücken. Doch die breite Masse der Gläubigen tut sich nach wie vor schwer damit, in den jeweils Anderen auch Bruder und Schwester sehen zu können. Zu schwer wiegen die Erfahrungen jahrhundertelanger Konflikte. Dabei ist die Verständigung in unserer zunehmend enger vernetzten Welt dringlicher als je zuvor.

Als besondere Schwierigkeit im Umgang miteinander machen sich dabei immer wieder sowohl die Asymmetrie der Beziehungen als auch die Strukturverschiedenheit der drei abrahamischen Religionen bemerkbar. Die Bezüge zueinander haben unterschiedliche Proportionen und ein unterschiedliches Gewicht. Die theologischen Kategorien der einen Religion sind nicht einfach mit denen der anderen kompatibel. Dennoch gibt es über die pragmatische Notwendigkeit hinaus, in unserer modernen, gefährdeten Welt zu einem friedlichen Miteinander zu finden, auch eine breite Basis an theologischer Gemeinsamkeit. Christen und Juden sind in dieser Erkenntnis in den zurückliegenden Jahrzehnten schon weit vorangekommen. Das Gespräch mit dem Islam hingegen steht noch ganz an seinen Anfängen. Vor allem aber fehlt es daran, das Spezialwissen der wenigen, die in einem Dialog engagiert sind, auf der Basis allgemeiner, selbstverständlicher Kenntnisse zu verbreiten.

An dieser Stelle möchte die vorliegende Taschenbuchreihe ihren Beitrag leisten. Die wichtigste Voraussetzung für jede Begegnung besteht darin, einander wahrzunehmen und voneinander Kenntnis zu erlangen. Das erweist sich gerade dort als besonders wichtig, wo die drei abrahamischen Religionen gemeinsame Traditionen aufnehmen. Hier setzt die Taschenbuchreihe an. Sie beschäftigt sich mit den prägenden Gestalten jener biblischen Erzählungen, die bei Juden, Christen und Muslimen gleichermaßen von Bedeutung sind. Dabei kommt der alttestamentlich-jüdischen Überlieferung grundlegende Bedeutung zu. Auf sie beziehen sich die neutestamentlichen Schriften sowie die Werke der im zweiten Jahrhundert beginnenden christlichen Theologie zurück. Der Koran und die daran anschließende islamische Tradition wiederum nehmen jüdische und verschiedene christliche Traditionen auf und gestalten sie neu. Diese Linien sollen hier sichtbar gemacht werden. Dabei geht es sowohl um die Gemeinsamkeiten, die durch den gemeinsamen Stoff bestimmt sind, als auch um die Unterschiede, die vom Kontext der jeweiligen Glaubensgemeinschaft ihre Prägung erhalten.

Mit den großen Gestalten der Überlieferung verbinden sich zugleich wichtige Themenbereiche. Das erste Buch über „Abraham" ist der grundlegenden Frage nach der Bedeutung des Gottesglaubens gewidmet. Ein zweites Buch über „Jesus und Maria" geht der Einzigartigkeit dieser besonderen Familie nach, wobei vor allem die Differenzen hervortreten. An der Gestalt des „Mose" reflektiert das dritte Buch die Rolle des Rechtes und der Ethik. Was es mit dem Phänomen der Prophetie auf sich hat, ist Gegenstand eines vierten Buches über „Elia und andere Propheten". Die Schöpfungsthematik kommt schließlich im fünften Buch anhand der Traditionen um „Adam und Eva" zum Zuge.

Erfahrungsgemäß ist die Angst vor Fremdem dort am größten, wo man es nicht oder nur ungenau kennt. Wenn diese Taschenbuchreihe deshalb grundlegende Kenntnisse vermitteln kann, ist schon ein wichtiger Schritt zur Verständigung getan. Dabei lässt der Blick auf das, was andere glauben und was anderen wichtig ist, die eigene Tradition noch einmal in einem ganz neuen Licht erscheinen. Auch dazu möchten die Bücher dieser Reihe anregen.

Die drei Teile jedes Buches sind mit aller notwendigen Fachkompetenz für jüdische, christliche und islamische Theologie, jedoch von einem gemeinsamen christlichen Standpunkt aus geschrieben. Auch das anvisierte Lesepublikum wird sehr wahrscheinlich ein vorwiegend christlich geprägtes sein. Dennoch hat das Bemühen Vorrang, dem Selbstverständnis von Juden, Christen und Muslimen so weit wie möglich gerecht zu werden. Denn bei aller Suche nach Gemeinsamkeit kann es nicht darum gehen, die Grenzen in einem großen Einerlei zu verwischen. Vielmehr soll die vorurteilsfreie Aufmerksamkeit füreinander auch ein kundiges, konstruktives Gespräch ermöglichen.

Bei den Bibeltexten handelt es sich in der Regel um eigenständige Übersetzungen, die bekannte Formulierungen noch einmal in ein neues Licht rücken.

Für den Beginn dieser Taschenbuchreihe gibt es keine angemessenere Bezugsperson als Abraham. In seinem Namen finden sich gegenwärtig wieder die drei „abrahamischen" Religionen zum Gespräch zusammen. Die alte Segensverheißung, die Abraham in allen drei Religionen mit der Völkerwelt verbindet, bestärkt auch die Hoffnung auf ein befreites, neues Miteinander.

Inhalt

Beate Ego

Abraham im Judentum

1. Einleitung: Der Freund Gottes

Es ist ein Zufall der Geschichte, dass wir heute überhaupt eine bildliche Darstellung Abrahams besitzen, die aus der Zeit des antiken Judentums stammt: Als nämlich die Bewohner der Stadt Dura-Europos am Eufrat sich im Jahre 256 n.Chr. vor den heranziehenden Sassaniden schützen wollten, schütteten sie kurzerhand die Räume ihrer unmittelbar hinter der Stadtmauer gelegenen Synagoge mit Sand aus, um ihre Befestigungen zu verstärken. Die Situation war so bedrohlich, dass man sich um die Wandmalereien, die erst wenige Jahre zuvor bei der Restauration der Synagoge angebracht wurden und die vielerlei biblische Szenen abbildeten, keine Gedanken machen konnte. So fanden dann Archäologen viele Generationen später in den 20er und 30er Jahren des 20. Jh. bei der Ausgrabung der Stadt zahlreiche Fresken, die fast vollständig erhalten waren, weil der Sand und das warme Klima sie über die Jahrhunderte hin konserviert hatten – darunter auch eine Darstellung Abrahams: Ein älterer Mann, mit einer Tunika bekleidet, mit einem ruhigen, fast demütigen Gesichtsausdruck steht unter dem Himmelszelt und blickt uns direkt an. Wer ist dieser Abraham? Vielfältig sind die literarischen Abrahamsbilder, die uns in der Hebräischen Bibel und in den zahlreichen Überlieferungen des antiken Judentums, die in den Jahrhunderten vor und nach der Zeitenwende entstanden, erhalten sind. Die biblische Überlieferung nennt ihn zum ersten Mal den „Freund Gottes" (Jes 41,8) und bringt so zum Ausdruck, dass diese Gestalt ein ganz besonderes, enges Gottesverhältnis hatte. Tatsächlich wird dies nicht nur in der biblischen Abrahamsüberlieferung deutlich, sondern auch in einer Vielzahl von späteren antikjüdischen Erzählungen: Abraham, der nach dem einzigen, wahren Gott fragt; Abraham, der zahlreiche Versuchungen besteht; Abraham, der bereits vor der Gabe der Mosetora am Sinai dem göttlichen Gesetz treu ergeben ist; Abraham, der die Menschheit in den Wissenschaften und Künsten unterweist. In all diesen Motiven, von denen wir im Folgenden hören werden, spiegeln sich Ideale verschiedener Strömungen in Israel und im antiken Judentum wider. Sie zeigen auch, auf welch kreative Art und Weise das antike Judentum mit seinen Traditionen umgegangen ist und wie die Menschen mit und in diesen Überlieferungen in ihrer Geschichte gelebt haben. Traditionen gehören nicht der Vergangenheit an, sondern dienen dazu, die Gegenwart zu gestalten.

Über den historischen Abraham verraten diese Überlieferungen freilich nur wenig. Nach der biblischen Chronologie fällt die Väterzeit in das frühe zweite Jahrtausend v. Chr. Die biblischen und frühjüdischen Texte sind damit über 1000, wenn nicht fast 2000 Jahre nach dieser sog. „Väterzeit" entstanden. Erschwerend für eine historische Spurensuche ist auch die Tatsache, dass keine außerbiblischen Zeugnisse für Abraham und die anderen Erzväter und Erzmütter Israels existieren. So kann man nur ganz allgemein feststellen: Die Lebenswelt Abrahams wie auch die der anderen Erzväter und -mütter ist die Welt der Bergnomaden, die an den Rändern und in den weniger fruchtbaren Gegenden des Kulturlandes lebten und die sich von den Produkten ihrer Schafe und Ziegen ernährten. Ihre Lebensweise, ihre Namen und auch ihre Rechtsbräuche passen gut in das Bild, das wir aus anderen Texten über die Welt des Vorderen Orients in der ausgehenden Bronzezeit gewinnen können. So ist anzunehmen, dass sich in der Abrahamserzählung – wie auch in den Geschichten um Isaak und Jakob und ihre Frauen – die Erinnerung daran spiegelt, dass der Stämmeverband Israel zumindest teilweise eine nomadische Vergangenheit hat. In der ausgehenden Bronzezeit verbanden sich Nomaden des Kulturlandes mit anderen Gruppen, die ihre Wurzeln in den kanaanäischen Städten bzw. außerhalb des Landes in der Wüste hatten. Die prominenteste Gruppe ist dabei die sog. Exodus-Gruppe, die aus

Ägypten kam. Sie alle einte schließlich das Bekenntnis zu dem einen Gott JHWH. So wie sich mehrere Gruppen zu der Größe Israel formierten, so verbanden sich im Laufe der Zeit auch verschiedene Ursprungsgeschichten zu jenem großen Gesamtwerk, das uns heute in den Büchern des Pentateuchs vorliegt. Deutlich kommt in diesem Zeugnis zum Ausdruck, dass Israel seine Existenz nur als eine Geschichte des göttlichen Schutzes und des göttlichen Segens begreifen kann, der diesem Volk vor allen anderen Völkern zukommt und dieses grundlegend von jenen unterscheidet.

Diese Themen sind in der alttestamentlichen Wissenschaft breit diskutiert worden, sie können aber hier nicht weiter verfolgt werden. Es ist vielmehr Abraham als literarische Gestalt, die nun im Zentrum des Interesses dieser Ausführungen stehen soll. Nach einem Überblick über die biblischen Abrahamstexte und einer kurzen Reflexion zu ihrer Entstehungsgeschichte sollen vor allem zentrale Motive der antikjüdischen Abrahamsüberlieferung präsentiert werden. Da der hier vorgegebene Rahmen es nicht erlaubt, auf alle Belege detailliert einzugehen, wurden verschiedene Schwerpunkte gesetzt und in ihren verschiedenen Facetten beleuchtet. Ein Schlusskapitel wird dann auf einige weitere Motive der antikjüdischen Abrahamsüberlieferung hinweisen und versuchen, deren wesentliche Linien zusammenzufassen. Abraham erscheint als Repräsentant der richtigen Gotteserkenntnis und als eine Art „Schwellengestalt“, die zwischen Israel und der Völkerwelt steht; in ihm spiegelt sich sowohl Israels Gottesglaube als auch sein Verhältnis zu den Völkern.

2. Die biblische Abrahamsüberlieferung

Ausgangspunkt für alle Ausführungen zu Abraham und seiner Familie ist die biblische Abrahamsgeschichte, die sich in Gen 12,1–25,11 findet. Diese Geschichte, die mit Gottes Ruf an Abraham einsetzt und mit seinem Tod endet, schließt sich direkt an die biblische Urgeschichte mit ihren zahlreichen Stammbäumen an. Aus Sem, einem der drei Söhne Noachs, gehen in der Linie über Arpachschad viele Generationen hervor, bis schließlich Terach als Vater von „Abram, Nahor und Haran“ vorgestellt wird (Gen 11,26). Erst im Folgenden wird die nüchterne Abfolge der Generationen unterbrochen. Denn nun erfahren wir, dass Haran noch zu Lebzeiten seines Vaters Terach in Ur stirbt. Abram und Nahor nehmen sich jeweils eine Frau, wobei aber Sarai, Abrams Frau, unfruchtbar ist. Im Folgenden führt Terach alle Mitglieder der Familie nach Haran, einer Stadt im nördlichen Mesopotamien. Dort stirbt er im Alter von 205 Jahren. Hier also ist zum ersten Mal von Abraham und Sara die Rede, wobei diese auffälligerweise zunächst unter den weniger bekannten Namensformen „Abram“ und „Sarai“ vorgestellt werden. Dazu werden wir nachher noch mehr hören. Auf jeden Fall setzt die eigentlich Abrahamserzählung erst nach dieser eher nüchtern wirkenden Aufzählung von genealogischen Fakten ein. Jetzt nämlich hören wir in Gen 12,1 – 3 die berühmten Worte, wonach Abram sein Vaterland, seine Verwandtschaft und seines Vaters Haus verlassen soll und Gott ihm große Nachkommenschaft und Segen verheißt (Gen 12,1 – 3).

Aus der Abfolge der Geschlechter tritt also eine einzelne Gestalt und ein einzelnes Geschehen heraus und wird zum Mittelpunkt einer Geschichte. Dabei ereignet sich noch etwas ganz Unerwartetes: Das weltimmanente Geschehen öffnet sich hin zur Transzendenz: Gott selbst spricht mit seinen Verheißungen und seinem Segenswort zu Abram.

Mit keinem Wort erfahren wir in der biblischen Erzählung, wann dies geschieht, zu welchem Zeitpunkt, in welchem Jahr, zu welcher Jahres- oder Tageszeit – wir hören auch nicht, warum dies geschieht und warum es gerade Abram ist, dem Gott sich redend zuwendet. Wir finden vielmehr eine äußerste Reduktion auf das Wesentliche: Ein Mensch wird von Gott angesprochen, er soll seine vertraute Umgebung verlassen und in ein fremdes, unbekanntes Land ziehen. Die Dramatik des Befehls wird dabei stilistisch unterstrichen: Während der Ausgangsort Abrams mit den drei Begriffen: Land, Verwandtschaft und Vaterhaus in konzentrischen Kreisen genau angegeben wird, ist die Beschreibung des Ziels seiner Wanderschaft, „das Land, das Gott ihm zeigen wird“, ganz offen gestaltet. Wir erfahren zunächst weder die Richtung, noch die Lage, geschweige denn den Namen des

Ortes, zu dem Abram, der Sohn Terachs, ziehen soll. Erst im Folgenden soll deutlich werden, dass es sich hier um das Land Kanaan handelt.

Gottes Aufforderung an Abram ist mit einem Segenswort verbunden: Gott verspricht ihm, ihn zu einem großen Volk zu machen und ihm Berühmtheit und Ehre zu verschaffen. Das Ende des Abschnittes mit dem Imperativ: „Du sollst ein Segen sein“ (Gen 12,3) zeigt, dass Abram auch die Aufgabe hat, den von Gott empfangenen Segen weiter zu geben. Schließlich wird deutlich, dass diejenigen, die Abram als Segensträger akzeptieren, an dieser Segenskraft partizipieren können. Diejenigen aber, die Abram die Segenskraft absprechen, ja ihn verfluchen, werden ihrerseits verflucht werden. Der letzte Satz des Abschnittes fasst alles prägnant zusammen: In Abram sollen gesegnet werden alle Geschlechter der Erde. Der Segen, der Abram zuteil wird, strömt gleichsam über und gilt allen Geschlechtern der Erde. Solche kühnen Aussagen sind gesamtbiblisch auf dem Hintergrund der Urgeschichte zu lesen: Mit der Geschichte von der Vertreibung aus dem Paradies, den Erzählungen von Kain und Abel und dem Turmbau von Babel war diese weitgehend eine Geschichte der Lebensminderung; mit Abram aber kommt wieder der Segen in die Welt, der sich von ihm aus in die Völkerwelt hinein ausbreitet.

Ohne Rückfragen, ohne Verzögerung und ohne Zweifel macht sich Abram gemeinsam mit seiner Frau Sarai, seinem Neffen Lot und seinem Gesinde auf, um in jenes bislang unbekannte Land zu ziehen. In Kanaan angekommen, gelangt Abram zunächst bis nach Sichem. Gott verheißt dieses Land seinen Nachkommen; Abram reagiert darauf, indem er Gott einen Altar baut und seinen Namen anruft. Schließlich zieht Abram über Bethel, wo ebenfalls ein Altarbau erfolgt, in den Süden des Landes, so dass er gleichsam symbolisch das gesamte Land durchzogen hat.

In dieser Ouvertüre zur Abrahamserzählung sind die zentralem Themen der biblischen Abrahamsgeschichte, Nachkommen und Land, expliziert; durch die Thematik „Nachkommenschaft“ wird gleichzeitig indirekt auch Sarai, die Frau Abrams, als tragende Figur der Handlung eingespielt. Von hier aus entwickelt sich die Erzählung nun logisch weiter. Das erste bestimmende Thema der biblischen Abrahamserzählung ist die Erfüllung der

Nachkommensverheißung. Dem Versprechen Gottes am Anfang der Erzählung, wonach Gott Abram zu einem großen Volk machen will, stehen widrige Umstände entgegen. Bereits aus Gen 11,30 wissen wir von der Unfruchtbarkeit Sarais, außerdem ist Abram bei seinem Auszug aus Haran bereits 75 Jahre alt. Aber die Situation soll sich im Folgenden noch mehr verschärfen: Eine Hungersnot zwingt Abram mit seiner Frau nach Ägypten, in die Getreidekammer Palästinas, zu ziehen. Dort wird die künftige Erzmutter durch den Pharao gefährdet, der Sarai wegen ihrer Schönheit begehrt. Abram gibt seine Frau zu seinem eigenen Schutz als seine Schwester aus und sie wird tatsächlich an den Hof des Pharaos geholt. Gott aber errettet Sarai. Nun können Abram und Sarai reich beschenkt Ägypten verlassen und wieder in das Südland nach Kanaan ziehen (12,10–20). An dieser Erzählung scheiden sich die Geister: Während manche Ausleger hier Abrams Kleingläubigkeit, ja geradezu seine Feigheit entdecken wollen, verstehen andere die Erzählung als einen Beleg für die Klugheit und List des Erzvaters.

Wenn wir den Erzählstrang der Nachkommensverheißung weiterverfolgen, spielt im Folgenden die Geschichte in Gen 15 eine herausragende Rolle. Gott antwortet auf Abrams Klage mit der Verheißung, dass Abrams Nachfahren so zahlreich wie die Sterne des Himmels sein werden; Abram vertraut auf das göttliche Wort, und es wird ihm „zur Gerechtigkeit angerechnet" (Gen 15,6). Sein Verhalten wird also von Gott in seiner Angemessenheit und Richtigkeit bestätigt. Abram wird so zum „Vater des Glaubens" und zum Urbild einer gottgefälligen Existenz.

Auch das folgende Kapitel Gen 16 widmet sich dem Thema der Nachkommenschaft Abrams: Wegen der Unfruchtbarkeit Sarais entschließen sich Abram und Sarai dazu, Hagar, Sarais ägyptische Magd, als Leihmutter zu benutzen – nach außerbiblischen Zeugnissen war dies ein Rechtsbrauch, der auch andernorts im Alten Orient, so zum Beispiel in Babylonien, üblich war. Aus dieser Verbindung von Abram mit Hagar geht Ismael hervor, der zum Stammvater eines wilden, freien Wüstenvolkes wird (16,1–16). Auch hier haben manche Ausleger einen Hinweis auf Abrams Kleinmut und sein mangelndes Gottvertrauen sehen wollen. Wenn Gott aber Abram verheißen hat, dass er zum Vater vieler

Völker werden soll, ist nun mit dieser Geschichte der erste Schritt zu diesem Ziel bereits getan. Gen 17 erzählt von einer weiteren Episode, in der Gott Abram – und auch Sarai – die Verheißung einer großen Nachkommenschaft zusichert. Dieses Versprechen wird hier als „Bund“ (hebr. *b^{e}rit*) bezeichnet. Als Abram bereits 99 Jahre alt ist, verheißt Gott ihm nämlich noch einmal, dass er reiche Nachkommenschaft haben wird. Hier nun wird „Abram“ in „Abraham“ umbenannt. Vermutlich waren diese beiden Namen ursprünglich einfach einmal zwei Formen ein und desselben semitischen Personennamens, der soviel bedeutet wie: „Der Vater (des Stammes) ist erhaben“ oder aber „Der Vater (als Bezeichnung für den Schutzgott) ist erhaben“.

In Gen 17 wird der Name „Abraham“ nun in einem Wortspiel als „Vater vieler Völker“ (hebr. *av-hamon*) gedeutet und so zum Symbol der göttlichen Verheißung. Die Beziehung zwischen Gott und Abraham bezieht sich auch auf Abrahams Nachkommenschaft, wenn es nun in einer Gottesrede heißt: „Und ich will aufrichten meinen Bund zwischen mir und dir und deinen Nachkommen nach dir für alle Geschlechter zu einem ewigen Bund, auf dass ich dir und deinen Nachkommen nach dir Gott sein werde“ (Gen 17,7). Zeichen dieses Bundes ist die Beschneidung, die am achten Lebenstag eines männlichen Kindes erfolgen soll. Hier nun erfolgt auch die Umbenennung von „Sarai“ in „Sara“ und die Verheißung, dass sie einen Sohn bekommen wird (Gen 17,19). Nach dem Besuch der drei Männer bei Abraham und Sara in Mamre, bei dem diese Abrahams und Saras Gastfreundschaft erfahren dürfen und Sara prophezeien, dass sie über das Jahr tatsächlich einen Sohn bekommen wird, erzählt Gen 21 von der Geburt dieses Kindes. Es erhält den Namen Isaak, was wörtlich: „er bzw. man lacht“ bedeutet. Eine Deutung dieses Namens wird von Sara selbst gegeben, wenn sie sagen kann: „Gott hat mir ein Lachen bereitet. Jeder, der davon hört, wird im Hinblick auf mich lachen“ (21,6). Vermutlich soll dies nicht heißen, dass Sara wegen ihres „späten Kindes“ ausgelacht werden soll, sondern vielmehr auf die Freude ihrer Mitmenschen verweisen. Außerdem bringt Sara mit eigenen Worten die transzendente Seite des Geschehens zum Ausdruck: Das Wunschkind ist ein Geschenk Gottes!

Angesichts dieser Geschichte wirkt das, was im Folgenden erzählt wird, wie ein Sprung ins kalte Wasser: Nachdem es zur Entzweiung von Isaak und Ismael gekommen ist (21,9 – 21), soll Abraham auf Gottes Befehl hin seinen geliebten Sohn Isaak als Opfer darbringen und auf diese Art und Weise seinen unbedingten Gehorsam gegenüber dem göttlichen Wort demonstrieren. Erst in letzter Minute wird Isaak durch Gottes Eingreifen gerettet, und es ist vor allem der Glaube und das Vertrauen Abrahams, das in dieser Erzählung herausgestellt werden soll (Gen 22). Nach Saras Tod heiratet Abraham Ketura. Sie wird die Mutter von sechs Söhnen, die zusammen mit ihren Nachkommen wiederum Stammväter von Völkern werden, die die Wüstengebiete bewohnen (25,1 – 6).

Das zweite Leitthema der Abrahamerzählung, das Thema des Landes, wird nach der Ouvertüre in Gen 12,1 – 9 mit der Geschichte von der Trennung von Lot weiter entfaltet. Weil das Land für Abraham und Lot und ihre Herden zu eng geworden ist, trennt sich Lot von Abraham und nimmt in Sodom in der damals noch fruchtbaren Gegend am Toten Meer Wohnung (Gen 13,6 – 12). Das Bemerkenswerte dieser Erzählung ist Abrahams Großzügigkeit, mit der er seinem Neffen das fruchtbarere Land überlässt. Am Ende der Erzählung erfolgt eine erneute Bekräftigung der Landverheißung (Gen 13,14 – 18). Nach der eigenartigen Geschichte vom Bundesschluss zwischen den Tierhälften, in der Gott Abraham abermals den künftigen Besitz des Landes verheißt (Gen 15,13), wird das Motiv des Landbesitzes auch in Gen 21,22 – 34 eingespielt: Wegen der Rechte an einem Brunnen kommt es zu einer Auseinandersetzung mit den Knechten des Philisterkönigs Abimelech; Abraham aber gelingt es durch eine vertragliche Vereinbarung, die Streitigkeiten zu schlichten und so für beide Parteien eine gedeihliche Lebensgrundlage zu schaffen. Die Landthematik erscheint außerdem auch in Gen 23: Abraham, ein Fremdling in Kanaan, erwirbt die Höhle Machpela in Hebron von ihrem ursprünglichen Besitzer, einem Hethiter, um dort seine zwischenzeitlich verstorbene Frau Sara zu bestatten. Damit wird er der rechtsmäßige Besitzer eines wenn auch kleinen Teils des verheißenen Landes.

Schließlich enthält die Abrahamsgeschichte noch weitere Erzählungen, die mit der Gestalt Lots verbunden sind. Nachdem Lot am Toten Meer Wohnung genommen hat, wird er bei einer militärischen Auseinandersetzung verschiedener Könige mit seiner ganzen Habe in den Norden des Landes verschleppt. Sowie Abraham von dieser Geschichte Kunde bekommen hat, eilt er los, um seinen Neffen zu erretten. Nach seiner Rückkehr begegnet er Melchizedek, dem Priester der Stadt Salem, der Abraham segnet. Umgekehrt erkennt Abraham dessen Herrschaft an, indem er ihm den Zehnten von allem – im vorliegenden Kontext wohl der Kriegsbeute – gibt. Ansonsten demonstriert Abraham seine Selbstlosigkeit, indem er auf die gesamte Kriegsbeute verzichtet (Gen 14). Schließlich aber ereilt Lot ein eigenartiges Schicksal: Weil die Leute seiner Stadt Sodom den bei ihm zu Besuch weilenden Engeln, die hier in Menschengestalt auftreten, gewalttätig gegenübertreten, wird die Stadt Sodom wie auch Gomorra vernichtet (Gen 19,1 – 29). Nur Lot kann sich mit seinen Töchtern in das nahe gelegene Gebirge retten. Durch eine inzestuöse Verbindung mit seinen Töchtern wird Lot zum Stammvater der Moabiter und Ammoniter, zwei der Nachbarvölker Israels, die östlich des Toten Meeres wohnen (Gen 19,30 – 38).

So kann im Hinblick auf die biblische Abrahamserzählung zusammengefasst werden: Abraham erscheint hier als eine ideale Gestalt. Gegenüber seinen eigenen Leuten erweist er sich als mutig und selbstlos, gegenüber Fremden ist er gastfreundlich und auf Ausgleich und Frieden bedacht – ja sogar listig, um Blutvergießen und Gewalttaten zu verhindern. Während sich die Landverheißung nur ein Stück weit realisiert, wird die Erfüllung der göttlichen Nachkommensverheißung breit dargestellt. Dabei ist entscheidend, dass der von Gott verheißene Segen explizit sowohl auf Isaak als auch auf Ismael übergehen soll; auf die Gestalt Isaaks, der ja wiederum der Vater Jakobs, des Stammvaters Israels, ist, wird insofern besonderes Gewicht gelegt, da er auch Empfänger des göttlichen Bundesschlusses sein soll (Gen 17,21).

Wenn sich die biblische Abrahamsgeschichte insgesamt auch als kohärente, fortlaufende Geschichte präsentiert, so ist sie doch nicht auf einen einzigen Autor zurückzuführen. Die biblische Abrahamserzählung ist vielmehr in einem längeren Prozess

„gewachsen", der wohl mehrere Jahrhunderte gedauert hat. Dies zeigen verschiedene Dubletten: Das Motiv der Gefährdung der Ahnfrau erscheint sowohl in Gen 12,10 – 20 als auch in Gen 20,1 – 18; ebenso wird Hagars Vertreibung in die Wüste gleich zweimal erzählt, nämlich in Gen 16,6 – 13 und Gen 21,9 – 21. Hinzu kommt noch die Tatsache, dass die Geschichte zahlreiche stilistische Unterschiede aufweist; dies wird vor allem deutlich, wenn man den Text in seiner hebräischen Ursprache liest und studiert. Wie man sich das Wachstum dieses Textes im Einzelnen vorzustellen hat, wird in der alttestamentlichen Wissenschaft seit vielen Jahren ausgiebig diskutiert, von einem wissenschaftlichen Konsens ist man jedoch weit entfernt. Da diese komplexe Problematik in dem hier vorgegebenen Rahmen nicht dargelegt werden kann, müssen einige Hinweise genügen. Sicherlich standen am Anfang des Traditionsprozesses mündliche Überlieferungen, und es ist auch anzunehmen, dass der Abraham-Sara-Erzählkranz, der im weitesten Sinne um die Geburt des ersehnten Sohnes Isaak kreist (Gen 12*.16*.18*.21*) sowie der Abraham-Lot-Erzählkranz (Gen 13*.18*19*) zu den ältesten Teilen dieser Geschichte gehörten, die aus vorexilischer Zeit stammen. Im Laufe der Zeit wurde dieser Grundstock durch weitere Erzählungen wie z. B. der Geschichte der Ahnfrau am Hofe Abimelechs (Gen 20) „angereichert". Von entscheidender Bedeutung ist die Verbindung des Materials mit der sog. Priesterschrift, die als Reaktion auf die Erfahrung der Exilierung Israels entstand. Nun werden die einzelnen Erzählungen durch Stammbäume und knappe Zeitangaben in ein breiteres genealogisches und chronologisches Gerüst eingebunden und theologisch weiter durchdrungen. Diese „Theologisierung" zeigt sich für unseren Textbereich besonders deutlich in der Überlieferung vom Bundesschluss mit Abraham und der Beschneidung (Gen 17). Dieses Kapitel ist neben Gen 23 die einzige priesterschriftliche Erzählung in der gesamten Abrahamsüberlieferung, ansonsten enthält diese Schicht nur knappe Notizen (Gen 12,4b.5; 16,1a.3.15; 21,1b–5; 25,7 – 11a). Einzelne Teile der Abrahamsüberlieferung werden jener großen theologischen Strömung zugeordnet, die man in der alttestamentlichen Wissenschaft als „deuteronomistisch" bezeichnet. Sie wurden vermutlich erst in den Text eingefügt, als die Priesterschrift mit dem Deuteronomistischen Geschichtswerk verbunden wurde (Gen 15,6; 18,19; 22,15 – 18; 26,3b–5).

In diesem Wachstum der Abrahamstradition spiegelt sich ein Stück weit auch die Glaubensgeschichte Israels wider. Dies kann exemplarisch an der Erzählung vom Bund und der Beschneidung entfaltet werden: Wenn die Verheißung an Abraham, die auch die folgenden Generationen mit einschließt, mit dem Terminus des Bundes (hebr. *b^{e}rit*) bezeichnet werden kann und zudem mit einem Zeichen verknüpft wird, so wird deutlich, dass die bestehenden Überlieferungen gleichsam an die aktuelle Situation angepasst werden: Israel befand sich in der Exilszeit in einer Krise, da angesichts des Verlustes des Königtums, des Tempels und des Landes doch massive Zweifel aufkamen, inwieweit JHWH überhaupt noch auf Seiten seines Volkes stand. Die Erzählung in Gen 17 kann geradezu als Beschwichtigung einer solchen Glaubenskrise verstanden werden. Im Rückgriff auf die Vorzeit und den Stammvater Israels wird die besondere Beziehung zwischen Gott und Israel als ein Bund präsentiert, eine Beziehung, die durch ein körperliches Merkmal eine unmittelbare Symbolisierung erfährt. Ein weiteres Beispiel für eine solche „Aktualisierung“ der Abrahamsüberlieferung und ihre Anpassung an die gegenwärtigen Werte stellt auch die Stilisierung Abrahams als eine dem göttlichen Gesetz ergebene Gestalt dar, auf die später noch genauer eingegangen werden soll.

Aber auch andere biblische Texte außerhalb der eigentlichen Abrahamsgeschichte zeigen die Bedeutung, die diese Gestalt für Israel in der Exilszeit hatte. So belegt ein kleiner Abschnitt aus dem Buch Ezechiel, der ebenfalls in die Exilszeit zu datieren ist, dass die im Lande Gebliebenen sich als die wahren Abrahamskinder betrachteten und daraus ihren Anspruch auf das Land begründeten (Ez 33,24). Der Prophet Deuterojesaja wiederum verweist darauf, dass Gott Abraham gesegnet und ihm Nachkommen geschenkt hat, und er möchte Israel damit Mut machen, auch in der gegenwärtigen Notsituation auf Gottes rettendes Eingreifen und sein Erbarmen mit seinem Volk zu vertrauen. Der Zielpunkt, auf den diese Worte hinauslaufen, ist dabei der Wiederaufbau Zions, aus dessen Öde eine Art Paradies erstehen soll (Jes 51,1 – 3).

So belegen diese biblischen Texte, dass bereits in der Zeit, als die biblische Abrahamserzählung noch im Wachsen war, die Traditionen als solche auch außerhalb dieser im Entstehen begriffenen literarischen Größe produktiv aufgenommen wurden und im Hinblick auf die Bewältigung der aktuellen Krise fungierten. Abraham repräsentiert mit dem Empfang des Segens und der göttlichen Verheißung eine Idealfigur der Gottesbeziehung; da er der Repräsentant Israels schlechthin ist, vermag er gleichzeitig Israels Hoffnung auf die gegenwärtige Erfüllung einer solchen Idealität zu bekräftigen.

3. Die Figur Abrahams in den außerbiblischen Texten des antiken Judentums

3.1. Grundlegendes: Die Quellen

Die Figur Abrahams, von der uns die biblischen Erzelterngeschichten so ausführlich erzählen, spielt auch in der Literatur des antiken Judentums, die in den Jahrhunderten vor und nach der Zeitenwende angesichts bedeutender historischer Ereignisse in der hellenistischen und römischen Zeit entstand, eine bedeutende Rolle. Dabei werden einerseits narrative Lücken der biblischen Abrahamsüberlieferung gefüllt und andererseits bestimmte einzelne Erzählzüge breiter ausgeschmückt, so dass die biblische Basisgeschichte ganz neue Akzentuierungen erfährt.

Verschiedene, zum Teil auch recht unterschiedliche Quellen spielen bei diesem Überlieferungsprozess eine entscheidende Rolle. Als wichtigste Quellen sind zunächst jene Werke zu nennen, die die biblischen Inhalte relativ frei nacherzählen und die in der Wissenschaft als „rewritten Bible“ bezeichnet werden. Hier wäre an erster Stelle auf das sog. „Jubiläenbuch“ zu verweisen, das im Zusammenhang mit der makkabäischen Erhebung entstand, oder auf die „Biblischen Altertümer“ und die „Apokalypse Abrahams“, beides Werke, die in die Jahrzehnte nach der Zerstörung des Zweiten Tempels im Jahre 70 zu datieren sind. Eine Nacherzählung der biblischen Erzählungen findet sich auch in den „Jüdischen Altertümern“ des jüdischen Geschichtsschreibers Josephus (ca. 38 – 100 n. Chr.), der Zeitzeuge des Jüdischen Kriegs gegen die Römer und der Zerstörung des Jerusalemer Tempels (66 – 70 n. Chr.) war.

Während aber die Texte der „rewritten Bible“ ursprünglich Hebräisch oder Aramäisch verfasst worden sind, hat Josephus sein Werk auf Griechisch verfasst. Dies hängt nicht zuletzt auch mit der Intention dieses Verfassers zusammen: Josephus war zunächst Befehlshaber im Jüdischen Krieg gegen Rom; nach seiner Gefangennahme bei der Schlacht von Jotapata (67 n. Chr.) lebte und wirkte er aber im Lager des Feldherrn Vespasian bzw. seines Nachfolgers Titus. Mit diesem ging er nach dem Sieg der Römer nach Rom, wo er das römische Bürgerrecht sowie eine Pension vom Kaiserhaus erhielt. In Rom verfasste er seine Werke. Dabei schrieb er vor allem für die Gebildeten Roms, denen er zeigen möchte, dass sein Volk ein hohes kulturelles Niveau besitzt und keineswegs – wie dies vielleicht durch die Attacken der Zeloten nahe liegen könnte – ein Volk von gewalttätigen Fanatikern ist. Für die Darstellung der Abrahamsgestalt ist vor allem sein Werk „Antiquitates Judaicorum“, die „Jüdischen Altertümer“, wichtig, das Anfang der 90er Jahre in Rom erschien.

Von einem apologetischen Interesse ist auch das Werk des jüdischen Religionsphilosophen Philo (20 v. Chr. bis 40 n. Chr.) geprägt, der um die Zeitenwende im ägyptischen Alexandrien lebte. Dort gab es eine große jüdische Diasporagemeinde. Philo schrieb zwei große Abhandlungen zu unserem Thema, nämlich „Über Abraham“ (De Abrahamo) und „Über Abrahams Wanderung“ (De Migratione Abrahami). Weitere Hinweise auf die Gestalt Abrahams finden sich in sekundärem Kontext in seinem Werk „Über die Tugenden“ (De virtutibus) § 212 – 217. Charakteristisch für Philos Bibelauslegungen ist, dass er sowohl den wörtlichen Sinn als auch den allegorischen Sinn der Texte darlegt. Für die Abrahamsüberlieferung heißt das konkret: Neben einer paraphrasierenden Nacherzählung der biblischen Abrahamsgeschichte erfolgt eine allegorische Auslegung der biblischen Texte, die einzelne Elemente als Hinweise auf abstrakte Vorgänge begreifen. Diese allegorische Art der Auslegung hat Philo aus der griechischen Denkwelt übernommen, wo sie vor allem für die Homerexegese von Bedeutung war. Da die alten Mythen von den

Göttern und ihren Kämpfen nicht mehr zeitgemäß waren, entwickelte sich nach längeren Vorläufen vor allem in Alexandria seit dem 3. Jh. v.Chr. ein System, das die alten Erzählungen im übertragenen Sinne als Hinweise auf tiefer gehende, abstraktere Prinzipien lesen konnte. Vor diesem Hintergrund kann Philos Werk in gewisser Art und Weise als eine Synthese charakterisiert werden, die die jüdische, biblisch geprägte Tradition mit der griechischen Kultur und ihren Werten verbindet. Damit wird er sowohl den Anforderungen der jüdischen Tradition gerecht, für die die biblischen Texte in ihrem Wortsinn für die Konstitution der Identität bedeutsam waren, als auch den Anforderungen der wissenschaftlichen philosophischen Tradition Alexandrias. Außerdem kann er so zeigen, dass die biblischen Texte nicht nur von partikularem Interesse für das Volk sind, sondern eine universale Komponente enthalten.

Die rabbinischen Texte aus dem sog. Midrasch schließlich haben wiederum einen ganz anderen Charakter. Diese Literatur, die in den Jahrzehnten und Jahrhunderten nach der Zerstörung des Jerusalemer Tempels im Jahre 70 n.Chr. entstanden ist, kommentiert die biblischen Texte kursorisch. Auf ein biblisches Zitat folgt die Interpretation, die relativ frei viele neue, zum Teil auch überraschende narrative Details ergänzt und so dem biblischen Text Tiefe und Konkretion verleiht. Im Hinblick auf die rabbinische Sicht der Abrahamsgestalt steht der Midrasch Bereschit Rabba, die Auslegung zum Buch Genesis, an erster Stelle; darüber hinaus existieren in diesen breiten Informationen aber noch zahlreiche weitere Auslegungen biblischer Verse, die – oftmals ganz überraschend – auf Abraham bezogen werden können.

3.2. Abraham als Vater vieler Völker

Die biblische Überlieferung präsentiert Abraham als „Vater vieler Völker“, denn von ihm soll nicht nur das Volk Israel abstammen, sondern auch die Nachkommen Ismaels sowie die Kinder der Ketura, die ja wiederum alle als Stammväter verschiedener Völker gelten. Vor dem Hintergrund der Tatsache, dass Abraham nicht nur der Großvater Jakobs, sondern auch der

Großvater Esaus ist, eröffnet sich zudem eine weitere genealogische Linie.

Diese Rolle Abrahams als Vater vieler Völker, die durch die biblische Überlieferung vorgegeben ist, wird in den verschiedenen Überlieferungen des antiken und mittelalterlichen Judentums ganz unterschiedlich gestaltet. Ein Blick auf die älteren Traditionen aus der hellenistischen Zeit zeigt zunächst, dass eine solche Sicht nicht ungeteilte Zustimmung fand.

Hier sind zunächst die Ausführungen zur Beschneidung im Jubiläenbuch aufschlussreich. Ähnlich wie im biblischen Bericht in Gen 17 befiehlt Gott Abraham, alle Söhne am 8. Tag zu beschneiden (Jub 15,13 f). Die Beschneidung wird hier mit der Vorstellung von Engeln bzw. Dämonen verbunden. Israel, dessen Aufgabe es ist, die Söhne am 8. Tag zu beschneiden, wird von den Engeln beschützt, wohingegen Gott die anderen Völker, die ebenfalls unter seinem Machtbereich stehen, den Dämonen überantwortet hat. Außerdem betont der Erzähler hier das bereits im Bibeltext anklingende Motiv, wonach jeder, der das Gebot der Beschneidung nicht hält, sein Leben verwirkt hat. Während der Bibeltext dieses Gebot wohl auf Angehörige des Volkes Israel bezieht und ganz allgemein erzählt, dass Ismael, mit dem Gott zwar keinen Bund aufrichtet, dennoch unter dem göttlichen Segen steht und auch beschnitten wurde (Gen 17,20 f.25 f), grenzt das Jubiläenbuch diesen Nachfahren sowie auch den später geborenen Esau als Enkel Abrahams explizit aus dem göttlichen Verheißungsgeschehen aus und betont, dass sie Gott nicht zu sich „nahegebracht“ und nicht auserwählt habe. Alle Völker außer Israel werden von Dämonen beherrscht (Jub 15,26–32). Wie Karl-Josef Kuschel deutlich gemacht hat, wird hier Abraham eindeutig als Eigentum Israels reklamiert, und nur seine Nachkommen gelten als Empfänger des göttlichen Segens. Damit wird seine Rolle, Vater vieler Völker zu sein, ein Stück weit relativiert.

Der zeitgeschichtliche Hintergrund, in dem das Jubiläenbuch entstanden ist, macht eine solche ablehnende Haltung gegenüber den anderen Völkern, die diese geradezu dämonisiert, verständlich. Das Judentum dieser Zeit war tief gespalten: Während ein Teil sich der hellenistischen Kultur öffnete, vertraten andere

Kreise eine eher konservative Haltung, die die Sonderstellung Israels und die Bedeutung der Tora betont. Durch einen Aufstand, der von der Familie der Makkabäer angeführt wurde, kam es schließlich zu einer militanten Auseinandersetzung mit der griechischen Besatzungsmacht. Das konservative Judentum befand sich in einer Abwehrhaltung und musste sich von allem Fremden demonstrativ abgrenzen.

Nur wenige Jahrzehnte später bietet sich uns ein ganz anderes Bild, wenn wir auf die Erzählungen in den Makkabäerbüchern blicken. Hier wird erzählt, wie aus den einstigen Freiheitskämpfern eine Herrscherdynastie wurde. Durch militärische Erfolge und geschickte Bündnispolitik gelang es der Makkabäerfamilie im Laufe der Zeit, sich von der seleukidischen Oberherrschaft zu lösen und eine eigene mächtige Dynastie aufzubauen. Um ein Gegengewicht zu den Griechen zu schaffen, intensiviert der Makkabäer Jonatan (161 – 143 v. Chr.) freundschaftliche Kontakte mit den Römern und den Spartanern, indem er diesen in einem Brief seinen Gruß entbietet und darum bittet, ein Bündnis, das bereits früher geschlossen worden war, zu erneuern. Wenn Jonatan auch ausdrücklich betont, dass sein Volk die zurückliegenden Nöte im Kampf gegen die sie umgebenden Könige ohne militärische Unterstützung, sondern allein mit Gottes Hilfe bewältigt habe, so wird implizit doch deutlich, dass Jonatan an einer künftigen Hilfe im Kriegsfall durchaus gelegen war. In diesem Kontext verweist der Erzähler nun auf ein Schreiben, das Arëus, der König von Sparta, dem früheren Hohenpriester Onias gesandt haben soll. Hier nämlich heißt es:

> Man fand in einer Urkunde, dass die Spartaner und die Juden Brüder sind, weil beide Völker von Abraham abstammen. Da wir dies nun wissen, tut ihr gut daran, uns zu schreiben, wie es euch geht. Wir aber geben euch dann Antwort. Euer Vieh und eure Habe gehört uns, und unser Eigentum gehört euch. (1Makk 12,21)

Durch den Rückgriff auf Abraham wird ein militärisches Zweckbündnis in gewisser Art und Weise über verwandtschaftliche Linien abgesichert und so gleichsam auf natürliche Ursachen zurückgeführt.

Diese offene Herangehensweise an Abrahams Verwandtschaft mit den Völkern spiegelt sich auch in dem Werk des jüdischen Geschichtsschreibers Josephus wider. So weiß er, dass Ismael eine Frau aus Ägypten hatte, die ihm zwölf Söhne gebar, die vom Euphrat bis zum Roten Meer wohnten und die den Stämmen der Araber sowohl „mit Rücksicht auf ihre eigene Tüchtigkeit" als auch „auf die Würde Abrams" ihre Namen gegeben haben (Jüdische Altertümer I 12,4).

Die Söhne seiner letzten Frau Ketura und deren Kinder, die „mit grosser (sic!) Körperkraft und scharfem Verstande" (Jüdische Altertümer I 15,1) ausgezeichnet wurden, schlagen sogar die Brücke nach Afrika und in die griechische Welt. Die beiden Keturasöhne Aphras und Apher, von denen sich der Name Afrika ableitet (nach griechischer Terminologie das Gebiet um Karthago), hätten – so Josephus in Berufung auf Alexander Polyhistor und Kleodemos – zusammen mit Herakles einen Feldzug gegen Lybien und einen gewissen Antaios geführt. Dieser Herakles wiederum hat dann die Tochter des Aphras geheiratet und mit ihr den Sohn Diodoros gezeugt. Dieser wiederum war der Vater des Sophax, nach dem das Volk der Sophaker benannt ist. Wenn auch die geo- und ethnographischen Hintergründe dieser Aussage hier nicht alle geklärt werden können, so wird doch deutlich, dass die verwandtschaftlichen Beziehungen Abrahams im Vergleich mit der biblischen Erzählung stark ausgeweitet werden. Im Gegensatz zur biblischen Vorlage geht die Verwandtschaft Abrahams nun weit über die unmittelbaren Nachbarvölker Palästinas hinaus, wenn er nun auch mit Völkern Afrikas verbunden wird. Diese kurzen Angaben zur Verwandtschaft Abrahams greifen darüber hinaus auf antike Sagenstoffe zurück. Antaios nämlich ist als lybischer Riese und Sohn des Poseidon und der Gaia aus der griechischen Mythologie bekannt. Er verfügte über übermenschliche Kräfte, die immer wieder aufs Neue von seiner Mutter, der Erde, gespeist wurden. Erst als Herakles ihn in die Luft hob, vermochte er ihn zu töten und seine Witwe Tinge zu heiraten. Der König Juba von Mauretanien, der von etwa 50 v.Chr. bis 23 n.Chr. lebte, führt sich in seiner offiziellen Hofchronik zudem auf Sophax und Diodorus zurück. Wird diese Geschichte nun mit der Verwandtschaft Abrahams verknüpft, so wird zunächst deren Loyalität zur griechischen Welt deutlich. Eine besondere Spitze erhält die kurze Notiz bei Josephus darüber hinaus noch dadurch, dass Herkules, der ja für seine übernatürlichen Kräfte bis heute bekannt ist, von der Verwandtschaft Abrahams Unterstützung im Kampf erhält. Damit wird indirekt natürlich auch die Stärke der Abrahamssippe zum Ausdruck gebracht. Die Geschichte dient somit der Steigerung des eigenen Prestiges.

Josephus, der fast 200 Jahre nach dem Autor des 1. Makkabäerbuches seine Schriften verfasste, hat weniger ein politisches, als vielmehr ein diplomatisches Interesse. Nach den Wirren des Römischen Krieges war ihm daran gelegen, die freundliche, humane Seite seines Volkes und dessen tiefe Verbundenheit insbesondere mit der „westlichen" Welt darzulegen. Wie Martin Hengel in seinem Werk „Judentum und Hellenismus" gezeigt hat, waren solche völkergeschichtlichen Konstruktionen in der Antike durchaus verbreitet, wenn nichtgriechische Städte vornehmlich in Kleinasien verwandtschaftliche Beziehungen zu den Griechen postulierten.

Wahrscheinlich hat man auch in späterer Zeit über solche narrativen Konstruktionen verwandtschaftlicher Beziehungen Aussagen hinsichtlich der Relation zu anderen Ethnien bzw. Kulturen oder Religionsgruppen gemacht. In diesem Sinne wird u.A. die Erzählung von Abraham und Hagar gedeutet, wie sie in dem späten Midrasch Pirqe de Rabbi Elieser Kap. 30 überliefert wird. So wird hier ausführlich erzählt, dass Abraham der Magd Hagar und ihrem Sohn Ismael auch nach deren Vertreibung aus seinem Haus freundschaftlich verbunden bleibt und ihnen regelmäßig einen Besuch abstattet. Wenn Hagar auch als Götzendienerin dargestellt wird, so steht ihr Sohn Ismael dennoch unter dem besonderen Schutz Gottes. Denn Gott erschuf für Ismael, der in der Wüste zu verdursten droht, bereits am Vorabend des Schöpfungssabbats einen Brunnen, um seinen Durst zu stillen. Auch in der Wüste Paran, in der Hagar und Ismael sich schließlich niederlassen, finden sich fruchtbare Wasserströme in Hülle und Fülle. Pirqe de Rabbi Elieser weiß nun, dass Abraham sich drei Jahre nach der Trennung von Ismael auf den Weg machte, um seinen Sohn zu besuchen. Da Ismaels Frau Aysche ihn nicht gastlich aufnimmt und ihm Wasser und Brot versagt, lässt er seinem Sohn bestellen, dass „die Schwelle seines Hauses" nicht gut sei. Ismael entlässt darauf hin seine Frau und ehelicht eine gewisse Fatuma. Als Abraham nach drei Jahren wieder zu Besuch kommt, gibt diese ihm freigiebig Wasser und Brot. Die Erzählung endet mit den Worten:

> Abraham stellte sich hin und betete vor dem Heiligen, gepriesen sei er, für seinen Sohn und [deswegen] wurde das Haus Ismael erfüllt mit allem Guten jeglicher Art des Segens. Und als Ismael nach Hause kam, berichtete ihm seine Frau die Sache. Da erkannte Ismael, dass bis zum jetzigen [Tage] das Mitleid seines Vaters mit ihm war, denn es heißt: Wie ein Vater sich über Kinder erbarmt, so erbarmt sich JHWH über die, die ihn fürchten. (Ps 103,13) (zitiert nach der Übersetzung von Börner-Klein, 344)

Durch die Nennung der arabischen Namen „Aysche" und „Fatuma" wird Ismael zum Repräsentanten der muslimischen Welt. Da nämlich eine der Frauen Mohammeds Aischa und eine seiner Töchter Fatima hieß, haben diese Namen geradezu Symbolcharakter. So werden in Pirqe de Rabbi Eliezer dem Islam gegenüber letztendlich vermittelnde, versöhnliche Töne angeschlagen. Abraham bleibt Hagar und seinem Sohn Ismael auch noch nach deren Vertreibung in die Wüste freundschaftlich verbunden, und ist dafür sogar bereit, ein Versprechen gegenüber seiner Frau Sara zu brechen. Am Verhalten gegenüber Abraham entscheidet sich das Wohlergehen der Familie Ismaels: Wer nämlich Abraham nicht mit Würde begegnet, der wird – metaphorisch gesprochen – „in die Wüste geschickt". Da aber, wo er freundlich empfangen wird, strömt das Haus von Segen über.

3.3. Abraham und die Erkenntnis des einen Gottes

Wenn wir uns weiteren Überlieferungen zur Abrahamsgestalt im Antiken Judentum zuwenden, so ist es relativ überraschend, dass in diesen Traditionen ein Erzählzug im Vordergrund steht, der in der biblischen Überlieferung nicht expliziert wurde, nämlich die Vorstellung, dass Abraham ein Verehrer des *einen* Gottes war und deshalb alle Formen der Verehrung anderer Götter vehement bekämpfte. Aufgrund der Bedeutung, die dieses Motiv in der frühjüdischen Abrahamstradition einnimmt, soll hier eine relativ breite Darstellung der Zusammenhänge erfolgen.

Das Erzählelement von Abrahams Gotteserkenntnis füllt die narrativen Leerstellen, die die knappen Notizen über die Herkunft und Familie Abrahams in Gen 11,27 ff aufwerfen. So erfahren wir in den betreffenden Überlieferungen des antiken Judentums als Ergänzung zur biblischen Überlieferung, warum Abrahams Bruder Haran so früh verstirbt und wie es letztendlich dazu kommt, dass sich Abraham von seiner Familie trennt. Traditionsgeschichtlich wurden die betreffenden Traditionen wohl auch durch die kurze Notiz in Jos 24,2 angeregt, wonach die Vorväter Israels anderen Göttern gedient haben und Abraham von Gott aus diesem „Umfeld" weggenommen wurde. Durch diesen inhaltlichen Impuls sowie durch die knappe Erzählweise in Gen 11,27 ff, die auf die Berufung Abrahams in Gen 12 hinführt, entstand schließlich eine Geschichte, die weiß, dass Abraham von frühester Jugend an den *einen* Gott, der Himmel und Erde geschaffen hat, verehrte. Da Abrahams Familie weiterhin eine Vielzahl von Göttern anbetete, sagte sich Abraham schließlich von seiner Verwandtschaft los und fand – von Gott berufen – in Kanaan eine neue Heimat.

Sieht man einmal von der kurzen Notiz in Jos 24 ab, so findet sich der wohl früheste explizite Beleg für die Vorstellung von Abrahams Glauben an den *einen* Gott im Jubiläenbuch. Dieses Werk beinhaltet eine Nacherzählung der biblischen Geschichte von der Schöpfung bis zur Offenbarung der Tora am Sinai, die in der Form einer Offenbarung eines Engels an Mose präsentiert wird. Neben zahlreichen erzählerischen Ausgestaltungen der biblischen Überlieferungen, von denen wir im Folgenden noch hören werden, ist dabei typisch, dass die verschiedenen Ereignisse in ein chronologisches Gerüst eingebunden werden. Die maßgebliche Zeiteinheit ist dabei das biblische Jubeljahr, auch Jubiläum genannt, das sieben Jahrwochen, also 49 Jahre, umfasst. Für den Verfasser des Jubiläenbuches, der sein Werk wohl im Zusammenhang mit der makkabäischen Erhebung und der Auseinandersetzung mit der hellenistischen Kultur verfasste, ergeben sich von der Zeit Adams bis zum Einzug in das Gelobte Land etwa 49 x 49 Jahre, also 49 Jubiläen (vgl. Jub 50,4).

In diesem breiten Kontext einer Nacherzählung der Väterzeit finden wir nun auch eine ausführliche Jugendgeschichte Abrahams: Ohne Angabe von Gründen erfahren wir hier, dass Abraham den *einen* wahren Gott erkennt. Diese Gotteserkenntnis ermöglicht es ihm wohl, einer dämonischen Rabenplage Einhalt zu gebieten (Jub 11,11–24). Abraham versucht dann, seinen Vater ebenfalls zu dem Glauben an den *einen* Gott zu bewegen, indem er ihm deutlich macht, dass in den Göttern, die er anbetet, „kein Geist" ist; sie sind vielmehr stumm und ein „Irrtum des Herzens" (12,3). Deshalb ermahnt er seinen Vater, den „Gott des Himmels, […] der alles auf der Erde macht und alles geschaffen hat durch sein Wort", zu verehren. Da der Vater sich vor seiner Umwelt fürchtet, kann er sich nicht dazu entschließen, sich öffentlich von den Göttern zu distanzieren. Er bittet Abraham zunächst zu schweigen, was dieser wohl auch viele Jahre tut. Denn – so die Chronologie des Jubiläenbuches – erst in seinem 60. Lebensjahr zieht Abraham die Konsequenzen aus seiner Gotteserkenntnis, wenn er des Nachts aufsteht und das Haus seines Vaters mit den darin befindlichen Götzen in Brand setzt. Sein Bruder Haran, der die Götzen in dem brennenden Haus zu retten versucht, kommt dabei ums Leben. Tara, Nachor und Abram aber ziehen nach Karan. Dort betrachtet Abraham bei Nacht den Sternenhimmel. Aus seiner Erkenntnis, dass alle Zeichen des Himmels in der Hand Gottes sind und er mit seinem Willen über den Regen gebietet, sagt er sich von der Erforschung der Himmelskörper los. In einem Gebet wendet er sich an Gott und bittet ihn um Rettung vor den bösen Geistern und darum, ihm die richtige Erkenntnis und den rechten Weg zu weisen. Darauf erfolgt die Offenbarung Gottes, und wir hören in Wiederaufnahme von Gen 12,1, dass Gott Abraham nach Kanaan schickt und ihm seinen Segen verheißt (Jub 12,1–24).

Der bestimmende Rahmen, in dem Abrahams Gotteserkenntnis steht, ist eine vom Dämonenglauben bestimmte Vorstellungswelt. Der *eine* Gott ist es, der mächtiger ist als alle Dämonen, und so steht Abraham unter einem ganz besonderen Schutz und erweist sich gleichzeitig – wie die Rabenepisode zeigt

– als übermenschlich wirkender Wundertäter. Dämonen sind es aber auch, die den Irrglauben verursachen, und so hat die Befreiung von den Dämonen auch eine kognitive Komponente.

Abrahams Jugendgeschichte mit dem Motiv der Erkenntnis des *einen* Gottes wurde in der Zeit nach der Zerstörung des Zweiten Tempels im Jahre 70 n. Chr. in anderen Überlieferungen des antiken Judentums aufgegriffen. Hier spielt zunächst die sog. Apokalypse Abrahams eine bedeutende Rolle. Dieser Text geht wohl auf ein semitischsprachiges Original zurück und ist heute nur noch in kirchenslavischer Überlieferung erhalten. Im Vergleich mit der um wohl über zwei Jahrhunderte älteren Überlieferung im Jubiläenbuch ist diese Erzählung schon allein deshalb interessant, weil sie eine Erklärung dafür enthält, wie Abraham überhaupt zu der Erkenntnis des *einen* Gottes finden konnte. Damit wird in gewisser Art und Weise eine narrative Leerstelle der Erzählung des Jubiläenbuches geschlossen.

Abrahams Weg zum *einen* Gott wird in dieser überaus unterhaltsam zu lesenden Erzählung als ein mehrstufiger Prozess geschildert. Zunächst setzt sich Abraham mit dem Wesen der Götzenbilder auseinander. Die Tatsache, dass diese aus vergänglichem, zerstörbarem Material geschaffen wurden, führt den jungen Abraham zum Zweifel an der Macht dieser Götter im Allgemeinen. Dies wird in einzelnen Szenen plastisch veranschaulicht: In einer ersten Szene schildert Abraham, dass er beim Betreten des Tempels entdecken muss, dass der Kopf des aus Stein gehauenen Marumath zu Boden gestürzt war. Kurzerhand wird ein neuer Körper gefertigt, auf dem der alte Kopf angebracht wird; der Körper des alten Marumath wird einfach entsorgt. Dem folgt eine weitere Geschichte, die die Materialität und damit die Vergänglichkeit der Götterfiguren demonstriert: Als Abraham fünf Götterfiguren aus der Werkstatt seines Vaters auf den Markt bringen möchte, fallen drei davon vom Esel und gehen zu Bruch. Kurzerhand entledigt sich Abraham der Überreste, indem er sie in einen Fluss wirft. Abraham kommen deshalb langsam Zweifel an der Macht der Götter. Wie sollen diese Menschen helfen können, wenn sie nicht einmal in der Lage sind, sich selbst zu helfen? Der Vater, dem Abraham seine Gedanken mitteilt, gerät über solche Ideen in heftigen Zorn.

Es folgt eine abschließende Episode zum Thema der Machtlosigkeit der Götzenbilder, die diese nun geradezu ins Lächerliche zieht: Die kleine Holzfigur Barisat fällt in die Späne, die Abraham zum Herdfeuer dienen. Provozierend beauftragt Abraham die Figur, auf das Feuer aufzupassen, diese aber verbrennt. Mit dieser Erfahrung wendet sich Abraham voller Ironie an seinen Vater, indem er die Liebe Barisats preist, der sich für den Vater ins Feuer gestürzt hat. Der Vater in seiner Naivität lobt nun tatsächlich die Kraft Barisats und verkündet: „Ich will heute noch einen andern machen, und morgen soll er mir meine Nahrung bereiten" (ApkAbr5,12 – 14).

Diese negativen Erfahrungen mit der Materialität der Götterstatuen, die deren Machtlosigkeit entlarvt, lässt Abraham das Göttliche nun – in einer weiteren Stufe seines Erkenntnisprozesses – in den verschiedenen Elementen der Schöpfung suchen. Aufgrund seiner Erfahrung mit Barisat setzt er beim Feuer an, und es eröffnet sich folgende Argumentationskette: Das Feuer ist zwar verehrungswürdiger als die Götzen; doch wird das Feuer vom Wasser besiegt. Wenn aber die Erde das Wasser austrocknen kann, so kann auch dieses nicht als das höchste aller Elemente gelten. In einem weiteren Schritt wendet sich Abraham den Himmelskörpern zu: Der Blick geht zuerst zur Sonne, die die nasse Erde zu Staub werden lässt; aber auch die Sonne kann Abraham nicht Gott nennen, da sie bei Nacht durch die Wolken verdunkelt wird; dies gilt genau so für Mond und Sterne. So kommt Abraham schließlich zu dem Schluss, dass er sich auf die Suche nach dem einen Schöpfer machen muss, der all diese Elemente erschaffen hat.

An dieser Stelle scheint unser Text von dem jüdischen Philosophen Philo (ca. 20 v. Chr.–50 n. Chr.) bzw. von dem Geschichtsschreiber Josephus (ca. 38 – 100 n. Chr.) beeinflusst zu sein, die ebenfalls die Gotteserkenntnis Abrahams thematisieren: In Philos „Über Abraham" § 68 – 89 begreift Abraham durch die Betrachtung der Gestirne, dass hinter der Materie eine unsichtbare übergeordnete Regie stehen müsse, so wie auch der Mikrokosmos Mensch einen ihn leitenden Geist besitze (Abr § 68 – 70; § 72 – 75). Philo kommt zu dem Schluss, dass nicht der Kosmos der erste Gott ist, sondern das Werk des ersten Gottes

(Abr 75). Ganz ähnlich heißt es auch in „Über die Tugenden" § 216, dass Abraham als erster Gott vertraute, weil er auch als erster „den festen und unerschütterlichen Glauben hatte, dass es eine oberste Ursache gibt und dass sie über die Welt und alles in ihr fürsorglich waltet" (zitiert nach Cohn II, 374). Josephus wiederum weiß, dass Abraham „aus den Vorgängen auf dem Lande und dem Meere, an der Sonne und dem Monde, und aus den Veränderungen am Himmelsgewölbe" auf die „Macht eines höheren Wesens, dem allein Dank und Ehre gebühre" (Jüdische Altertümer I 17,1, zitiert nach der Übersetzung von Clementz, 38 f) geschlossen habe. Beide Belege verraten, wie auch andere Werke des hellenistischen Judentums – so z. B. die Weisheit Salomos –, den Einfluss der nacharistotelischen Popularphilosophie, wie sie vor allem in der Stoa artikuliert wurde. Cicero verweist z. B. im zweiten Buch seines Werkes „De Natura Deorum" auf den Stoiker Balbus, nach dem die Philosophen nach anfänglicher Irritation durch die Betrachtung der Bewegung, Ordnung und Regelmäßigkeit des Himmels darauf kommen müssen, dass der Bewohner des Himmels auch sein Lenker, Leiter und Baumeister sei. Demnach kämen die Menschen durch die Betrachtung des Himmels gleichsam zwangsläufig auf den Gedanken eines höheren Wesens.

Typisch für die Apokalypse Abrahams ist freilich die Tatsache, dass Abrahams philosophische Gotteserkenntnis in die Vorstellung der Selbstoffenbarung Gottes und in das Bild eines persönlichen Gottes integriert wird. Abraham ist denkender Philosoph und steht zudem in einer direkten Beziehung zu seinem Gott. Nachdem er durch seine Gedankenführung rational erkannt hat, dass es nur eine Gottheit als Prinzip allen Seins geben kann, bittet er diesen sich zu offenbaren, – und nun fällt – so unser Text – „die Stimme des Starken in einer Feuerflut vom Himmel". Abraham wird mit seinem Namen angesprochen, die Stimme gibt sich als „Gott der Götter" und als Schöpfer zu erkennen und fordert Abraham auf, seines Vaters Haus zu verlassen. Sobald er diesem Wunsche nachgekommen ist, verbrennt eine Donnerstimme den Vater und sein Haus, es bleibt nur ein Krater von einer Tiefe von vierzig Ellen (ApkAbr 1–9 Anfang, zitiert nach Philonenko-Sayar/Philonenko, 421 ff).

Damit endet dieser Teil der Erzählung. Der zweite Teil der Apokalypse Abrahams weiß von einer Himmelsreise Abrahams, bei der dieser mit den Geheimnissen der Geschichte vertraut gemacht wird. Das Motiv der Himmelsreise rückt Abraham in die Nähe Henochs und verleiht seinem Wissen damit eine ganz besondere Autorität.

Wenn Abraham bei dieser Himmelsreise die Geheimnisse der Schöpfung und Israels künftige Geschichte schaut, so offenbart sich ihm auch die geschichtstheologische Relevanz seiner Erkenntnis des einen Gottes: Abraham sieht in der himmlischen Welt nämlich das „Bild des Götzen der Eifersucht" (ApkAbr25,1). Da der Erzähler explizit darauf hinweist, dass dieses Bild dem holzgeschnitzten Götterbild von Abrahams Vaters ähnelt, findet sich hier ein direkter Bezug zur Jugendgeschichte Abrahams. Der Text ist an dieser Stelle sehr dunkel und rätselhaft, insgesamt können diese Ausführungen aber wohl dahingehend verstanden werden, dass Abraham erfährt, wohin die Verehrung dieses Götzenbildes führt, nämlich zur Bestrafung des Volkes durch Gott und zur Zerstörung des Tempels. Auf diese Art und Weise wird die Götzenbilderpolemik geschichtstheologisch eingebunden. Die Verehrung der Götterbilder ist mitnichten eine längst abgetane Epoche aus der Frühgeschichte des Volkes, sie hat vielmehr insofern direkten Aktualitätsbezug im Hinblick auf die unmittelbare Vergangenheit des Erzählers, da sie letztendlich für die Zerstörung des Jerusalemer Tempels verantwortlich ist.

Durch diese Aussage erfolgt nun eine durchaus eigenwillige Akzentuierung unseres Motivs: Konnte bislang – in Anlehnung an die oben genannten Parallelen – davon ausgegangen werden, dass es sich bei der Götzenbilderpolemik um eine interreligiöse Polemik handelt, die nach außen gegen die pagane Welt gerichtet ist, so zeigt sich nun, dass das Motiv in der Apokalypse Abrahams in einem innerjüdischen Kontext verortet werden muss. Abraham wird nicht nur zur Symbolfigur, die das wahre Judentum nach außen repräsentiert, sondern auch zu einer Gestalt, die die Ideale der Rechtgläubigkeit und Orthopraxis nach innen hin vertritt.

Da es an dieser Stelle nicht möglich ist, das Motiv der Gotteserkenntnis Abrahams in allen Quellen durchgängig zu verfolgen, müssen abschließend einige knappe Hinweise genügen. Neben dem Jubiläenbuch und der Apokalypse Abrahams kennen auch die „Biblischen Altertümer" (Liber Antiquitatum Biblicarum) eine Überlieferung, die wohl ebenfalls in den Jahren nach der Zerstörung des Zweiten Tempels entstanden ist, die Vorstellung von Abraham als erstem Monotheisten. Abraham weigert sich hier aufgrund seines Bekenntnisses zu dem einen Gott, am Turmbau zu Babel teilzunehmen und er ist sogar bereit, dafür sein Leben hinzugeben. Auf wunderbare Art und Weise wird er aber aus dem Feuerofen, in dem er eigentlich den Tod finden soll, gerettet. Es ist anzunehmen, dass der ähnliche Klang des hebräischen Ortsnamens „Ur", der Heimat Abrahams, aus der Gott ihn geführt hat, mit dem hebräischen Namen für Feuer (hebr. *or*) diese Geschichte gleichsam kreiert hat. In jedem Fall scheinen sich in der Erzählung die Erfahrungen des Judentums mit der hellenistischen bzw. römischen Herrschaft niedergeschlagen zu haben. Seit der Makkabäerzeit ist die Bereitschaft zum Martyrium um des einen Gottes Willen ein Motiv, das zum festen Bestandteil der jüdischen Überlieferung gehörte, und es war sowohl die Zeit des Jüdischen Krieges als auch die Zeit des Bar-Kochba-Aufstandes, in der diese Märtyrerideologie neue Aktualität und Dringlichkeit gewann.

Die rabbinische Literatur, die versucht, nach der Zerstörung des Tempels und dem Bar-Kochba-Aufstand, die Identität des Judentums über die Tora und den Toragehorsam neu zu definieren, hat bei ihren Ausführungen zu Abraham an diese Vorlagen angeknüpft und Abraham ebenfalls in seinem Kampfesmut für den Glauben an den einen Gott gezeichnet. Abrahams Rettung aus dem Feuerofen wird schließlich zu einem Motiv, das bis in die mittelalterliche Erzählliteratur hinein bedeutsam ist und das in verschiedenen Gebetsbüchern auch bildnerisch gestaltet wurde.

Aber auch das Motiv der Gotteserkenntnis Abrahams wirkt in der mittelalterlichen Literatur weiter. Nach dem großen Religionsphilosophen Maimonides hat Abraham durch seine philosophischen Spekulationen einen vernünftigen Gottesbeweis geführt und die Lehre von der Creatio ex nihilo entwickelt. Auch in der modernen jüdischen Philosophie gilt Abraham schließlich als Vorbild wahrer Gotteserkenntnis und eines vollkommenen religiösen Lebens.

3.4. Abraham als Proselyt und Lehrer der Völker

Von Abrahams Erkenntnis des einen Gottes führt ein direkter Weg zu einem anderen Motiv, das für die Überlieferungen des antiken Judentums ebenfalls eine bedeutende Rolle spielt, nämlich die Vorstellung, dass Abraham der erste Proselyt war und deshalb auch als Vater aller Proselyten gelten kann. Diese Verbindung kommt vor allem in den Ausführungen Philos deutlich zum Ausdruck: Nachdem er gezeigt hat, wie Abraham durch die Beobachtung der Gestirne das Wesen Gottes erkennt und seine Familie verlässt, beschreibt er ihn als ein „Muster an Adel für alle Proselyten, die das von unnatürlichen Gebräuchen und frevelhaften Sitten herstammende unedle Wesen aufgegeben, nach welchen Stein und Holz und überhaupt unbeseelte Gegenstände göttliche Ehren erhalten, und dafür der wirklich beseelten, lebendigen Verfassung sich zugewendet haben, die von der Wahrheit geleitet und bewacht wird“ (Von den Tugenden § 218 f; zitiert nach der Übersetzung von Cohn, Bd. II, 374 f).

Eine entsprechende Vorstellung findet sich in zahlreichen Texten der rabbinischen Literatur. Wenn Abraham nämlich den Völkern entstammt und den Weg zum Gott Israels findet, der nach dem rabbinischen Denken ja dem Weg zur Tora entspricht, so ist Abraham gleichsam der Erste aller Proselyten, d.h. all derer, die aus der Völkerwelt zum Judentum hinzukommen (Babylonischer Talmud Hagiga 3a). Vor diesem Hintergrund erfährt auch Gottes Anweisung an Abraham, ein Segen (*berakha*) zu sein (Gen 12,2), eine ganz spezifische Akzentuierung. In einem Wortspiel sagt der Midrasch Bereschit Rabba 39,11, dass Abraham so wie ein Teich (*berekha*) die dem Judentum Fernstehenden „reinigt“. Der sonderbare Ausdruck, wonach Abraham mit den „Seelen, die er in Haran erworben hatte“ (so wörtlich für Gen 12,5), nach Kanaan zog, wird in vielen Midraschim wie auch im Targum, der aramäischen Übersetzung der hebräischen Bibel, auf die Menschen bezogen, die Abraham zum Judentum bekehrt hatte (BerR 39,14). Schön ist auch eine Deutung zu Gen 12,8, wonach Abraham den Namen Gottes angerufen habe. Der Midrasch liest hier das Verb „anrufen“ nicht im Grundstamme (nach der hebräischen Grammatik „Kal“), sondern als Kausativ (nach der hebräischen Grammatik hebr. Hifil) im Sinne von „anrufen lassen“, und folgert daraus, dass Abraham Menschen unter „die Flügel der Schekhina, der Gegenwart Gottes“ führte (BerR 39,16).

In diesen Überlieferungen, die aus einer Vielzahl ähnlicher Belege gegriffen sind, spiegelt sich die Erfahrung, dass das Judentum in den ersten Jahrhunderten nach der Zeitenwende sowohl in Palästina als auch in der Diaspora auch auf Gläubige anderer Religionen eine große Faszination ausübte. Dabei sind unterschiedliche Stufen der Annäherung an das Judentum zu unterscheiden. Als Proselyten im vollen Sinn des Wortes galten diejenigen, die Beschneidung und Tauchbad durchführten und offiziell bezeugten, dass sie das Gesetz der Tora auf sich nehmen wollten. In der Zeit des Zweiten Tempels implizierte ein Übertritt zum Judentum auch die Verpflichtung der Wallfahrt nach Jerusalem. Neben solchen „Vollproselyten“ existierte die noch weitaus größere Gruppe der sog. Gottesfürchtigen, die ja auch aus dem Neuen Testament als Adressaten der Predigt des Paulus bekannt sind. Sie besuchten die Synagogengottesdienste und hielten wohl auch zum Teil das jüdische Ritualgesetz. Nur so lässt sich die Aussage des Josephus erklären, der sich rühmt, dass „viele von den Hellenen die Tora Israels angenommen (hätten)“ und dass es kein Volk und keine Stadt gäbe, „wo es nicht Leute gäbe, die den Sabbat halten, Lichter anzünden und verbotene Speisen meiden“ (Gegen Apion II 282). Worin die große Anziehungskraft des Judentums in dieser Zeit bestand, ist heute nur noch bedingt festzustellen; generell ist in diesem Zusammenhang wohl anzunehmen, dass die religiös-sittlichen Ideen des Judentums, die in der Tora und der Schriftauslegung der Weisen zum Ausdruck kamen, eine große Anziehungskraft auf viele, insbesondere wohl auch auf Frauen, ausübten.

Eng verbunden mit der Vorstellung, wonach Abraham durch die Betrachtung der Gestirne den einen wahren Gott erkannt hat, ist das Motiv von Abraham als dem Erfinder und Lehrer der Astrologie. Hier wird der Akzent nicht auf die theologische Seite der Weisheit Abrahams gelegt, sondern gleichsam auf deren „weltlichen“ Aspekt. Abraham, der die Gestirne in ihren Gesetzmäßigkeiten erkannt hat, wird als Kulturbringer der gesamten Völkerwelt dargestellt. Dem Kirchenvater Euseb mit seinem Werk „Praeparatio evangelica“ verdanken wir in diesem Zusammenhang den Verweis auf ältere Traditionen. Nach Pseudo-Eupolemos (von manchen auch als „samaritanischer Anonymus“ bezeichnet), der wohl in Palästina zwischen der seleukidischen Eroberung 200 v. Chr. und der makkabäischen Erhebung schrieb, habe Abraham an „Adel und Weisheit alle übertroffen“. Auf Gottes Befehl hin wanderte er nach Phönizien aus, wo er die Phönizier „den Lauf der Sonne und des Mondes und alle andere Weisheit“ lehrte, um ihrem König zu gefallen. Bei seinem Aufenthalt in Ägypten, der in dieser Nacherzählung der Abrahamstradition erst auf die Episode der Errettung Lots (vgl. Gen 14) folgt, wird erzählt, dass Abraham die Priester von Heliopolis in vielerlei Dingen, vor allem aber in der Astrologie belehrte. Explizit wird darauf hingewiesen, dass diese Astrologie keine Erfindung der Ägypter, sondern der Babylonier sei, wobei die eigentliche Urheberschaft freilich auf Henoch zurückgehe (Euseb, Praeparatio Evangelica 9, 17, 2–9; zitiert nach Walter, 141 f).

Vermutlich stellt diese Aussage einen Reflex auf die bei Herodot überlieferte Nachricht dar, wonach die Priester von Heliopolis die weisesten Menschen in Ägypten waren und die Ägypter wiederum die weisesten überhaupt. Wie Martin Hengel gezeigt hat, findet sich hier eine Modifikation des in der griechischen Vorstellungswelt bei Herodot, Plato und vor allem bei Hekataios belegten Gedanken, wonach die Griechen von den Ägyptern belehrt worden seien. Wenn Abraham zum Lehrer der (Phönizier und) Ägypter gemacht wird, erweist sich zugleich die biblische Überlieferung als die älteste Weisheit der Menschen überhaupt. Mit solchen Konstrukten fand Pseudo-Eupolemos zahlreiche Nachfolger: So berichtet der Historiker Alexander Polyhistor, dass Abraham nach den Angaben des jüdischen Geschichtsschreibers Artapanos in Ägypten 20 Jahre Astrologie gelehrt habe (überliefert bei Euseb, Praeparatio Evangelica 9,18,1). Vermutlich spielt auch die schwer verständliche und nur fragmentarisch erhaltene Stelle im Genesisapokryphon, wonach Abraham den Ägyptern aus dem Buch Henochs vorgelesen habe, auf solche Überlieferungen an; wie vor allem das Astronomische Henochbuch zeigt, ist gerade die Gestalt Henochs mit astrologischen Kenntnissen in Verbindung zu bringen. Schließlich reflektiert auch Josephus diese Vorstellung (Jüdische Altertümer I 9,3).

3.5. Abrahams Gebete und Gottes Schutz

Bereits die Jugendgeschichte Abrahams betont, dass Abraham in einem ganz besonders qualifizierten Gottesverhältnis steht. Während hier der Akzent auf Abrahams Erkenntnis des einen Gottes liegt, thematisieren andere Überlieferungen Abrahams Frömmigkeit, die durch seine Gebete veranschaulicht wird. Im Hinblick auf dieses Motiv kommt unter den frühjüdischen Überlieferungen vor allem dem sog. „Genesisapokryphon" besondere Bedeutung zu. In dieser Überlieferung, die 1947 unter den Handschriftenfunden vom Toten Meer in Höhle 1 von Qumran entdeckt wurde und die nur fragmentarisch erhalten ist, findet sich eine breit ausgestaltete Nacherzählung von Abrahams und Saras Aufenthalt in Ägypten. Abraham tritt dabei als Ich-Erzähler auf und erzählt von seinem Schicksal. Die uns erhaltenen Seiten des Genesisapokryphon werden in der Regel in das 1. Jh. v. Chr. datiert, die Überlieferung als solche freilich dürfte um Jahrzehnte älter sein. Einzelne Indizien sprechen sogar dafür, dass sie der Überlieferung des Jubiläenbuches zeitlich vorausgeht und somit in die vormakkabäische Zeit zu datieren ist. Wenn dies tatsächlich zutrifft, wäre die Abrahamsüberlieferung des Genesisapokryphons die früheste außerbiblische Abrahamsüberlieferung überhaupt.

Typisch für die Erzählweise des Genesisapokrpyhons ist zunächst, dass die Geschichte mit zahlreichen geographischen und chronologischen Details angereichert wird. Literarisch bedeutsam ist zudem die hymnische Beschreibung Saras, mit der die Männer des Pharao diese vor ihrem Herrn rühmen. Sara wird hier als Idealgestalt beschrieben, bei der sich körperliche Schönheit mit Weisheit verbindet:

> wie glä[nz]end und schön ihres Antlitzes Aussehen und wie (3) [… und] w[ie] fein das Haar ihres Hauptes, wie lieb ihre Augen und wie ansprechend ihre Nase und die ganze Ausstrahlung (4) ihres Angesichts [und] wie lieblich ihre Brüste und wie schön all ihre weiße (Haut). Ihre Arme, wie schön, und ihre Hände, wie (5) vollendet! Und (wie) [reizend (?)] das ganze Aussehen ihrer Hände! Wie lieblich ihre Handflächen und wie lang und fein alle Finger ihrer Hände. Ihre Beine – (6) wie schön! Und wie vollkommen ihre Schenkel! Keine der Jungfrauen oder Bräute, die ins Hochzeitsgemach eintreten, sind schöner als sie. Über aller (7) Frauen Schönheit steht ihre Schönheit, ihre Schönheit übertrifft sie alle. Und mit all dieser Schönheit ist viel Weisheit (verbunden) und alles, was sie hat (8), ist liebreizend. (GenAp 20,3–8; zitiert nach Maier I, 219)

Für unsere Zusammenhänge ist vor allem das Bild Abrahams in dieser Nacherzählung der Episode aus Gen 12,9–20 von Interesse. Während die biblische Erzählung nun durchaus Zweifel an der Integrität Abrahams aufwerfen kann, da dieser Sara als seine Schwester ausgibt und zudem auch in finanzieller Hinsicht davon profitiert, dass Sara an den Hof des Pharaos kommt, erscheint Abraham im Genesisapokryphon in einem ganz anderen, eindeutig positiven Licht. Im Genesisapokryphon stellen sich die Verhältnisse folgendermaßen dar: Gleich am Anfang der Erzählung hören wir nämlich, dass Abraham in der Nacht, als er mit Sara nach Ägypten kommt, einen Traum hat, in dem er eine Zeder und eine schöne Dattelpalme sieht, die beide aus einer Wurzel herauswachsen. Als einige Männer herantreten, um die Zeder abzuschlagen und die Dattelpalme allein zu lassen, fleht die Dattelpalme die Männer an, der Zeder nichts anzuhaben; sie beide – Zeder und Dattelpalme – seien nämlich aus derselben Wurzeln. Aufgrund des beherzten Eingreifens der Dattelpalme wird die Zeder so vor dem drohenden Geschick verschont. Nachdem Abraham tief beunruhigt aus dem Traum erwacht ist, zieht er als Deutung des Traums folgendes Fazit: Der Traum verweist auf eine Situation, in der er getötet, Sara aber am Leben gelassen werden soll (GenAp 19,19). Deshalb bittet er seine Frau, dass sie ihn als seinen Bruder ausgeben möge, damit er gerettet werde. Da Träume in der Antike in der Regel auf göttliche Offenbarungen zurückgeführt werden, wird Abraham durch diesen

Traum eindeutig entlastet. Er agiert nicht aus Egoismus und Eigeninteresse, wenn er Sara anweist, sich als seine Schwester auszugeben, sondern in gewisser Art und Weise in göttlicher Autorisierung.

Der Fortgang der Handlung bestätigt nun, dass Abrahams Einschätzung der Gefährlichkeit der Situation in Ägypten durchaus realistisch war. Während es nämlich in Gen 12 nur ganz lapidar heißt, dass Sara in den Palast des Pharaos geholt wurde, erzählt das Genesisapokryphon ausdrücklich, dass der Pharao Abraham töten will (vgl. 20,9). Wie es ihr angewiesen wurde, gibt Sara Abraham darauf als ihren Bruder aus. So bleibt dieser verschont, als sie an den Hof des Pharao gebracht wird. Davon, dass der Pharao Abraham nach der Übergabe Saras reich beschenkt hat, ist hier im Genesisapokryphon nicht die Rede, sodass auch nicht der geringste Verdacht aufkommen kann, dass Abraham einen finanziellen Nutzen aus der Situation gezogen haben könnte.

Während die biblische Erzählung uns hier keinen Einblick in das Innenleben Abrahams gibt, sondern gleich erzählt, dass Gott den Pharao mit schweren Plagen schlägt, öffnet sich im Genesisapokryphon ein Fenster, das einen Blick auf die Seele Abrahams freigibt, der uns sowohl Abrahams enge Verbundenheit mit Sara als auch sein Vertrauen in Gottes Schutz deutlich macht. Unmittelbar im Anschluss an Saras „Entführung“ wendet sich Abraham nämlich mit einem Bittgebet an Gott, in dem er ihn anfleht, ihm Recht zu verschaffen gegenüber dem Pharao, „damit er in dieser Nacht nicht die Kraft habe, meine Frau für mich zu verunreinigen“ (GenAp 20,15). Die Intensität des Gebets wird durch das Motiv des Weinens unterstrichen. Abraham weint, als Sara von ihm weggenommen wird (GenAp 20,11); das Gebet selbst wird mit folgenden Worten eingeleitet: „In jener Nacht betete, bat und flehte ich und sprach in Betrübnis und meine Tränen flossen (dabei) herab“ (20,12), und am Ende des Gebets wiederum heißt es schließlich: „Und ich weinte und verstummte“ (20,16).

So wird deutlich, dass das gesamte Gebet Abrahams durch das Motiv des Weinens gerahmt wird. Dies impliziert einerseits eine Emotionalisierung des Erzählstoffes, unterstreicht aber auch die

Not Abrahams und die Intensität seiner Hingabe an Gott. All diese Reaktionen zeigen, dass Abraham mit der Freigabe Saras aus äußerster Notwehr und tiefem Schmerz handelt und sich in dieser Not ganz seinem Gott anvertraut.

Die Entsendung des Plagegeistes, von der ja auch im biblischen Text die Rede ist, erscheint erst jetzt in der Erzählung des Genesisapokryphons und ist als Reaktion Gottes auf Abrahams Gebet zu verstehen. Diese unmittelbare Antwort Gottes auf Abrahams Gebet zeigt, dass Abraham in einem ganz besonders qualifizierten Gottesverhältnis steht. Er und natürlich auch Sara, seine Frau, werden von Gott beschützt und bewahrt.

Nachdem der Pharao und sein ganzes Haus zwei Jahre lang von einem Plagegeist geschlagen wurden, deckt Lot, der im Genesisapokryphon Abraham und Sara nach Ägypten begleitet hat, auf, worin der Grund für die Misere am Königshof liegt. Die Männer des Pharaos wenden sich darauf hin an Abraham und bitten ihn, für den Pharao und seine Leute zu beten und den bösen Geist zu vertreiben (20,19–22). Erst nachdem Sara den Hof des Pharao verlassen hat, greift Abraham tatsächlich zugunsten des Pharaos und seiner Leute ein. Abraham spricht ein Fürbittengebet und praktiziert den Ritus der Handauflegung, so dass der Dämon tatsächlich vertrieben wird und der Pharao und seine Leute wieder zu Kräften kommen (20,28 f). Hier zeigt sich unsere Erzählung von Gen 20 beeinflusst, wo Abraham ebenfalls als Fürbitter für den kranken Abimelech auftritt. Nach der Heilung des Pharaos und seines ganzen Hauses kann Abraham reich beschenkt in seine Heimat zurückkehren. Nachdem er wieder in Bethel angelangt ist, bringt er auf dem einstmals dort erbauten Altar Brandopfer und Speiseopfer dar, lobt und preist Gott und sagt ihm Dank für all die Güter und die Errettung aus Ägypten. Das zentrale Motiv, das diese Geschichte wie ein roter Faden durchzieht, ist damit Abrahams Gebetsfrömmigkeit. Sowohl in seiner Not und Bedrängnis als auch nach seiner Rettung wendet er sich an seinen Gott. Außerdem ist sein Gebet so mächtig, dass er damit Gott bewegen kann, den bösen Geist vom Pharao zu vertreiben.

3.6. Abraham und die Befolgung der Tora

Abrahams Frömmigkeit kommt nicht nur in seiner Gotteserkenntnis und seinen Gebeten zum Ausdruck, sondern zeigt sich auch gutjüdisch in seiner Gesetzesfrömmigkeit. Noch bevor die Tora am Sinai gegeben war, hat er sich nach den Regeln der Halakha verhalten und toragemäß gelebt. So heißt es – als frühestem außerbiblischen Beleg – im „Lob der Väter" in der Weisheitsschrift Jesus Sirach (Ende 2. Jh. v. Chr.), dass Abraham das Gesetz des Allerhöchsten befolgt habe. Auch in Qumran ist diese Vorstellung bekannt, wenn die Damaskusschrift 3,2 – 4 Abraham nicht nur als Torafrommen, sondern auch als Gesetzeslehrer beschreibt.

Diese Aussagen mögen zunächst überraschen, da die biblischen Überlieferungen auf den ersten Blick nicht in diese Richtung zu weisen scheinen. Blickt man allerdings etwas genauer auf die biblischen Texte und ihr traditionsgeschichtliches Umfeld, so ergibt sich ein ganz anderer Befund. Ausgangspunkt für diese Beobachtung ist jene kleine Notiz in Gen 26,3b–5, in der sich die Abrahamsgeschichte mit der Isaakgeschichte verbindet. Hier wird Isaak von Gott dazu aufgefordert, trotz einer Hungersnot im Land zu bleiben, wo er Gottes Segen empfangen soll. Isaak wird – so Gen 26,3 – 5 – allein kraft seiner Abstammung zum Träger der Verheißung. Weil Abraham „Gottes Stimme gehorsam" war und „seine Rechte, seine Gebote, seine Weisungen und sein Gesetz gehalten hat", sollen Isaak und seine Nachkommenschaft gesegnet werden (Gen 26,3b–5). Sicherlich könnte man die Aussagen vom Gehorsam Abrahams ganz konkret auf seinen Gehorsam gegenüber der göttlichen Aufforderung, seine Familie zu verlassen (s. Gen 12) oder seinen Sohn zum Opfer darzubringen (Gen 22; s.a. den Schluss 22,15 – 18), beziehen. Entscheidend ist aber, dass der Sprachstil in Gen 26,3 – 5 eindeutig auf die Sprache und auf die Theologie jener Gruppe von theologischen Denkern verweist, die in der Fachsprache als Deuteronomisten bekannt sind. Diese Gruppe, die in der Zeit im Anschluss an die Exilierung des Volkes gewirkt hat, versteht unter den „Befehlen, Satzungen und Weisungen" konkret das göttliche Gebot, wie es am Sinai offenbart wurde (Dtn 4,1.5.8.44; 5,1; 31; 6,1). Vor diesem intertextuellen Hintergrund wird deutlich, dass in Gen 26,3–5 der Gehorsam Abrahams, dem in der Abrahamsgeschichte einzelne Erzählungen plastisch Ausdruck verleihen, ins Allgemeine gewendet und mit Begriffen bezeichnet wird, die diesen als Erfüllung des göttlichen Gebotes ganz generell deuten.

Noch einen Schritt weiter geht Gen 18,19: Danach besteht Abrahams Aufgabe darin, dass „er seinen Kindern und seinem Haus nach ihm befehle, dass sie den Weg JHWHs halten um Gerechtigkeit und Recht zu tun“. Wieder ist es die deuteronomisch-deuteronomistische Sprache und Theologie, die Abraham in die Nähe des göttlichen Gebotes rückt. Wie zahlreiche Beispiele aus diesem Schrifttum nämlich zeigen, ist mit dem „Weg JHWHs“ tatsächlich Gottes Gebot gemeint (s. Dtn 5,33; 8,6; 11,28; 19,8f u.ö.). Abraham erscheint somit als ein Lehrer des Gesetzes und rückt in die Nähe des Mose, dessen Aufgabe es gerade im Deuteronomium ist, dem Volk die Bedeutung des Toragehorsams deutlich zu machen. Der Nachsatz dieses Verses „auf dass JHWH auf Abraham kommen lasse, was er ihm verheißen hat“ zeigt, dass dieses Handeln der Nachkommen Abrahams die Bedingung dafür darstellt, dass all die Segensverheißungen, die Gott Abraham gegeben hat, auch tatsächlich erfüllt werden. Damit werden die göttlichen Verheißungen an Abraham in gewisser Art und Weise konditioniert.

Während die biblischen Belege sowie Jesus Sirach und die Damaskusschrift lediglich ganz generelle Aussagen über Abrahams Toratreue machen, finden sich im Jubiläenbuch zahlreiche Einzelbeispiele für Abrahams Gehorsam gegenüber den göttlichen Geboten. Diese göttlichen Weisungen entstammen ganz verschiedenen Bereichen. Abraham ist zunächst der Repräsentant des Kultes, wenn er verschiedene Opfer darbringt. Wie im Jubiläenbuch bringt Abraham nach der glücklichen Rückkehr aus Ägypten Gott Brandopfer dar (Jub 13,16); zudem ist die Nacherzählung der dunkel anmutenden Szene vom Bund zwischen den Tierhälften aus Gen 15 im Jubiläenbuch eindeutig als ein Opferritus gestaltet. Abraham bringt das Blut der zerteilten Tiere zunächst auf einem Altar dar und nach der Erscheinung Gottes, der als Feuerflamme zwischen den Tierhälften hindurch schreitet, opfert er das „Ausgebreitete […] und die Vögel und die zu ihnen gehörenden (Speise-)opfer und Libationen“ (Jub 14,19).

Die Fortsetzung dieses kleinen Abschnittes zeigt, dass Abraham auch bereits den Festkalender eingehalten hat. An jenem Tag nämlich erneuerte Abraham das Wochenfest, das bereits Noach im Anschluss an die Erscheinung des Regenbogens nach der Flut gehalten hatte. Nach Jub 6,17 handelt es sich dabei um eine überzeitliche Größe, denn es ist „angeordnet und aufgeschrieben auf den himmlischen Tafeln, daß sie das Fest der Wochen halten in diesem Monat, einmal im Jahr, zu erneuern den Bund in jedem Jahr und den Jahren“. Aber auch in Jub 15,1 f sowie in Jub 22,1 wird berichtet, dass Abraham das Fest der Erstlinge, das nach Jub 22,1 explizit mit dem Wochenfest gleichgesetzt wird, gehalten hat.

Im Zusammenhang mit der Geburt Isaaks erfahren wir dann, dass Abraham der eigentliche Begründer des Laubhüttenfestes war. Als Ausdruck seiner Freude über die Geburt des Sohnes baute er sowohl einen Altar als auch in der Nähe des Altars „Hütten für sich und seine Sklaven“ (Jub 16,21), sodass er der erste war, der das Laubhüttenfest auf Erden feierte. Wie das Wochenfest ist auch dieses auf den himmlischen Tafeln bezeugt (Jub 16,28 f).

Schließlich lassen die Texte auch den Schluss zu, dass Abraham das Passahfest eingehalten hat. Die Erzählung von der Bindung Isaaks nämlich schließt mit einer Festätiologie, wonach Abraham ein siebentägiges Fest gefeiert und es „Fest des Herrn“ genannt habe (Jub 18,18). Auch dieses Fest wird auf den himmlischen Tafeln niedergeschrieben. Wenn auch das Datum der Bindung Isaaks im Jubiläenbuch nicht explizit genannt wird, so lässt es sich doch indirekt ermitteln, dass diese am 14. Nissan stattgefunden hat (s. Jub 18,3 in Verbindung mit Jub 17,15), dem Tag, an dem nach Jub 49.2 f auch das Passahopfer dargebracht werden soll (s. Exodus 12,5 f). Deutlich wird so auf jeden Fall, dass Abraham alle Hauptfeste des Judentums befolgte. Für das Verständnis des Jubiläenbuches ist dies kein Anachronismus. Die einzelnen Bestimmungen bilden vielmehr eine überzeitliche Größe, da sie noch vor der eigentlichen Offenbarung am Sinai an Mose auf den himmlischen Tafeln niedergelegt wurden.

Die Ausführungen des Jubiläenbuches zur Beschneidung zeigen, dass das Jubiläenbuch sich mit seiner Berufung auf Abraham nicht nur nach außen richtet, sondern auch eine innerjüdische Grenzziehung verfolgt. Nachdem der Verfasser nämlich die Beschneidung am 8. Tag als ein Gebot dargestellt hat, das wie auch die Gesetze zu den Festen auf himmlischen Tafeln eingraviert wurde und so eine überzeitliche Größe darstellt (Jub 15,25), beendet der Erzähler seine Ausführungen mit einem düsteren Ausblick auf die Zukunft Israels. Weil die Kinder Israels ihre Kinder nicht beschneiden ließen, kann ihnen Gott nicht mehr vergeben (Jub 15,44 – 34). Wenn man sich vor Augen hält, dass die Thematik des Abfalls von der Beschneidung gerade zur Zeit der hellenistischen Reform virulent war, so lässt sich von diesem Abschnitt her die historische und theologische Einbindung des Jubiläenbuches unschwer rekonstruieren. Die Makkabäerbücher erzählen nämlich nicht nur von einem Beschneidungsverbot unter Antiochus IV., sondern auch davon, wie bereitwillig viele der Juden diese Anordnung des seleukidischen Herrschers auf sich nahmen. In dieser Zeit scheint zudem der Brauch des sog. Epispasmos, d. h. eines operativen Eingriffes, mit Hilfe dessen man versuchte, die Beschneidung wieder rückgängig zu machen und die Vorhaut wieder herzustellen, eine gewisse Verbreitung gehabt zu haben (s. 1Makk 1,16). Abraham wird so zum Repräsentanten des wahren Israel, mit Hilfe dessen Autorität die traditionstreuen Kreise ihre Ansprüche gegen die Hellenisten durchzusetzen versuchen.

Die Vorstellung von Abraham als einem gesetzesfrommen Patriarchen findet schließlich ihre Fortsetzung in der rabbinischen Literatur. Dies ist aufgrund der Hochschätzung der Tora, wie sie für das rabbinische Denken im Vordergrund steht, unmittelbar einsehbar. Hinzu kommt außerdem, dass für das rabbinische Judentum die Vorstellung der überzeitlichen Qualität der Tora bereits zum Allgemeingut geworden ist. Die Tora, so wissen es zahlreiche Midraschim, wurde von Gott sogar noch vor der Schöpfung erschaffen und diente diesem als Plan, nach dem er die Schöpfung gestaltete. Wie bereits in der biblischen Überlieferung, bei Jesus Sirach und in der Damaskusschrift finden wir auch in der rabbinischen Literatur ganz generelle Aussagen über

Abrahams Toratreue. So heißt es z. B. in einer Mischna in mQidushim 4,14, dass Abraham die ganze Tora ausgeübt hat, noch bevor diese verliehen worden war. Nach dem Babylonischen Talmud Yoma 28b hielt Israels Patriach sowohl die mündliche als auch die schriftliche Tora.

Manche Überlieferungen in der rabbinischen Literatur sprechen zwar nicht explizit von Abrahams Toratreue; sie werden aber durch dieses Motiv letztendlich verständlich und innerlich motiviert: Für diese Zusammenhänge ist – wie Gabrielle Oberhänsli-Widmer gezeigt hat – das Hagar-Kapitel aus dem Midrasch Bereschit Rabba aufschlussreich. Liest man die biblische Erzählung mit den Augen eines halakhatreuen Juden, so zeigen sich hier gleich zwei Aspekte, die vom Standpunkt des jüdischen Gebotes aus problematisch erscheinen könnten. Da Hagar eine Ägypterin war, stellt Abrahams Verbindung mit der Magd Saras zunächst eine Verletzung des biblischen Gebots der Mischehe dar, wie es bereits in Deuteronomium 7,3 und Neh 10,31 in der biblischen Überlieferung formuliert und in der rabbinischen Halakha bekräftigt worden war (z. B. Babylonischer Talmud Abodah Zarah 36b). Da Hagar auch noch Abrahams zweite Frau ist, macht er sich zudem der Bigamie schuldig. Wenn auch die biblische Überlieferung noch kein Verbot der Mehrehe kennt, so spiegelt die rabbinische Überlieferung doch primär monogame Verhältnisse wider. Damit entspricht sie der römischen Gesetzgebung, wonach die Bigamie allen römischen Bürgern, zu denen seit 212 n. Chr. auch die Juden zählten, verboten ist.

Selbstverständlich konnten die rabbinischen Ausleger die halakhischen Schwierigkeiten der Hagar-Episode nicht völlig eliminieren; möglich war aber eine „Begrenzung" der Problematik. So identifziert der Midrasch bereits Hagar mit Ketura (z. B. BerR 61, 4), der dritten Frau Abrahams, die dieser nach dem Tod Saras geheiratet haben soll (Gen 25,1). Somit wird die Zahl der fremden Frauen Abrahams auf ein Minimum begrenzt. Im Hinblick auf die Bigamie-Problematik wird verständlich, warum der Midrasch Bereschit Rabba 45 (BerR 45,4) betont, dass Abraham nur ein einziges Mal mit Hagar geschlechtlichen Umgang hatte und diese gleich in der Hochzeitsnacht schwanger wurde. Damit wird deutlich, dass er hier wirklich nur dem Gebot der Not gehorchte. Der späte Midrasch „Pirqe de Rabbi Elieser“ bringt dadurch Klarheit in die Familienverhältnisse Abrahams, indem er ausdrücklich darlegt, dass Abraham Hagar den Scheidebrief gegeben hat.

Eine völlig andere Konzeption der Gesetzesfrömmigkeit Abrahams finden wir, wenn wir uns dem Zeugnis des hellenistischen Philosophen Philo zuwenden, der – wie bereits ausgeführt wurde – in den Jahrzehnten um die Zeitenwende in Alexandrien lebte. Nach Philo sind die Patriarchen – und damit auch Abraham – Verkörperungen des ungeschriebenen Gesetzes. Dieser Gedanke findet sich bereits ganz deutlich in vollen Titel seiner Schrift „Über Abraham“, der lautet: „Lebensbeschreibung des Weisen, der durch Unterweisung zur Vollkommenheit gelangte, oder: das Buch der ungeschriebenen Gesetze, oder: Über Abraham“. Abraham und mit ihm andere Fromme der Urzeit werden als „Urbilder“ der Gesetze beschrieben, die „nur der eigenen inneren Stimme folgend und durch sich selbst belehrt, an die Ordnung der Natur sich angeschlossen und in der Überzeugung, dass die Natur selbst die älteste Satzung sei, wie sie es in Wahrheit ist, ihr ganzes Leben in schönster Gesetzlichkeit vollbracht“ haben (§ 5–6; zitiert nach der Übersetzung von Cohn I, 96 f).

Philo hat damit einen völlig anderen Gesetzesbegriff als das Judentum, wie es durch das Jubiläenbuch oder auch die rabbinische Literatur repräsentiert wird. Während nämlich in diesen Texten das Gesetz eine Größe darstellt, die zwischen Israel und den Völkern scheidet, sieht Philo, der um eine Synthese zwischen Israel und der griechischen Welt bemüht ist, im Gesetz eine universale Größe. Es durchdringt die gesamte Schöpfung und kann prinzipiell von jedem Menschen durch Einsicht in die geistige Grundstruktur der Welt verstanden werden. Eine solche universale Tendenz zeigt sich bei Philo auch darin, dass Themen wie „Land“, „Bund“ oder „Beschneidung“ in seiner Nacherzählung der Abrahamsgeschichte gar keine besondere Beachtung finden. Es wäre freilich verkehrt, daraus folgern zu wollen, dass sich Philos Abraham ganz ins Universale hinwendet. Im ersten Teil seiner Untersuchung zur Bedeutung der Gesetze wird – wie M. Böhm in ihrer Untersuchung zur Bedeutung der Vätergestalten bei Philo dargelegt hat – die Beschneidung zwar nicht als Bundeszeichen dargestellt, aber Philo hält freilich an dem Brauch als solchem durchaus fest, wenn er ihn u. a. rational mit hygienisch-medizinischen Gründen einsichtig macht (Über die Einzelgesetze I,2–11). Die Beschneidung hat damit universalen Wert. Wenn man sich aber deutlich macht, dass dieser Brauch die Nota Judaica schlechthin war, so findet dieser universale Zugang zumindest in der Praxis seine Begrenzung.

3.7. Abrahams Versuchungen und seine Glaubenstreue

Ein weiterer bedeutender Aspekt der Beziehung Abrahams zu seinem Gott ist das Motiv seiner Glaubenstreue, die auch allergrößten Versuchungen standhält. Für die biblische Abrahamsgeschichte ist hier die Erzählung von der Bindung Isaaks bedeutsam; sie ist es auch, die gleichsam den Grundstein für alle weiteren Entwicklungen legt. Dies zeigen bereits kurze Paraphrasen in den apokryphen Texten.

Während in Überlieferungen wie 1Makk 2,51 f und Sir 44,21 die Glaubenstreue Abrahams summarisch formuliert wird, schmücken andere Überlieferungen dieses Motiv weiter aus. Bereits das Jubiläenbuch kennt die Vorstellung, dass Abraham gleich eine ganze Reihe von Prüfungen erleiden musste, denen er aber insgesamt allen standhalten konnte:

> Und der Herr wußte, daß Abraham gläubig war in aller seiner Trübsal, die er ihm genannt hatte. Denn er hatte ihn versucht mit seinem Land und durch Hungersnot. Und er hatte ihn versucht durch den Reichtum der Könige. Und er hatte ihn wiederum versucht durch seine Frau, als sie ihm geraubt wurde, und durch die Beschneidung. Und er hatte ihn versucht durch Ismael und durch Hagar, seine Sklavin, als er sie fortschickte. Und in allem, wodurch er ihn versuchte, wurde er als glaubend erfunden. Und seine Seele war nicht ungeduldig, und er hat nicht gezögert, es zu tun, denn glaubend war er und liebend den Herrn (Jub 17,17 f; zitiert nach Berger, 418).

Wenn hier auch nur sieben Versuchungen aufgezählt werden, so zeigt Jub 19,8, mit dem Verweis auf den Tod Saras und den Kauf der Grabstätte (s. Gen 23,1 – 20), dass diese Überlieferung von insgesamt zehn Versuchungen Abrahams ausgeht. Möchte man nun die beiden noch fehlenden Versuchungen ergänzen, so ist wohl damit zu rechnen, dass zum einen die Jugendgeschichte Abrahams mit seinem Einsatz für den Glauben an den einen Gott (Jub 11,16 – 12,31) und zum anderen die Bindung Isaaks (Jub 18,14 ff) als weitere Versuchungen gezählt worden.

An diese Vorlage knüpft die rabbinische Literatur an. Kurz und knapp heißt es in Mischna Avot 5,3: „Durch zehn Versuchungen wurde unser Vater Abraham versucht und er bestand sie alle, um zu bekunden, wie groß die Liebe unseres Vaters Abraham war“. Andere Midraschim explizieren die einzelnen Versuchungen. Wenn hier das Material auch nicht ausführlich dargeboten werden kann, so ist – mit Rückgriff auf die Arbeit von Gabrielle Oberhänsli-Widmer – zusammenfassend festzustellen, dass in der Regel in den einschlägigen Quellen (so z. B. ARN A 33,2; ARN 36,4; MTeh 18,25 und PRE 26 – 31), wenn auch zum Teil in unterschiedlicher Anordnung, folgende Elemente genannt werden:

1. Abrahams Jugend, namentlich Abraham im Feuerofen
2. Verlassen der Heimat
3. durch Hungersnot bedingte Migration
4. Gefährdung der Ahnfrau
5. Kampf gegen die Könige
6. Vision von der Sklaverei der Nachkommen
7. Hagar
8. Beschneidung
9. Ismael
10. Bindung Isaaks

Zwar unterscheiden sich die einzelnen Überlieferungen im Hinblick auf einzelne Motive und die Anordnung des Materials, jedoch ist allen gemeinsam, dass die Bindung Isaaks die Reihe abschließt. Damit steht dieses Erzählelement an exponierter Stelle und hat ganz besonderes Gewicht, das auf seine Bedeutung für die gesamte rabbinische Überlieferung verweist.

Dies bestätigt ein Blick in die anderen Quellen: So findet sich im Midrasch Bereschit Rabba, einer Auslegung zum Buch Genesis, die wohl in das 4. Jh. n. Chr. zu datieren ist und die aber auch viel älteres Material enthält, eine eindrückliche Nacherzählung dieser Geschichte. Die biblische Vorlage wird dabei um viele Details angereichert: Nicht nur Abraham, sondern auch Isaak werden hier als Idealgestalten des Glaubensgehorsams dargestellt. Isaak, der hier explizit als ein Mann von 37 Jahren präsentiert wird, nimmt die Opferung bereitwillig auf sich und achtet darauf, dass er nicht verletzt wird, um wirklich auch als Opferlamm fungieren zu können. Die gesamte Handlung wird in eine kosmische Szenerie gestellt und so aufs Äußerste dramatisiert. Der Satan, der die Prüfung initiiert hat, versucht mit aller Kraft, die Bindung Isaaks zu verhindern, weil er Abraham zum Scheitern bringen möchte. Die Engel wiederum, die das ganze Geschehen aus der himmlischen Welt beobachten, brechen vor lauter Mitgefühl mit Abraham und Isaak in Weinen aus (BerR 55,4–56,10). Andere rabbinische Texte, darunter auch so frühe Überlieferungen wie die Mekhilta de Rabbi Yishmael Pisḥa 7 zu Ex 12,13 oder Pisḥa 11 zu Ex 12,23 setzen zudem voraus, dass Isaak tatsächlich geopfert wurde. In dem späten Midrasch Pirqe de Rabbi Elieser 31 ist darüber hinaus auch die anschließende Auferweckung Isaaks belegt:

> Als das Schwert seinen Hals erreicht hatte, entwich die Seele Isaaks und entfloh. Als [Gott] seine Stimme zwischen den zwei Keruben hören ließ und sagte:
> *Schicke deine Hand nicht gegen den Knaben aus,* (Gen 22,12)
> da kehrte die Seele zu seinem Körper zurück, und Abraham
> band ihn los, und Isaak stellte sich auf seine Füße.
> Da wusste Isaak, dass so einst die Toten wiederbelebt werden.
> Und in dieser Stunde öffnete er [den Mund] und sagte:
> Gepriesen seist du, JHWH, der du die Toten belebst (zitiert nach der Übersetzung von Börner-Klein, 362).

Für die Vorstellung, dass Isaak bei der Bindung tatsächlich geopfert wurde und sein Leben verlor, gibt es darüber hinaus noch einen sehr interessanten Bildbeleg. Betrachtet man nämlich die Mosaikdarstellung der Bindung Isaaks aus Bet Alfa, die wohl aus dem 6. Jh. n. Chr. stammt und erst in den Dreißiger Jahren bei der Errichtung des gleichnamigen Kibbuz im Jordantal entdeckt wurde, so sieht man, dass Isaak, der hier oberhalb des Altars schwebt, mit kleinen Flügeln ausgestattet ist. Dies aber ist ein Symbol für die Psyche eines Menschen, also für jenen unsterblichen Teil einer Person, in den sie sich jenseits ihrer irdischen Existenz verwandelt. Eine ganz ähnliche Symbolik findet sich auch in der Darstellung der Ezechielschen Vision vom Totenfeld in Dura-Europos.

Gabrielle Oberhänsli-Widmer hat in ihrer Studie eindrücklich gezeigt, dass das Motiv der Prüfung Abrahams eng mit den Ereignissen im Jüdischen Krieg und im Bar-Kochba-Aufstands verbunden ist. Wie oben im Zusammenhang mit dem Motiv von Abraham im Feuerofen in den Biblischen Altertümern bereits kurz angedeutet wurde, lag das Sterben für den eigenen Glauben in jenen Jahren nach der Zeitenwende – wie bereits schon während der Makkabäerzeit – durchaus im Horizont der realen Erfahrungswelt. Anliegen der rabbinischen Literatur, die diese traumatischen geschichtlichen Ereignisse verarbeiten musste, war es, diese Handlungen in ihrer Richtigkeit zu bekräftigen und so die Identität des Volkes und seine Bindung an die Tora zu stärken.

4. Zusammenfassung und Ausblick: Abraham als Gedächtnisfigur und Seinsgrundlage für Israel

Wenn in dem hier vorliegenden Rahmen auch nicht die frühjüdische und rabbinische Abrahamsüberlieferung in ihrer Gesamtheit präsentiert werden konnte, so wird doch deutlich, welch schillernde und komplexe Figur uns in der Gestalt Abrahams gegenüber tritt. Neben dem „Vater Abraham“ ist es das Bild von Abraham als einem Weisen, dem es gelingt, Einsicht in das Wesen der Schöpfung zu finden und der damit auch den wahren Schöpfer erkennen kann. Abrahams Gotteserkenntnis bildet den Ausgangspunkt für die Vorstellungen von Abraham als einer frommen, gesetzestreuen Figur, die auch in schwierigen existentiell bedrohlichen Situationen der Glaubensanfechtung treu zu diesem Gott steht. Gleichzeitig erscheint der weise Abraham auch als Lehrer der Völkerwelt, dessen Unterweisung sowohl religiös als auch weltlich geprägt sein kann.

All diese Überlieferungen zeichnen Abraham als eine Idealgestalt, und dieser Aspekt ließe sich noch um viele Beispiele ergänzen. So kann Josephus Abraham ganz allgemein als einen Mann schildern, der „einen scharfen Blick", „große Überredungsgabe" und „selten irrende Urteilskraft" besaß (Jüdische Altertümer I 8,1) und der „an Tugenden jeglicher Art hervorragte, und den Gott seiner ausgezeichneten Frömmigkeit wegen ganz besonders liebte" (Jüdische Altertümer I 17); in seiner Nacherzählung von Gen 14 kann er ihn zudem als mächtigen Feldherrn und königliche Gestalt portraitieren (Jüdische Altertümer I 9).

Aber auch Erzählungen des antiken Judentums, die hier nur gestreift werden können, zeigen Abrahams Charakter in einem positiven Licht: So stellt das sog. Testament Abrahams in einer breiten Aufnahme von Motiven aus Gen 18 dessen Gastfreundschaft in den Vordergrund. Weil Abraham so ein besonderer Mensch ist, stirbt er auch einen besonderen Tod. Da er sich permanent weigert, sein Todesgeschick überhaupt anzunehmen, bedient sich der Tod, der hier in personifizierter Gestalt auftritt, einer List. Er verspricht ihm „Fröhlichkeit, Leben und Kraft", wenn Abraham seine Hand ergreift. Tatsächlich lässt sich der Patriarch auf diesen Handel ein, aber es kommt ganz anders, denn der Tod ergreift nun sofort seine Seele, woraufhin der Erzengel Michael zusammen mit anderen Engeln Abrahams Körper in Mamre bestatten. „Seine kostbare Seele" aber geleiteten die Engel zum Himmel, wobei sie das „Dreimal heilig" dem Herrn, dem Gott des Alls" singen (zitiert nach der Übersetzung von Janssen, 253 ff).

Wenn Abraham so auch in den frühjüdischen Überlieferungen generell als Idealgestalt gezeichnet wird, so unterscheiden sich diese doch dadurch voneinander, dass sie von unterschiedlichen Wertvorstellungen herkommend auch ihre Ideale unterschiedlich definieren. So kommt es insgesamt zu z. T. recht unterschiedlichen Darstellungen Abrahams: Betont der Midrasch seine Emotionalität und kann ihn sogar weinen lassen, so legt Philo Wert auf Abrahams Gelassenheit. Nicht einmal solch schwierige Situationen wie die Entführung der eigenen Frau oder die Verpflichtung, den geliebten Sohn darzubringen, führen bei

Abraham dazu, dass er seiner Gefühle nicht mehr Herr sein kann (Über Abraham § 170.174 f). Philo zeigt damit, dass er von den Wertvorstellungen der stoischen Philosophie, die die Gemütsruhe mit zu den höchsten menschlichen Tugenden zählte, beeinflusst war.

Ähnlich kontrovers wird auch Abrahams Haltung gegenüber der Astrologie geschildert: Während vor allem die jüdischen Historiker Abraham als den Erfinder und Lehrer astrologischen Wissens darstellen können, findet sich im Jubiläenbuch eine völlige Absage an solche Vorstellungen. Hier wird nämlich explizit erklärt, dass Abraham bei der Beobachtung der Gestirne zu dem Schluss kommt, dass diese alle in Gottes Hand sind. Eine Erforschung der Gestirne und ihrer Gesetzmäßigkeiten ist somit obsolet (Jub 12,17 f). Eine solche distanzierte Haltung gegenüber der Astrologie, die ein Stückweit an das Wächterbuch des Äthiopischen Henochs erinnert (äthHen 8,3), ist vor dem Hintergrund der Aussageabsicht des Jubiläenbuches, dem es prinzipiell um eine Distanzierung von der griechischen Kultur geht, gut zu erklären. Die Überlieferung des Jubiläenbuches, in der eine ausdrückliche Marginalisierung Ismaels und Esaus erfolgt, zeigt zudem, dass der Gedanke, wonach Abraham auch für die Völkerwelt eine wichtige Rolle spielt, keineswegs in allen Überlieferungen des antiken Judentums positiv aufgenommen wurde; vielmehr findet sich hier, wenn man die Gesamtheit der Texte betrachtet, eine durchaus ambivalente Haltung.

Abraham, dies zeigen unsere Texte ganz deutlich, stellt für das Judentum eine „Erinnerungsfigur“ dar, mit der sich zahlreiche, oft ganz unterschiedliche Überlieferungen verbinden. Der Prozess der Traditionsbildung kann dabei durchaus mit dem individuellen Gedächtnisprozess verglichen werden: Wie neuere Forschungen aus dem Bereich der Gedächtnispsychologie gezeigt haben, speichert das Gedächtnis niemals einen Erinnerungsinhalt „an sich“. Erinnerung ist vielmehr etwas Lebendiges und konstituiert sich immer wieder in Relation zum individuellen und über-individuellen Standort der sich erinnernden Person aufs Neue.

In Abraham spiegelt sich aber nicht nur das Selbstbild Israels bzw. bestimmter Gruppen innerhalb des Judentums. In Abraham gründet sich gleichsam auch Israels Existenz. Bereits die biblische Überlieferung sieht in Abraham einen Garanten für das Wohlergehen seiner Nachfahren, wenn Gen 26,5 weiß, dass Isaak gesegnet werden soll, weil Abraham der Stimme Gottes gehorcht hat. Ein ähnlicher Gedanke, nun aber ins Kollektiv gewendet, findet sich in 2Kön 13,23, wenn Gott sich über Israel „um seines Bundes willen mit Abraham, Isaak und Jakob erbarmt", und im „Gebet Asarjas" in den Zusätzen zum kanonischen Buch Daniel berufen sich die jungen Männer in ihrer Bitte an ihren Gott, der sie aus ihrer Todesnot erretten soll, auf Gottes Verheißung an Abraham, Isaak und Jakob (Stücke zu Dan 3,10).

So ist bereits in der biblischen Überlieferung und den Apokryphen die Basis gelegt für eine Vorstellung, die dann insbesondere in der rabbinischen Theologie in der Zeit nach der Zerstörung des Jerusalemer Tempels eine bedeutende Rolle spielen soll. Die Weisen Israels entwickelten die Vorstellung von der *z^e^khut Abraham*, vom Verdienst Abrahams; daran schloss sich ganz allgemein die Rede vom Verdienst der Väter an. Die besonderen Verdienste, die Abraham (aber auch die anderen Väter) erworben haben, werden letztendlich ihren nachfolgenden Generationen zu Gute kommen. So werden in den rabbinischen Texten oftmals auf der Basis von Stichwortverbindungen ganz kühne Verbindungslinien gezogen. Hier seien nur einige Beispiele aus dem Midrasch Bereschit Rabba genannt: Weil Abraham das Holz spaltete (Gen 22,3), spaltete Gott später für Israel das Meer (Ex 14,21; so BerR 55,8); weil Abraham am dritten Tag nach Moria aufbrach (Gen 22,4), offenbarte sich Gott am dritten Tag, um Israel die Tora zu geben (Ex 19,16); am dritten Tag kamen auch die Rückkehrer aus dem Exil zurück (Esr 8,15), ja, um Abrahams willen wird Gott am dritten Tag einst sogar die Toten wieder erwecken (Hos 6,2; so BerR 56,1). Die Bindung Isaaks wird Israel aber auch einst beim Jüngsten Gericht und der Auferstehung der Toten zur Seite stehen (BerR 56,1). Diese Gedanken bestimmen bis heute Israels Liturgie, denn am Neujahrsfest, an dem Israel für die Vergebung seiner Sünden bittet, wird in den sogenannten Sikhronotgebeten auch auf die Episode auf dem Berg Morija verwiesen, damit Gott seinen Zorn „von seinem Volke und seiner Stadt und seinem Erbe“ ablasse (zitiert nach der Übersetzung des Gebetsbuches Safa Berura, 95 ff).

So wird deutlich: Abraham ist nicht nur eine Figur der Erinnerung, dank seines Wirkens darf das betende Israel bis zum heutigen Tag auf Gottes gnädige Zuwendung rechnen. Abraham ist damit nicht nur integraler Bestandteil der Vergangenheit, sondern auch der Zukunft des Gottesvolkes.

5. Literaturhinweise (Auswahl)

5.1. Quellen

Berger, Klaus: Das Buch der Jubiläen, JSHRZ II/3, Gütersloh 1981.

Börner-Klein, Dagmar: Pirke de-Rabbi Elieser. Nach der Edition Venedig 1544 unter Berücksichtigung der Edition Warschau 1852, Studia Judaica 26, Berlin 2004.

Cohn, Leopold u. a. (Hg.): Philo von Alexandria, Über Abraham, in: Die Werke in deutscher Übersetzung I, Berlin ^{2}1962, 91 – 152.

Cohn, Leopold u. a. (Hg.): Philo von Alexandria, Über Abrahams Wanderung, in: Die Werke in deutscher Übersetzung V, hg. von Leopold Cohn u. a., Berlin ^{2}1962, 152 – 213.

Cohn, Leopold u. a. (Hg.): Philo von Alexandria, Über die Tugenden, in: Die Werke in deutscher Übersetzung II, Berlin ^{2}1962, 313 – 377.

Dietzfelbinger, Christian: Pseudo-Philo: Antiquitates Biblicae, JSHRZ II/2, Gütersloh 1975.

Goldschmidt, Lazarus (Hg.): Der Babylonische Talmud. Neu übertragen, 12 Bd., Berlin 1981.

Janssen, Enno: Testament Abrahams, JSHRZ III/2, Gütersloh 1975, 193 – 256.

Philonenko-Sayar, Belkis/Philonenko, Marc: Apokalypse Abrahams, JSHRZ V/5, Gütersloh 1982, 415 – 460. 275 – 575.

Walter, Nikolaus: Fragmente jüdisch-hellenistischer Historiker, JSHRZ I/2, 91 – 163, Gütersloh1980.

Wünsche, August (Hg.): Der Midrasch Bereschit Rabba, Leipzig 1881.

5.2. Weitere Literatur

Blum, Erhart: Die Komposition der Vätergeschichte, WMANT 57, Neukirchen-Vluyn 1984.

Böhm, Martina: Rezeption und Funktion der Vätererzählungen bei Philo von Alexandrien. Zum Zusammenhang von Kontext, Hermeneutik und Exegese im frühen Judentum, BZNW 128, Berlin/New York 2005.

Ego, Beate: Abraham als Urbild der Toratreue Israels. Traditionsgeschichtliche Überlegungen zu einem Aspekt des biblischen Abrahambildes, in: F. Avemarie/H. Lichtenberger (Hg.), Bund und Tora, WUNT 92, Tübingen 1996, 25 – 40.

Ego, Beate: Abraham und der Glaube an den e i n e n Gott. Ein Beitrag zum frühjüdischen Abrahamsbild, in: H. Lichtenberger/U. Mittmann (Hg.), Biblical Figures in Deuterocanonical Literature (ISDCL Yearbook), Berlin 2009.

Ego, Beate/Lange, Armin: „Und es ward ihm zur Gerechtigkeit angerechnet" (4QpsJub^{a} 2 I 8). Gen 15,6 im Pseudo-Jubiläentext von Qumran und in der antik-jüdischen Literatur, in: U. Mittmann/F. Avemarie/G. S. Oegema (Hg.), Der Mensch vor Gott. Forschungen zum Menschenbild in Bibel, antikem Judentum und Koran. Festschrift für Hermann Lichtenberger, Neukirchen 2003, 171 – 192.

Ego, Beate: Nicht nur Abraham – Die Frauen Abrahams in biblischer und rabbinischer Überlieferung, Welt und Umwelt der Bibel 30: Abraham, 2003, 30 – 35.

Feldman, Louis H.: Abraham the Greek Philosopher in Josephus, Transactions and Proceedings of the American Philological Association 99, 1968, 143 – 156.

Feldman, Louis H.: Hellenization in Josephus' Jewish Antiquities: The Portrait of Abraham, in: L.H. Feldman/G. Hata (Hg.), Josephus, Judaism, and Christianity, Leiden 1987, 133 – 153.

Fischer, Irmtraud: Die Erzeltern Israels. Feministisch-theologische Studien zu Genesis 12 – 36, BZAW 222, Berlin/New York 1994.

Gese, Hartmut: Die Komposition der Abrahamserzählung, in: Ders., Alttestamentliche Studien, Tübingen 1991, 29 – 51.

Gunkel, Hermann: Genesis übersetzt und erklärt, Göttingen ^{9}1977.

Hahn, Ferdinand: Die Gestalt Abrahams in der Sicht Philos, in: F. Hahn u. a. (Hg.), Zion – Ort der Begegnung. Festschrift für Laurentius Klein, BBB 90, Bodenheim 1993, 203 – 215.

Hayward, Robert: Abraham as Proselytizer at Beer-Sheba in the Targums of the Pentateuch, Journal of Jewish Studies 49, 1998, 24 – 37.

Hengel, Martin: Die Zeloten. Untersuchungen zur jüdischen Freiheitsbewegung im späthellenistischen Zeitalter. Herodes I. bis 70 n. Chr., AGAJU 1, Leiden 1961.

Hengel, Martin: Judentum und Hellenismus. Studien zu ihrer Begegnung unter besonderer Berücksichtigung Palästinas bis zur Mitte des 2. Jh. v. Chr., WUNT 10, Tübingen ^{3}1988.

Hieke, Thomas: Art. Abraham, in: Friedrich Wilhelm Bautz (Hg.), Biographisch-bibliographisches Kirchenlexikon 24; Ergänzungen IX, Nordhausen 2005, 1–49.

Köckert, Matthias: Vätergott und Väterverheißung. Eine Auseinandersetzung mit Albrecht Alt und seinen Erben, FRLANT 142, Göttingen 1988.

Köckert, Matthias: Die Geschichte der Abrahamsüberlieferung, in: A. Lemaire (Hg.), Congress Volume Leiden, VT.S 109, Leiden 2006, 103–128.

Kundert, Lukas: Die Opferung/Bindung Isaaks. 1: Genesis 22,1–19 im Alten Testament, im Frühjudentum und im Neuen Testament, 2: Genesis 22,1–19 in frühen rabbinischen Texten, WMANT 78/79, Neukirchen-Vluyn 1998.

Kratz, Reinhard G.: „Öffne seinen Mund und seine Ohren". Wie Abraham Hebräisch lernte, in: R. Kratz/G. Nagel (Hg.), „Abraham, unser Vater". Die gemeinsamen Wurzeln von Judentum, Christentum und Islam, Göttingen 2003, 53–65.

Kuschel, Karl-Josef: Streit um Abraham. Was Juden, Christen und Muslime trennt – und was sie eint, München 1994.

Martin-Achard, Robert: Art. Abraham I. Abraham im Alten Testament, TRE 1, 1977, 364–372.

Maier, Johann: Die Qumran-Essener: Die Texte vom Toten Meer, 3 Bd., München 1995 f.

Mayer, Günther: Aspekte des Abrahambildes in der hellenistisch-jüdischen Literatur, Evangelische Theologie 32, 1972, 118–127.

Müller, Mogens: Die Abraham-Gestalt im Jubiläenbuch. Versuch einer Interpretation, Scandinavian Journal of the Old Testament 10, 1996, 238–257.

Oberhänsli-Widmer, Gabrielle: Biblische Figuren in der rabbinischen Literatur. Gleichnisse und Bilder zu Adam, Noach und Abraham im Midrasch Bereschit Rabba, Judaica et Christiana 17, Bern u. a. 1998.

Rad, Gerhard von: Das erste Buch Mose. Genesis, ATD 2/4, Göttingen ^{12}1984.

Reed, Annette Yoshiko: Abraham as Chaldaen Scientist and Father of the Jews: Josephus, Ant. 1.154–168, and the Greco-Roman Discourse about Astronomy/Astrology, Journal for the Study of Judaism 35, 2004, 119–157.

Remaud, Michel: À cause des peres. Le „mérite des pères" dans la tradition juive, Collection de la Revue des Études Juives, Paris/Louvain 1997.

Rubinkiewicz, Ryszard: La vision de l'histoire dans l'Apocalypse d'Abraham, in: ANRW II.19.1, Berlin/New York 1979, 137–151.

Sandmel, Samuel: Philo's Place in Judaism. A Study of Conceptions of Abraham in Jewish Literature, Augmented Edition, New York 1971.

Sauer, Georg: Abraham – tragende Gestalt der Frömmigkeit, Theologische Zeitschrift 47, 1991, 291 – 298.

Siegert, Folker: „Und er hob seine Augen auf, und siehe.“ Abrahams Gottesvision (Genesis 18) im hellenistischen Judentum“, in: R. Kratz/G. Nagel (Hg.), „Abraham, unser Vater“. Die gemeinsamen Wurzeln von Judentum, Christentum und Islam, Göttingen 2003, 67 – 85.

Siker, Jeffrey S.: Abraham in Graeco-Roman Paganism, Journal for the Study of Judaism in the Persian, Hellenistic and Roman Period 18, 1987, 188 – 208.

Schmitz, Rolf P.: Abraham II. Abraham im Judentum, TRE 1, 1977, 382 – 385.

Seters, John van: Abraham in History and Tradition, New Haven/London 1975.

Spieckermann, Hermann: „Ein Vater vieler Völker“. Die Verheißungen an Abraham im Alten Testament, in: R. Kratz/G. Nagel (Hg.), „Abraham, unser Vater“. Die gemeinsamen Wurzeln von Judentum, Christentum und Islam, Göttingen 2003, 8 – 21.

Walter, Nikolaus: Fragmente jüdisch-hellenistischer Historiker, JSHZR I/2, Gütersloh 1980.

Westermann, Claus: Genesis. 2. Teilband Genesis 12 – 36, BK I/2, Neukirchen ^{2}1989.

Zimmerli, Walther: 1. Mose 12 – 25, ZK AT 1/2, Zürich 1976.

5.3. Abraham in der antikjüdischen und mittelalterlichen Kunst

„Abraham“, Welt und Umwelt der Bibel 30, 2003 (34 – Stammbaum, in dem auch die Relation zu den Völkern deutlich herausgearbeitet wird; 46 Dura Europos, 50: Bet Alfa).

Appel, Katrin: Abraham als Dreijähriger im Feuerofen des Nimrod, Kairos 25, 1983, 36 – 40.

Gutmann, Josef: Buchmalerei in jüdischen Handschriften, München 1978 (Fig. 25: „Abraham im Feuerofen“ nach dem Leipziger Machsor vom Oberrhein, ca. 1320 – 1330).

Kanael, Baruch: Die Kunst der antiken Synagoge, München/Frankfurt 1961 (85: Bindung Isaaks in der Synagoge von Bet Alfa).

Kessler, Edward: The ‘Aqedah in the Early Synagogue Art, in: Levine, Lee I./Weiss, Zeev (Hg.) From Dura to Sepphoris. Studies in Jewish Art and Society in Late Antiquity. Journal of Roman Archaeology. Supplement Series 40, 73 – 82 (Artikel zu den verschiedenen Bilddarstellungen, mit Schwarz-Weiß-Abbildungen).

Kraeling, Carl H.: The Synagogue. New Haven 1956 („Abraham in den Wandmalereien von Dura Europos“; plate LI: Abraham als Gesamtbild; plate LXXVIII: Bindung Isaaks neben der Tempeldarstellung über dem Toraschrein).

Levine, Lee I./Weiss, Zeev (Hg.): From Dura to Sepphoris. Studies in Jewish Art and Society in Late Antiquity, Journal of Roman Archaeology. Supplement Series 40, Fig. 10 („Bindung Isaaks“ in einem Synagogenmosaik von Sepphoris).

Stähli, Hans Peter: Antike Synagogenkunst, Stuttgart 1988 (63: „Bindung Isaaks“ in der Synagoge von Bet Alfa).

Christfried Böttrich

Abraham im Christentum

1. Einleitung: Alte Geschichte in neuer Perspektive

> ABC: Wer A sagt, A wie Abraham, muß auch Isaak sagen. Und wer Isaak sagt, sagt Jakob. Wer Jakob sagt, sagt Juda. Und wer Juda sagt, sagt Perez, und wer Perez sagt, sagt Hezron. Und wer Hezron sagt, sagt Ram. Und wer Ram sagt, sagt Amminadab und Nachschon und Salma und Boas und Obed und Jesse und David und Salomo und Rehabeam und Abia und Asa und Josaphat und Joram und Usia und Jotham und Ahas und Hiskia und Manasse und Amon und Josia und Jojachin und Sealthiël. Und wer Sealthiël sagt, sagt auch Serubabel und Abiud und Eliakim und Asor und Zadok und Achim und Eliud und Eleasar und Matthan und Jakob. Und wer Jakob sagt, sagt auch Joseph, den Mann der Maria, die Jesus, den Christus, gebar. Wer C sagt, C wie Christus, steigt ein in Geschichte, in die Geschichte einer Familie, die mit A wie Abraham beginnt und mit A wie Auschwitz nicht endet … (Jürgen Rennert, Dialog mit der Bibel, Berlin 1984, 40)

Mit A wie Abraham wird ein Anfang markiert, dessen Bedeutung für das Selbstverständnis des christlichen Glaubens gar nicht hoch genug eingeschätzt werden kann. Denn was Jesus von Nazaret verkündigt und was die Boten des Evangeliums nach Ostern weiter tragen, das ist tief in der Geschichte des Gottesvolkes verwurzelt. Jesus und seine Anhänger sind Juden, die in der Frömmigkeitstradition Israels aufwachsen, die ihren Alltag mit Gebeten und Segenssprüchen begleiten, am Sabbat in die Synagoge gehen und die zu den Wallfahrtsfesten gelegentlich nach Jerusalem ziehen. Die großen Erzählungen der Hebräischen Bibel sind ihnen von Kindheit an vertraut. Ihre Bildung nährt sich aus dem Reservoir der „Schrift“ und vervollkommnet sich an dem gemeinsamen Ringen um ihre Auslegung und Aktualisierung. Neu sind die Botschaft Jesu von der nahen Gottesherrschaft und später dann das Evangelium von Tod und Auferstehung Jesu selbst schon – doch niemandem käme es dabei in den Sinn, diese Verkündigung als die Stiftung einer neuen Religion zu verstehen. Vielmehr ordnen sich Jesus und die frühe Christenheit in die Geschichte des Gottesvolkes Israel ein. Ohne diese Geschichte wäre nicht zu verstehen, was „Gottesherrschaft" bedeutet. Und ohne diese Geschichte würden alle Voraussetzungen fehlen, Jesus von Nazaret nun als den „Christus" (d. h. „Messias"), den „Kyrios" oder den „Sohn Gottes" zu begreifen.

Wo immer im neuen Testament der Name Abraham auftaucht, kommt dieser große geschichtliche Zusammenhang in den Blick. Abraham fungiert als ein Symbol für die gemeinsame Herkunft, die Juden und Christen verbindet. Schlägt man das Neue Testament ganz vorne auf und beginnt, das Evangelium nach Matthäus zu lesen, so ist Abraham einer der ersten Namen, denen man begegnet. Denn der Evangelist setzt mit einem „Stammbaum Jesu" ein, den er – in bewusstem Anklang an Gen 2,4 oder 5,1 mit folgenden Worten eröffnet: „Buch des Ursprungs (der ‚Genesis') Jesu Christi, des Sohnes Davids, des Sohnes Abrahams." Mit zwei großen Schritten steigt er zurück in die Tiefe der Geschichte. David und Abraham sind dabei die wichtigsten Stationen, die der Evangelist auf diese Weise hervorhebt: Mit David bringt er die messianische Hoffnung Israels ins Spiel, mit Abraham zielt er auf die Segensverheißung Gottes für die Völkerwelt. Weiter zurück blickt er nicht. Von Abraham an geht es dann wieder aufwärts: „Der zeugte den, der zeugte den, der zeugte den ..." – und so wird die Abfolge der Generationen bis zu Josef und Maria, den Eltern Jesu, sichtbar gemacht. Der Evangelist Lukas verfährt hier bekanntlich ganz anders. Sein „Stammbaum", der erst nach der Taufe Jesu eingeschaltet ist (Lk 3,23 – 38), zählt von Jesus an rückwärts und landet schließlich bei Gott, dem Schöpfer des Menschen. Dadurch erscheint Jesus vor allem als „Gottessohn", und Abraham ist nur einer in der langen Reihe von Vorfahren (Lk 3,34). Für Matthäus indessen ist es wichtig, zu zeigen: Mit Jesus Christus beginnt die Geschichte noch einmal neu – doch auch dieser Neubeginn hat seine Vorgeschichte. Sie fängt bei dem an, der nach Gen 12,13/18,18 zum „Segen für die Völker“ werden soll. So verwundert es auch nicht, wenn man in diesem Stammbaum dann bereits einige kleine „Unregelmäßigkeiten“ entdeckt – Frauen etwa, die gegen das sonstige Verfahren eigens benannt werden und die als „Fremde“ im Gottesvolk leben (Tamar, Rahab, Ruth und die Frau des Uria). Mit Abraham ist diese „Völkerperspektive“ von Anfang an schon da.

Was in Gen 12 – 25 von dem ersten der drei „Erzväter“ erzählt wird, das weiß im Judentum zur Zeit Jesu jedes Kind. Abraham ist eine der populärsten Figuren jüdischer Frömmigkeit. Den Gebildeten der hellenistischen Welt ist seine Geschichte nicht weniger vertraut. Auch nichtjüdische Autoren nehmen hin und wieder auf ihn Bezug. Wer am Synagogengottesdienst teilnimmt, hört dort die Lesungen und Auslegungen der entsprechenden Kapitel. In der Diaspora ist es die griechische Übersetzung der Hebräischen Bibel, die „Septuaginta“, durch die den Erzählungen ein neues, weites Publikum erschlossen wird. Wenn Jesus also auf Abraham zu sprechen kommt, dann muss er nicht erst lange erklären, wen er meint. Anspielungen genügen. Ganz ähnlich ergeht es später dem Apostel Paulus. Natürlich kann er die Kenntnis der biblischen Erzählungen voraussetzen, wenn er gegenüber den Gemeinden in Galatien und Rom mit Abraham argumentiert. Über Abraham sind sie alle im Bilde, auch die Nichtjuden in der christlichen Gemeinde.

Daraus erklärt sich, warum die Erwähnungen Abrahams im Neuen Testament so vereinzelt daher kommen. Längere Bezugnahmen finden sich lediglich in der Rede des Stephanus (Apg 7,2 – 8.16) und in jener Reihe von Glaubensvorbildern, die der Hebräerbrief aufbietet (Hebr 11,8 – 19). Ansonsten jedoch wird die Abrahamgeschichte im Neuen Testament nur selektiv aufgenommen. Als die beiden wichtigsten Episoden erscheinen dabei die der Verheißung Gottes (Gen 15) und die der Bindung Isaaks (Gen 22). Paulus greift zudem noch die Geschichte des Konfliktes zwischen Sara und Hagar (Gen 16 und 21) auf. Das alles aber betrifft nur einen kleinen Ausschnitt aus der vielschichtigen, dynamischen Erzählung in Gen 12 – 25, von den zahlreichen frühjüdischen Abrahamschriften und -auslegungen ganz zu schweigen!

Im Zentrum der neutestamentlichen Erwähnungen steht beinahe ausschließlich das Interesse an der Verheißung, die Abraham von Gott erhält: Gott sagt ihm Land, reiche Nachkommenschaft und Segen zu. Die Landverheißung spielt für die frühe Christenheit nur noch eine untergeordnete Rolle. Die Verheißung der Nachkommenschaft aber, verbunden mit der Zusage, „Segen für die Völker“ zu werden, entwickelt eine ganz neue Faszination: Liegt hier nicht die entscheidende Begründung bereit, auch Nichtjuden in die christliche Gemeinde einbeziehen zu können? Ist es nicht gerade diese ursprüngliche Verheißung Gottes, die ein höheres Alter und eine größere Würde als der Bundesschluss am Sinai aufzuweisen vermag?

Vom 2. Jh. n. Chr. an entsteht dann allmählich auch eine christliche theologische Literatur. Was sie zu Abraham zu sagen hat, wird maßgeblich durch die Vorgabe der neutestamentlichen Schriften bestimmt. Doch deren Sammlung wächst im liturgischen und theologischen Gebrauch inzwischen mit den Schriften der hebräischen Bibel zusammen. Aus „Altem“ und „Neuem Testament“ entsteht die Bibel der Christen, die zunächst auf Griechisch und dann für lange Zeit auch auf Lateinisch gelesen wird. Dort begegnet man nun der gesamten Abrahamgeschichte wieder, deren Kenntnis zum festen Bestandteil der eigenen Tradition wird. In Predigten und Kommentaren legen christliche Theologen – wie ihre jüdischen Kollegen auch – diese Geschichte wieder und wieder aus. Die Werke des Religionsphilosophen Philo von Alexandrien, der Gen 12–25 ausführlich und mehrfach behandelt, stehen im Bücherregal so einflussreicher Väter der Frühzeit wie Clemens Alexandrinus, Origenes oder Gregor von Nazianz. Der jüdische Historiker Flavius Josephus, der die alttestamentliche Geschichte noch einmal für das griechische Bildungspublikum nacherzählt, wird gerade von christlichen Lesern aufmerksam studiert. Die theologische Literatur greift wieder in vollem Umfang auf den ursprünglichen Bezugstext und seine jüdische Auslegungsgeschichte zurück, behält aber dennoch bei ihrer Lektüre die neutestamentliche Brille auf. Trotz aller Berührungen mit der jüdischen Tradition geht sie deshalb ihre eigenen Wege.

Bis heute löst die Frage des methodischen Umganges mit „der Schrift", wie wir sie im Neuen Testament und später in der christlichen Theologie beobachten können, die größten Kontroversen aus. Die Autoren des Neuen Testamentes verfahren mit ihren alttestamentlichen Bezugstexten zum Teil sehr großzügig, verändern den Wortlaut ihrer Zitate und finden am Ende immer das, was sie darin finden wollen. Vieles mutet uns heute als ein willkürlicher Umgang mit den Texten an. Doch auch ein Paulus oder später etwa ein Origenes sind nach den Maßstäben ihrer Zeit methodisch bestens geschult. Ihre Auslegungsprinzipien sind lediglich andere als diejenigen, die wir heute gebrauchen. Sie lesen die Texte nicht als historische Dokumente, die in einer bestimmten Zeit unter bestimmten Umständen entstanden sind und denen man deshalb zunächst ihr eigenes Recht zugestehen muss. Vielmehr gehen sie von ihrer aktuellen Glaubenserfahrung aus, die sie in das Licht der überlieferten Texte stellen. Bevorzugt benutzen sie dafür die Methode der „Allegorese", die in der griechischen Homer-Interpretation entwickelt wurde und die im Literaturbetrieb der hellenistischen Zeit allgemein gebräuchlich ist. Die Allegorese geht davon aus, das dem Text ein verborgener, tieferer Sinn zugrunde liegt, den es mit Hilfe eines bestimmten Schlüssels zu ermitteln gilt. Dieser Schlüssel ist für die Autoren der frühen Christenheit das „Christusereignis", das ja längst schon bei Gott beschlossen und deshalb auch in der Geschichte des Gottesvolkes Israel stets gegenwärtig war. Daraus resultiert die Überzeugung: Alles, was die Erzählungen des Alten Testamentes mitteilen, deutet bereits auf Jesus Christus hin! Man kann eine solche Lesart der Texte als deren Vereinnahmung oder Enteignung der ursprünglichen „Eigentümer" dieser Erzählungen betrachten – und oft genug ist sie das auch gewesen. Andererseits dürfen wir die antike Schriftauslegung nicht an modernen Kriterien und Einsichten messen. Das Judentum der damaligen Zeit verfährt da in methodischer Hinsicht nicht anders. So hat die Exegese des Alten Testamentes Juden und Christen über Jahrhunderte hin intensiv beschäftigt, auch wenn darüber das Trennende der Auslegung weit stärker in Erscheinung trat als das Verbindende des gemeinsamen Gegenstandes. Für die Christen blieb der Bezug auf das Gottesvolk bei allen Fehldeutungen und

Fehlleistungen dennoch ein unverzichtbarer Bestandteil ihrer eigenen Identität.

Die Christenheit hat deshalb von jeher in Abraham nicht einfach nur einen „wandernden Aramäer" (Dtn 26,5) aus grauer Vorzeit gesehen, sondern einen Platzhalter jener Hoffnung, die sich für sie mit Christus erfüllte. Deshalb ist Abraham keine Figur, die sie mit distanziertem Interesse betrachten und beschreiben könnte. Abraham steht vielmehr für die Geschichte, aus der christlicher Glaube hervorgeht und die alle Christen unlösbar mit dem Gottesvolk Israel verbindet.

2. Abraham in den Schriften des Neuen Testaments

2.1. Abraham und die Verheißung Gottes

Unter allen Episoden der alttestamentlichen Abrahamgeschichte bot sich für die neue Perspektive der frühen Christenheit eine ganz besonders an – nämlich die Episode von der Verheißung Gottes an Abraham in Gen 15. Ihre Offenheit, die weit über den Rahmen der Erzählung hinausweist, machte sie zu einer Geschichte, in der sich auch die christliche Gemeinde wiederfinden und beheimaten konnte. Auf der Erzählebene ist zu diesem Zeitpunkt schon einiges geschehen. Abraham und seine Sippe sind von Haran aus aufgebrochen, haben Kanaan durchwandert, sind aufgrund einer Hungersnot nach Ägypten gezogen und nach dort bestandener Gefahr wieder zurückgekehrt, schließlich haben sich Abraham und Lot getrennt, woraufhin dann Abraham den in Gefangenschaft geratenen Lot durch eine Militäraktion wieder befreit und dabei dem rätselhaften Priesterkönig Melchisedek begegnet. Von Anfang an haben dabei Gottes Zusagen dieses bewegte, abenteuerliche Leben begleitet. Immer wieder spricht Gott ganz unmittelbar zu dem Patriarchen. Und stets geht es dabei um Verheißungen von großer Tragweite. Gleich beim Aufbruch aus Haran verspricht ihm Gott, dass er zu einem großen Volk werden solle und „zum Segen für alle Geschlechter der Erde" (Gen 12,1 – 3). In Sichem angelangt, kommt die Verheißung des Landbesitzes hinzu (Gen 12,7). Nach der Trennung von Lot stehen erneut reiche Nachkommenschaft und Landbesitz im Mittelpunkt (Gen 13,14–17). Doch die Zeit verstreicht, und nichts von alledem ereignet sich. So gerät die Erzählung in Gen 15 an einen kritischen Punkt. Als Gott erneut zu Abraham spricht, wendet dieser resignierend ein: „Herr, mein Herr, was willst du mir schon geben? Ich gehe doch kinderlos dahin, und Erbe meines Hauses ist Elieser aus Damaskus!" Doch nun erfolgt die entscheidende Wende: Gott wiederholt alle drei Zusagen (Nachkommen, Segen, Land) und bekräftigt sie zusätzlich durch einen förmlichen Bundesschluss. In diesem Zusammenhang steht die eindrückliche Szene, in der Abraham die Sterne des Himmels zählen soll, was Gott mit den Worten kommentiert: „So zahlreich werden deine Nachkommen sein!" Dann folgt in Gen 15,6 der entscheidende Satz: „Und Abraham glaubte dem Herrn, und das wurde ihm zur Gerechtigkeit angerechnet." Vertrauen gegen die bisherige Erfahrung und gegen alle Wahrscheinlichkeit – dadurch vor allem zeichnet sich Abraham aus. Und daran knüpft die frühe Christenheit an. Denn sie verspürt: Ebenso verhält es sich ja auch mit dem Glauben an Christus, der gegen alle Erfahrung und gegen alle Wahrscheinlichkeit Vertrauen auf Gottes Zuwendung bedeutet; zugleich übersteigt die Dimension der Zusagen alles, was seither an der Geschichte Abrahams und seiner Nachkommenschaft abzulesen war. Hier macht sich ein Sinnüberschuss bemerkbar, der das Stichwort „Verheißung" in eine universale, menschheitliche Perspektive rückt!

Von dieser überschießenden Zusage lassen sich die Autoren des Neuen Testaments beeindrucken. Der Evangelist Lukas spielt sie an einer bedeutsamen Stelle gleich zu Beginn seines Evangeliums ein. In den Geschichten um die Geburt Jesu unterbricht er die Erzählfolge immer wieder durch hymnische Passagen, die den Gang der Ereignisse noch einmal theologisch reflektieren. Besonderes Gewicht hat das sogenannte „Magnificat", jenes Loblied, das Maria bei der Begegnung mit Elisabet anstimmt (Lk 1,46–55). Was dabei eigentlich nur die freudige Erwartung einer galiläischen Mutter beschreiben sollte, gerät plötzlich zu einem Manifest großer, politisch gefärbter Heilserwartungen und mündet in den Schluss: „Er (Gott) hat sich angenommen Israels, seines Knechtes, um sich seines Erbarmens zu erinnern, wie er geredet hat zu unseren Vätern, zu Abraham und seinem Samen auf ewig." Hier spricht sich die Überzeugung aus, dass die Zusagen an Abraham noch nicht vollständig eingelöst seien, was nun aber mit der Geburt des Kindes in greifbare Nähe rückt. Ganz analog verfährt das sogenannte „Benedictus", ein Loblied, mit dem Zacharias am Tag der Beschneidung seines Sohnes Johannes die wiedergewonnene Sprachfähigkeit feiert (Lk 1,68–79). Dabei werden dem Kind Dinge zugesprochen, die den Sprössling einer durchschnittlichen Priesterfamilie hoffnungslos überfordern müssten. Kern ist das Heil für Israel, das sich mit seiner Geburt andeutet: Gott nämlich hat mittels dieses Kindes Rettung bewirkt, „... zu gedenken seines heiligen Bundes, den Eid, den er geschworen hat Abraham, unserem Vater, uns zu gewähren, furchtlos, aus der Hand der Feinde errettet, ihn zu verehren in Heiligkeit und Gerechtigkeit vor ihm in allen unseren Tagen ..." (Lk 1,73–75). Auch hier scheint noch etwas offen geblieben zu sein von jenem Bund Gottes mit Abraham, was jetzt erst seine Erfüllung findet. Die Worte des Zacharias verbleiben ganz im Rahmen des Gottesvolkes. Aber das Lesepublikum des Lukas weiß natürlich schon, wie weit hier der Horizont reicht.

In der Apostelgeschichte haben die vielen Reden und Predigten eine ähnliche Funktion wie die Hymnen des Evangeliums im Rahmen der Geburtsgeschichte. Sie flankieren die dramatischen Erzählungen von der Ausbreitung des Evangeliums durch entsprechende theologische Reflexionen. Eine der ersten Reden wird von Petrus gehalten, der sich damit nach einem Heilungswunder im Tempelbezirk an die zusammenströmende Menschenmenge wendet (Apg 3,12–26). Nachdem er sich zu Beginn auf den „Gott Abrahams, Isaaks und Jakobs, den Gott unserer Väter" berufen hat, lenkt er das Finale seiner Rede auf das Thema der Verheißung hin: „Ihr seid die Söhne der Propheten und des Bundes, den Gott mit euren Vätern geschlossen hat, als er zu Abraham sprach: ‚In deinem Samen sollen alle Geschlechter der Erde gesegnet werden!' (Gen 12,3/22,18)." Diese Segenszusage erfüllt sich also jetzt, in dieser Generation – und zwar durch den „Knecht Gottes (Jesus Christus)", mit dem Petrus endet. Noch deutlicher wird Stephanus in seiner Predigt (Apg 7,1–53). Sie setzt sofort mit einer Erinnerung an jene Verheißung ein, die Abraham einst zum

Aufbruch aus seiner Heimat veranlasst hatte, und entwickelt dann die Darstellung der gesamten Geschichte Israels als eine Geschichte der Auflehnung gegen eben diese grundlegende Verheißung: „... ihr habt allezeit dem heiligen Geist Widerstand geleistet! Wie eure Väter, so auch ihr!" Darin ist schon der polemische Ton einer Kontroverse zu vernehmen, die sich darum dreht, ob Jesus Christus nun Teil dieser Verheißungs- und Hoffnungsgeschichte sei oder nicht. Zum ersten Mal endet eine solche Kontroverse mit dem Tod eines der Disputanten.

Es bleibt dem Apostel Paulus vorbehalten, exegetische Argumente zu liefern. Für ihn kann es keinen Zweifel geben: Die Verheißung, der Abraham so unerschütterlich vertraute, richtet sich auf den Segen, der durch „seinen Samen" (d.h. Nachkommen) zu den Völkern gelangt – und das meint einen ganz besonderen Nachkommen: nämlich Christus (Gal 3,16)! Diese Verheißung sieht er auf der Erzählebene chronologisch vor dem Beschneidungsbund Gottes mit Abraham (Gen 17) und erst recht lange vor dem Bundesschluss am Sinai mit der Gabe der Tora platziert – woraus er den Vorrang dieser Verheißung vor allen anderen Heilsereignissen in der Geschichte Israels schlussfolgert. Aber davon soll gleich noch einmal in einem anderen Zusammenhang ausführlicher die Rede sein.

2.2. Abraham und seine Kinder

Als Stammvater Israels muss, streng genommen, der Erzvater Jakob gelten, denn auf ihn und seine zwölf Söhne führt sich das „Zwölfstämmevolk" (Apg 26,7) unmittelbar zurück. Der Name Israel (= „Gottesstreiter") wird nach Gen 32,29 abgeleitet von jener geheimnisvollen Gottesbegegnung, die Jakob bei seiner Rückkehr aus dem Osten nachts an einer Furt des Flusses Jabbok erlebt. Erst mit Jakob beginnt die genealogische Abgrenzung, die Israel von den anderen Völkern in seinem geographischen Umfeld unterscheidet. Was sich dann an Volkwerdung in dem Zug nach Ägypten, der dortigen Ansiedlung und schließlich der wundersamen Befreiung in der Pessachnacht ereignet, geht aus der Geschichte Jakobs und seiner Sippe hervor. Abraham aber steht mit seiner grundlegenden Gotteserfahrung hinter dieser Geschichte. Er ist es, der sich vom „Götzendienst“ seiner Väter löst, der dem einzig einen Gott vertraut und der deshalb jenes Bundes gewürdigt wird, von dem in der übernächsten Generation dann auch das Leben des Erzvaters Jakob geprägt ist. Insofern hat es vor allem theologische Bedeutung, wenn sich Israel auf Abraham als auf „seinen Vater“ beruft. Denn darin klingt nicht nur ein Sippenzusammenhang an, sondern in erster Linie das Moment einer einzigartigen Gottesbeziehung.

2.2.1. Privileg der Abrahamskindschaft

In Israel hat man den Bezug auf die Erzväter immer als ein Privileg verstanden. Bis heute lautet ein Passus des Morgengebetes aus dem Siddur (dem jüdischen Gebetbuch): „Aber wir sind dein Volk, Kinder deines Bundes, Kinder Abrahams, der dich liebte, dem du auf dem Berg Morija zugeschworen hast, Nachkommen Isaaks, seines einzigen Sohnes, der auf den Altar gebunden worden war, Gemeinde Jakobs, deines erstgeborenen Sohnes, den du um deiner Liebe willen, mit der du ihn liebtest, und um deiner Freude willen, mit der du dich an ihm freutest, Israel und Jeschurun genannt hast!“

Wer ein Glied des Gottesvolkes Israel ist, kann sich auch „Kind Abrahams“ nennen – was unbestreitbar als ein Würdetitel gilt. Kinder Abrahams leben in einer besonderen Beziehung zu Gott, der seinen Bund mit dem Stammvater nicht vergisst. Der Evangelist Lukas erzählt zwei Geschichten, in denen das Privileg solcher Abrahamskindschaft sichtbar wird. Die erste spielt am Sabbat in einer Synagoge (Lk 13,10 – 17), wo Jesus gerade lehrt. Da sieht er eine verkrümmte Frau, spricht sie an und heilt sie. Erwartungsgemäß melden sich sofort die Kritiker zu Wort, denn am Sabbat soll man keine Arbeit verrichten, wozu normalerweise auch die Tätigkeit des Arztes zählt. Jesus aber rechtfertigt sein Verhalten mit dem Hinweis darauf, dass „auch sie, die eine Tochter Abrahams ist“, jederzeit Anspruch hat, von ihrer Krankheit befreit zu werden. Kritik von ganz anderer Seite erwächst Jesus in der bekannten Geschichte seiner Begegnung mit dem Zöllner Zachäus (Lk 19,1 – 10). Der Vorwurf richtet sich nun darauf, dass Jesus bei einem „Sünder" einkehrt und auch noch Tischgemeinschaft mit ihm pflegt! Wieder lautet die Antwort: „Heute hat dieses Haus Rettung erfahren, denn auch er ist ein Sohn Abrahams." Keine Krankheit („vom Satan gebunden" Lk 13,16) und keine Verfehlung („wenn ich von jemandem etwas erpresst habe" Lk 19,8) vermögen so nachhaltig von Gott zu trennen, dass nicht Heilung oder Umkehr möglich wären. Als „Tochter" oder „Sohn Abrahams" sind und bleiben die beiden Glieder des Gottesvolkes, in dem es keine Mitgliedschaft erster und zweiter Klasse gibt.

Der gleiche Sachverhalt begegnet auch im paulinischen Gemeindekreis wieder. Als Paulus Mitte der 50er Jahre des 1. Jh. n. Chr. in Ephesus lehrt, erreichen ihn schlechte Nachrichten aus Korinth. Dort treten in seiner Abwesenheit Missionare auf, die seine apostolische Legitimation und seine theologische Qualifikation in Frage stellen – womit sie bei der Gemeinde auch Erfolg haben. Über ihre eigene Theologie lässt sich kaum etwas Sicheres sagen. Nur so viel ist klar: Sie sind Judenchristen, die ihre jüdische Identität sehr nachdrücklich zur Geltung bringen. Paulus versucht, seine Gemeinde brieflich zurückzugewinnen. In 2Kor 11,21 – 33 nimmt er den Fehdehandschuh ganz direkt auf und vergleicht sich voller beißender Ironie mit seinen Kontrahenten. Was diese aufzuweisen haben, das kann er, Paulus schon lange bieten: „Sie sind Hebräer? Ich auch! Sie sind Israeliten? Ich auch! Sie sind Nachkommen Abrahams? Ich auch! Sie sind Diener Christi? … Ich noch viel mehr! …" Es ist von großer Bedeutung, dass gerade Paulus, der so intensiv wie kein anderer seiner Zeitgenossen die Geltung der Tora und den Zugang der Nichtjuden zu Gott diskutiert, seine eigene jüdische Identität derartig massiv in die Waagschale werfen kann. Denen, die sich auf Abraham berufen, steht er in nichts nach. Er ist ein ‚Insider' in Sachen der „väterlichen Überlieferungen" (Gal 1,14). Noch ein weiteres Mal bringt Paulus diesen Standpunkt nachdrücklich zur Sprache. In Röm 9 – 11, wo er um die Beziehung zwischen denen, die an Christus glauben und jenen Juden, die das nicht tun, ringt, stellt er in 11,1 die rhetorische Frage: „Hat Gott etwa sein Volk verstoßen?" Die Antwort lautet: „Keineswegs! Denn auch ich bin ein Israelit, ein Nachkomme Abrahams, aus dem Stamm Benjamin!" Das ist nicht einfach nur ein Akt der Solidarisierung, sondern vor allem Ausdruck jenes Wissens, dass die Zugehörigkeit zu Abraham ein Privileg bedeutet – ein Privileg, an das Gott selbst sich unwiderruflich gebunden hat.

Allerdings ist die „Abrahamskindschaft" auch kein Versicherungsschein, mit dem sich Ansprüche einfordern ließen. Dafür kann man in der Umkehrpredigt des Täufers Johannes (Mt 3,7–10/Lk 3,7–9) scharfe Worte finden. Wie einer der alten Gerichtspropheten tritt der Täufer auf und konfrontiert die Jerusalemer, die zu ihm an den Jordan kommen, mit ihrer Selbstsicherheit: „Natterngezücht! Wer hat euch beigebracht, vor dem bevorstehenden Zorn zu fliehen? Bringt Früchte, würdig der Umkehr! Und fangt nicht an, bei euch zu sagen: ‚Als Vater haben wir den Abraham.' Denn ich sage euch: Gott kann aus diesen Steinen dem Abraham Kinder erwecken!" Das ist starker Tobak, zumal dann, wenn die Adressaten dieser Drohrede wie bei Matthäus „Pharisäer und Sadduzäer" sind. Das Privileg der Abrahamskindschaft begründet demnach keinen Heilsautomatismus. Mit der Berufung auf Abraham kann man sich nicht einfach selbst aus der Pflicht nehmen, „Früchte würdig der Umkehr" zu bringen. Lk 3,10–14 führt aus, was darunter zu verstehen ist: Es geht um soziale Gerechtigkeit, die ein gezieltes und engagiertes Handeln verlangt. Nachdem der Täufer sein Publikum gleich zu Beginn mit dem wenig schmeichelhaften Titel „Natterngezücht" belegt hat, brüskiert er es zum Schluss noch einmal mit einer deftigen Pointe: Gott hat es nicht nötig, sich mit fragwürdigen „Abrahamskindern" zu begnügen. Er kann sich jederzeit andere Kandidaten rekrutieren – selbst aus den erstbesten Steinen vermag er sie zu erwecken! Das ist nicht nur grob unfreundlich, sondern auch theologisch spitz. Denn es besagt kurz und bündig: Das Privileg der Abrahamskindschaft bemisst sich nicht allein an der biologischen Erbfolge. Vielmehr geht es darum, so wie Abraham auf Gott zu vertrauen und dieses Vertrauen im Alltag mit Leben zu erfüllen. Damit lässt der Täufer schon erkennen, dass er die Würde der Abrahamskindschaft vor einem sehr viel weiteren Horizont versteht, als das sein Publikum tut.

2.2.2. Streit um die Abrahamskindschaft

Der schwerste Konflikt der frühen Christenheit, in dessen Verlauf die entscheidende Weichenstellung für die folgenden 2000 Jahre ihrer Geschichte erfolgt, lässt sich auch als Konflikt um das Verständnis von „Abrahamskindschaft" begreifen. Er wird, so weit wir das erkennen können, argumentativ vor allem von Paulus ausgefochten. Was auf dem Spiel steht, ist dabei nicht mehr und nicht weniger als die Frage, ob die christliche Gemeinde eine innerjüdische Erneuerungsbewegung bleibt, oder ob sie sich zu einer weltweit verbreiteten Gemeinschaft von Juden und Nichtjuden entwickelt.

Im Zentrum steht die Frage, wie Nichtjuden Zugang zu Gott finden. Diese Frage wird nicht etwa theoretisch aufgeworfen und akademisch diskutiert. Sie drängt sich vielmehr von selbst im Zuge der Evangeliumsverkündigung auf die Tagesordnung. Zunächst bewegen sich die Boten des Evangeliums noch so wie Jesus selbst ausschließlich im Kontext jüdischer Frömmigkeit. Als religionsmündige Juden nutzen sie das Recht, im Synagogengottesdienst an der Lesung und Auslegung der Tora teilzunehmen. In den Auslegungen aber entfalten sie dann die Auferstehungsbotschaft und machen so die Synagoge zum Podium ihrer Missionspredigt. An diesem Ort erreichen sie jedoch nicht nur ein jüdisches Publikum. Von jeher war und ist die Synagoge – im Unterschied zum Jerusalemer Tempel – ein Ort, zu dem auch Nichtjuden ungehinderten Zutritt haben. Der Synagogengottesdienst findet in einer profanen Sphäre statt, die niemanden ausschließt. Das empfinden viele, vor allem gebildete Zeitgenossen als ausgesprochen attraktiv und besuchen die Synagoge gern. Sie lassen sich dabei von dem klaren Monotheismus und von der strengen Ethik ihrer jüdischen Mitbürger beeindrucken. Allerdings scheuen sie davor zurück, nun auch ganz zum Judentum zu konvertieren. Denn dazu bedarf es – bei Männern – u. a. der Beschneidung. So bleiben sie als „Gottesfürchtige" der jüdischen Gemeinde verbunden, ohne eine vollgültige Mitgliedschaft erreichen zu können. Unter diesen „Gottesfürchtigen" gewinnt die christliche Verkündigung offensichtlich zahlreiche Anhängerinnen und Anhänger. Sie lassen sich taufen und werden

Glieder der christlichen Gemeinde. Das geschieht vor allem außerhalb Jerusalems, in solchen Gemeinden wie in Cäsarea oder in Antiochien. Die Verkündigung des Evangeliums schafft damit vollendete Tatsachen, noch bevor geklärt ist, welchen Status diese „Heidenchristen" denn nun eigentlich haben. Sind sie durch ihre Taufe vollgültige Glieder der christlichen Gemeinde – oder bedarf es hier noch einer „Vervollständigung" durch Beschneidung und Konversion zum Gottesvolk Israel? An dieser Frage droht die junge Christenheit auseinanderzubrechen. Während die Jerusalemer vehement auf der Beschneidung als dem Bundeszeichen bzw. dem wichtigsten Identitätsmerkmal jüdischen Bekenntnisses bestehen, setzen sich die Antiochener und andere über diese Forderung hinweg. Auf dem sogenannten Apostelkonvent (Gal 2/Act 15) kommen die Wortführer der Antiochener mit denen der Jerusalemer Gemeinde zusammen und treffen eine pragmatische Entscheidung: „Keine Auflagen!" – d.h. Verzicht auf die Beschneidungsforderung! Aber dieser Konsens erweist sich schon bald als brüchig. Die in Jerusalem unterlegene Partei gibt sich mit der Entscheidung nicht einfach zufrieden und beginnt nun ihrerseits, im paulinischen Gemeindekreis die Heidenchristen zur Beschneidung zu drängen. Paulus muss sich mit ihnen auseinander setzen. Im Galaterbrief werden wir Zeugen einer solchen Kontroverse, die Paulus mit großer Schärfe und Kompromisslosigkeit führt. Gleichzeitig verdanken wir dieser Situation den Umstand, dass Paulus im Zuge seiner nun massiv theologischen Argumentation jene Einsichten formuliert, die wir seither als die paulinische „Rechtfertigungslehre" bezeichnen. Für sein leidenschaftliches Plädoyer, dass auch Nichtjuden aufgrund des Glaubens an Christus Zugang zu Gott haben und zu vollgültigen Gliedern der christlichen Gemeinde werden, beruft sich Paulus vorzugsweise auf Abraham. Die Geschichte des Erzvaters macht er zum archimedischen Punkt, an dem seine Argumentation ansetzt.

2.2.2.1. Abrahamskindschaft/Gotteskindschaft: Gal 3,1 – 18

Eines der wichtigsten Ziele des Paulus im Galaterbrief besteht darin, die Beschneidungsforderung der Agitatoren in seinen Gemeinden zurückzuweisen. Deshalb berichtet er in Gal 2 auch so ausführlich von jenem „Apostelkonvent" in Jerusalem. Denn dort war die Frage ja schon einmal grundsätzlich und im Beisein der führenden Autoritäten entschieden worden. Aber weil das Problem offensichtlich auch weiterhin für Unruhe sorgt, legt er in Gal 3 nun auch theologisch nach: Der Glaube an Christus ist ohne Beschneidung nicht defizitär, er bedarf keiner Nachbesserung oder Vervollständigung. Wer deshalb die Beschneidungsforderung erhebt, untergräbt die frohe Botschaft von Jesus Christus. Und das lässt sich schon an Abraham lernen.

In seiner Argumentation fällt Paulus gleichsam mit der Tür ins Haus. Die kurze Eröffnung mündet in eine Frage: „Der euch nun den Geist gibt und Krafttaten unter euch bewirkt – tut er das aufgrund von Vorschriften der Tora oder aufgrund der Predigt des Glaubens?" Die Frage ruft die Erfahrung der Galater ab. Es ist eine rhetorische Frage, die sich Paulus noch nicht einmal selbst zu beantworten bemüht. Denn unvermittelt fährt er fort: „Wie Abraham: Er glaubte Gott, und das wurde ihm zur Gerechtigkeit angerechnet." Die Schlussfolgerung liegt auf der Hand: „Erkennt also: Die aus Glauben – die sind Kinder Abrahams." Weil die Heidenchristen aufgrund ihres Glaubens an Christus zu Gott gefunden haben, deshalb sind sie Kinder Abrahams, auch ohne einen direkten genealogischen Zusammenhang und auch ohne Konversion inklusive Beschneidung. Im Übrigen gilt das nicht weniger für die Judenchristen in der Gemeinde, deren religiöse Identität sich ebenso in erster Linie auf den Glauben an Christus gründet. Der Glaube Abrahams wird somit zum Modell für den Zugang der Nichtjuden zu Gott: „Da aber die Schrift vorhersah, dass Gott die Völker aufgrund von Glauben rechtfertigt, hat sie dem Abraham vorausverkündigt: In dir werden alle Völker gesegnet werden. Somit werden die aus Glauben gesegnet mit dem glaubenden Abraham."

So weit, so gut. Doch nun entsteht für Paulus ein Problem von ganz erheblichem theologischem Gewicht. Denn bei der Beschneidung handelt es sich nicht etwa um irgend eine Nebensache, die man pragmatisch regeln könnte. Immerhin ist sie in der Tora, der Weisung Gottes, geboten. Sie gilt als Zeichen des Bundes, den Gott in Gen 17 mit Abraham erneut geschlossen hat. Am Sinai manifestiert sie sich durch die Gabe der Tora noch einmal als ein herausragendes Identitätsmerkmal des Gottesvolkes. Im Vorfeld des Makkabäeraufstandes (Mitte 2. Jh. v. Chr.) erleiden viele Fromme das Martyrium, weil sie an der Beschneidung ihrer Kinder festhalten. Zu Recht reagieren die jüdischen Zeitgenossen sehr sensibel, wenn da ein Pharisäer wie Paulus plötzlich beginnt, die Bedeutung der Beschneidung zu relativieren! Stellt er damit nicht die Geltung der Tora überhaupt in Frage? Hier besteht Klärungsbedarf! Wie steht die Tora zur Verheißung Gottes an Abraham?

Paulus löst dieses Problem mit Hilfe eines heilsgeschichtlichen Schemas, wobei ihm vermutlich der in der Antike weit verbreitete Grundsatz „das Ältere ist das Bessere" vor Augen steht. Zugleich bedient er sich des Bildfeldes von Erbschaft und Testamentsvollstreckung. Die Verheißung an Abraham wäre demnach das Testament, in dem der Zugang der Völker zu Gott verbürgt ist. Es wurde ausgeschrieben auf Abraham und „seinen Samen/Nachkommen". Für gewöhnlich fungiert „Same" im Hebräischen wie im Griechischen als ein Kollektivbegriff, der die gesamte Nachkommenschaft umfasst. Paulus indessen unterstellt dem Begriff, dass er ganz bewusst im Singular gemeint sei: „Dem Abraham wurde die Verheißung zugesagt und seinem Nachkommen. Nicht heißt es: und seinen Nachkommen, wie von vielen, sondern wie von einem: und deinem Nachkommen – der ist Christus." Das ist also genau jene Linie, die dann auch der Stammbaum Jesu bei dem Evangelisten Matthäus nachzeichnet. Nur hat sie Paulus noch deutlicher zugespitzt: Die ganze Geschichte des Gottesvolkes läuft seit Abraham auf den einen, von Gott schon anvisierten Nachkommen zu: nämlich auf Christus. Mit ihm wird das Testament – die Segensverheißung für die Völker – vollstreckt. Welche Rolle aber bleibt dann noch für die Tora? In der Zeit zwischen Abraham und Christus kann ihr Paulus nur die Funktion einer Übergangsregelung zuweisen. Anhand der Zahlenangaben in der Schrift rechnet er nach: Erst 430 Jahre nach Abraham ist die Tora offenbart worden! Zudem – und hier beruft er sich auf jüdische Überlieferungen zu seiner Zeit – ist sie dem Mose durch Engel vermittelt worden. Mit dem Alter und der Unmittelbarkeit, also kurz mit Würde und Rang, der Abrahamsverheißung kann sie sich nicht messen. „Das aber sage ich:

Ein von Gott vorher schon rechtskräftig gemachtes Testament (nämlich die Verheißung) kann die 430 Jahre danach entstandene Tora nicht ungültig machen, so dass sie (nämlich die Tora) die Verheißung wirkungslos machte." Wenig später (Gal 3,23–25) beschreibt Paulus dann die Tora noch einmal als einen „Pädagogen", der das unmündige Kind beaufsichtigt und führt, bis es das nötige Alter erreicht hat, um sein Erbe anzutreten und eigenverantwortlich agieren zu können. „So ist die Tora unser Pädagoge geworden auf Christus hin."

Der neue Zugang zu Gott konstituiert sich in der Christuszugehörigkeit, die in der Taufe ihren biographisch bestimmbaren Ursprung hat. Darauf geht Paulus dann im folgenden Abschnitt auf pointierte Weise ein. In der Taufe aber weitet sich die Perspektive der „Abrahamskindschaft" auf zur „Gotteskindschaft", die durch Jesus Christus allen Menschen eröffnet wird: „Denn ihr alle seid Kinder Gottes durch den Glauben an Christus Jesus. Denn ihr alle, die ihr auf Christus getauft seid, habt Christus angezogen. Es gibt nicht mehr Jude noch Grieche, nicht mehr Sklaven noch Freien, nicht mehr männlich und weiblich. Denn ihr alle seid eins in Christus Jesus. Wenn ihr aber zu Christus gehört, dann seid ihr Nachkommen Abrahams, Erben gemäß der Verheißung." (Gal 3,26–29) Die Unmittelbarkeit Abrahams zu seinem Gott kommt auch allen denen zugute, die durch Christus den Weg zu dem Gott Abrahams finden.

In diesem Zusammenhang relativieren sich auch die kritischen Töne gegenüber der Tora, die doch im Glauben und Leben Israels eine ganz zentrale Rolle spielt und an der auch Paulus grundsätzlich festhält! Paulus geht es jedenfalls nicht darum, die Tora gegen die Abrahamsverheißung auszuspielen. Er argumentiert nur deshalb so kritisch, weil seine Gegner in Galatien behaupten, ein Gebot der Tora (die Beschneidung) müsse als Vorbedingung für den Zugang zu Gott erfüllt werden. Doch die Erfüllung von Gottes Weisungen war noch nie Bedingung für das Heil! Gott wendet sich seinem Volk wie der ganzen Völkerwelt aus freien Stücken zu. Er stiftet mit Israel einen Bund und offenbart sich allen Menschen in Jesus Christus. Das sind die entscheidenden Heilsereignisse. Und nur darauf will Paulus hinaus – auch wenn er dabei gelegentlich in der Hitze des Gefechts das

Kind mit dem Bade ausschüttet. Dass die Theologen der Alten Kirche dann meinten, bei Paulus eine prinzipielle Ablehnung der Tora finden zu können, ist schon Teil seiner Wirkungsgeschichte und steht auf einem anderen Blatt.

2.2.2.2. Abraham und seine beiden Frauen: Gal 4,21 – 31

Hatte Paulus den Hauptteil des Galaterbriefes mit der Darlegung seiner „Rechtfertigungslehre" (Gal 3,1 – 4,31) durch einen Schriftbeleg aus der Abrahamgeschichte eröffnet, so schließt er ihn wiederum mit einem ausführlichen Bezug auf Abraham ab. Diesmal greift er die Geschichte von Hagar und Sara sowie deren Söhnen Ismael und Isaak auf (Gen 16,1 – 16 und 21,1 – 21). Seinen Kontrahenten in Galatien will er durch diesen erneuten Schriftbeleg auf ihrem eigenen Terrain – nämlich dem einer Berufung auf die Tora – entgegentreten.

Paulus setzt ein mit einer Zitationsformel. „Denn es steht geschrieben: Abraham hatte zwei Söhne. Einen von der Sklavin, und einen von der Freien." Schon an dieser Eröffnung wird deutlich, dass Paulus sehr selektiv mit seinem Bezugstext verfährt. Denn immerhin erfährt man in Gen 25,1 von Abraham, dass er nach Saras Tod noch einmal heiratet – nämlich Ketura, die ihm weitere sechs Söhne zur Welt bringt. Aber vom Erbe ihres Vaters bleiben diese Söhne ausgeschlossen. Nach Gen 25,6 werden sie mit Geschenken abgefunden und fortgeschickt. Insofern richtet sich alles Interesse zu Recht auf jene beiden ersten, lang ersehnten und vom Streit der Mütter beeinflussten Söhne. Der soziale Status der Hagar, einer Ägypterin, ist nach dem Wortlaut der Vorlage der eines Dienstverhältnisses und nicht unbedingt der Sklaverei im streng rechtlichen Sinn. Für Paulus aber ist das Gegensatzpaar „Freiheit – Sklaverei" ein entscheidender Schlüssel zum Verständnis der Geschichte. Dieses Gegensatzpaar wird er dann für den letzten Abschnitt des Galaterbriefes, der ethisch-moralische Belehrungen enthält, noch einmal aufgreifen. Zunächst aber nutzt er die unterschiedliche Rechtsstellung beider Frauen dazu, um an ihr erneut das Verhältnis zwischen Verheißung und Tora zu illustrieren. „Aber der von der Sklavin ist nach dem Fleisch gezeugt worden, der von der Freien aber aufgrund der Verheißung." In dieser Aussage klingen verschiedene Töne an. Isaak, der Sohn der legitimen Ehefrau Sara, ist der von Gott lange schon verheißene Nachkomme. Ismael indessen, der Sohn der Nebenfrau Hagar, wurde gezeugt, weil Sara vermittels ihrer Dienerin der Verheißung Gottes ein bisschen nachhelfen wollte. Vertrauen einerseits, Ungeduld und eigenständige Regie andererseits markieren damit schon so etwas wie ein ‚Ranking' beider Kinder. Soll mit der Gegenüberstellung der Wendung „nach dem Fleisch gezeugt" (also auf biologisch übliche Weise) zu der Wendung „aufgrund der Verheißung gezeugt" angedeutet werden, dass Isaaks Geburtsumstände übernatürlicher Art waren? Gegen Ende des Abschnittes spricht Paulus erneut davon, dass Ismael „nach dem Fleisch", Isaak nun aber „nach dem Geist" gezeugt sei. Die Rangordnung der Söhne kann demnach keinem Zweifel unterliegen. Allein Isaak, das Verheißungskind, von der legitimen Haupt- und Ehefrau, also von der Freien geboren, ist auch Träger der Verheißung und Erbe Abrahams.

Im zweiten Abschnitt gibt Paulus über diese Art seines Zuganges zum Text dann auch in methodischer Hinsicht Rechenschaft. „Das ist aber bildlich/allegorisch gesprochen. Die beiden Frauen bedeuten nämlich zwei Bundesschlüsse …" Er nutzt die exegetische Methodik der Allegorese, die von dem jüdischen Religionsphilosophen Philo von Alexandrien zu höchster Meisterschaft entwickelt und an der Auslegung der Tora (einschließlich der Abrahamgeschichte) schon erprobt worden ist. Es geht also von vornherein gar nicht darum, aus der Geschichte die historisch korrekten, genealogisch richtigen Zusammenhänge abzuleiten. Im Gegenteil – wenn Paulus dann Hagar als Symbol für das gegenwärtige Judentum, Sara aber als Symbol für die christliche Gemeinde interpretiert, dann stellt er die genealogischen Verhältnisse auf den Kopf! Für die Allegorese indessen ist das nichts Ungewöhnliches. Sie setzt voraus, dass der Text etwas anderes meint, als er dem buchstäblichen Sinn nach zunächst sagt. In der Geschichte geht es also nicht um den Konflikt zweier Frauen, ihre Hoffnungen und Verzweiflungen, ihre Rivalitäten und gegenseitigen Demütigungen. Es geht nicht um den Rechtsstreit, wer als legitimer Erbe gilt. Vielmehr wird alles nur erzählt, um anhand beider Frauen zwei verschiedene Bundesschlüsse darzustellen. Sara steht für den Bund der Verheißung, den Gott mit Abraham schließt. Hagar hingegen steht für den Sinaibund, dessen Bundesurkunde in der Tora vorliegt. Diese Symbolik der beiden Bünde führt Paulus weiter aus. Dem Sinaibund entspricht das gegenwärtige Jerusalem, das mit seinen Kindern in Sklaverei lebt. Dem Verheißungsbund hingegen entspricht das „obere Jerusalem", dessen hervorragendstes Kennzeichen „Freiheit" ist. Die Begründungen können selbst im Rahmen einer Allegorese nicht ganz überzeugen. Aber die Grundlinie ist klar: Der Verheißungsbund Gottes mit Abraham gilt allen Menschen ohne Vorbedingungen, während der Sinaibund hinter diese grundlegende, primäre Zuwendung Gottes zurücktritt. Dass dabei die Tora mit dem Etikett der Sklaverei versehen wird, klingt für ein jüdisches Verständnis ganz unerträglich. Denn stets haben die Weisen Israels betont: „Es gibt keinen Freien außer demjenigen, der sich mit dem Studium der Tora beschäftigt!" (mAv 6,2) Aber wiederum ist bei dieser Auslegung der Ausgangspunkt in Erinnerung zu rufen: Es geht um den Zugang der Nichtjuden zu Gott – und nur um dieses Anliegens willen rückt Paulus die Tora an die zweite Position, damit die Bedeutung der Abrahamsverheißung um so deutlicher hervortreten kann.

Im letzten Abschnitt zieht Paulus noch einmal ein ganz neues Register und macht damit deutlich, dass er sich auch in der jüdischen Auslegungstradition seiner Zeit bestens auskennt. Nach einem Zuspruch an seine Adressaten („Ihr aber, Brüder/Schwestern, seid gemäß Isaak Kinder der Verheißung!") fährt er unvermittelt fort: „Doch wie damals der nach dem Fleisch gezeugte Sohn den nach dem Geist gezeugten Sohn verfolgte, so geschieht es auch jetzt." Haftpunkt dieser überraschenden Mitteilung ist Gen 21,9: „Und Sara beobachtete den Sohn der Hagar, der Ägypterin, den sie dem Abraham geboren hatte, wie er umhertobte." Von Verfolgung kann da im hebräischen Text noch keine Rede sein. Doch schon die griechische Septuaginta nimmt eine kleine Erweiterung vor und schreibt: „... wie er umhertobte mit Isaak." Ismael erscheint also nicht mehr nur einfach als ein lebhaftes Kind, sondern er bezieht den vier Jahre jüngeren Issak nun in seine lebhaften Spiele mit ein. In der jüdischen Auslegungstradition findet man deshalb zunehmend die Ansicht, dass dies im Sinne einer Aggression gegen Isaak zu verstehen sei. In der späteren rabbinischen Literatur wird das Verb „umhertoben" aufgrund des Vergleiches mit anderen Vorkommen des Wortes sogar ausgelegt als „Götzendienst treiben", „Gewalttaten verüben" oder „Blut vergießen". Wenn Sara nun von Abraham fordert, Hagar und ihren Sohn fortzuschicken, so erscheint das im Lichte dieser Auslegung als die begründete Sorge einer Mutter, die ein drohendes Unheil verhindern möchte. In der ursprünglichen Erzählung ist freilich nur von der Eifersucht Saras die Rede, die um die Privilegien ihres Sohnes fürchtet, was Abraham nach Gen 21,11 verständlicherweise auch „sehr verdross". Paulus indessen nutzt jene Auslegung, die einen Konflikt konstruiert, um darin die aktuelle Erfahrung seiner galatischen Gemeinden einzufangen. Wenn er die Worte der Sara aus Gen 21,10 zitiert („Wirf die Sklavin und ihren Sohn hinaus!"), dann liest sich das auch im übertragenen Sinne als eine Handlungsanweisung: Setzt diejenigen, die in euren Gemeinden mit der Beschneidungsforderung umherziehen, vor die Tür!

Paulus ist für seine allegorische Auslegung von Gen 16 und 21 sehr gescholten worden. Kein Geringerer als Nietzsche hat sie „ein unerhörtes philologisches Possenspiel um das Alte Testament" genannt, man hat von einer „willkürlichen Umkehrung der Stammmutterschaft" oder von einem „wüsten hellenistischen Spekulationsmidrasch" gesprochen, ein Jude könne darüber nur den Kopf schütteln, die Leichtgläubigkeit der Leserschaft werde dabei doch zu arg strapaziert usw. Aber solche Urteile, die unsere heutigen Maßstäbe an die Schulung antiker Autoren anlegen wollen, werden dem Anliegen des Paulus nicht gerecht. Natürlich können wir heute im jüdisch-christlichen Dialog nicht so mit der Abrahamgeschichte umgehen, wie Paulus das tut. Aber dass es zunächst die eigene Glaubenserfahrung ist, die den Zugang zu einem Text bestimmt, dass die vorfindlichen Überlieferungen immer in eine Wechselwirkung zur jeweiligen Glaubenswirklichkeit treten – das gilt für jüdische und christliche Schriftauslegung gleichermaßen. Und so wie sich Paulus gerade in Gal 4,30 mit seinen jüdischen Exegetenkollegen trifft, so gibt es auch heute bei einem veränderten Methodenspektrum nicht weniger Berührungen zwischen jüdischer und christlicher Exegese.

2.2.2.3. Abraham als Vater der Glaubenden: Röm 4,1–24

Als Paulus den Römerbrief schrieb, waren die Kämpfe mit den galatischen Gegnern schon ausgestanden. Der Apostel sitzt in Korinth und wartet die Winterpause ab, bis die Seefahrt wieder beginnt und er die Kollektensammlung seiner kleinasiatischen und griechischen Gemeinden persönlich in Jerusalem abliefern kann. Dann aber will er endlich nach Rom reisen. Mit dem Brief an die Gemeinde in Rom bereitet er diese übernächste Etappe schon vor. Da man ihn dort noch nicht kennt, hat der Brief zunächst die Funktion eines Vorstellungsschreibens. Gleichzeitig aber zieht Paulus in der Ruhe des korinthischen Winterquartiers damit auch Bilanz hinsichtlich der zurückliegenden Kämpfe und Erfahrungen. Was er den Galatern mit Leidenschaft und in polemischer Zuspitzung geschrieben hatte, das durchdenkt er jetzt noch einmal mit der Distanz und Übersicht einer grundsätzlichen Darlegung. In der Sache schließt sich der Römerbrief deshalb eng an den Galaterbrief an. In der Formulierung seiner „Rechtfertigungslehre" indessen gebraucht Paulus hier einen sehr viel moderateren Ton. Das Grundproblem bleibt freilich auch gegenüber der Gemeinde in Rom dasselbe: Wie finden Nichtjuden Zugang zu Gott? Bedürfen sie zusätzlich zur Taufe auch noch der Beschneidung? In bewährter Weise greift Paulus dafür noch einmal auf die Abrahamgeschichte zurück.

In Röm 3,29 fasst Paulus die bisherigen Überlegungen in einer Frage zusammen, die er sogleich selbst beantwortet: „Ist Gott denn etwa nur ein Gott der Juden – oder nicht auch der Völker? Ja, auch der Völker!" Für beide Gruppen, die Beschnittenen und die Unbeschnitten bzw. Israel und die Völker, ist der Glaube das entscheidende Kriterium ihrer Gottesbeziehung. Damit aber taucht unweigerlich das bereits bekannte Problem auf: Was wird dann aus der Autorität der Tora? Die Geschichte Abrahams bietet nach wie vor das beste Beispiel, um diese Frage zu beantworten. Paulus wiederholt zunächst nur die aus Gal 3 bekannten Argumente. Über die Gerechtigkeit Abrahams gibt Gen 15,6 als die nun schon klassische Belegstelle Auskunft: „Abraham glaubte

Gott, und das wurde ihm zur Gerechtigkeit angerechnet." Daraufhin führt Paulus aus, dass nur der Glaube Gottes Barmherzigkeit korrespondiert, nicht aber Leistung. In Ps 32,1 („Selig der Mensch, dem der Herr seine Sünde nicht anrechnet!") findet er diese Barmherzigkeit Gottes wieder und fragt weiter: „Gilt diese Seligpreisung nun für die Beschnittenen, oder auch für die Unbeschnittenen?"

An dieser Stelle kommt ein neuer Bezug auf die Abrahamgeschichte ins Spiel, auch wenn Paulus dabei das schon in Gal 3 zugrundegelegte heilsgeschichtliche Schema von neuem aufgreift. Hatte er dort mit der chronologischen (und damit sachlichen) Vorrangstellung der Abrahamsverheißung vor der Gabe der Tora am Sinai argumentiert, so tut er das jetzt mit Blick auf die Beschneidung Abrahams. Gerechtigkeit aufgrund seines Glaubens wird Abraham schon in Gen 15 attestiert – von der Beschneidung Abrahams wird indessen erst zwei Kapitel später in Gen 17 erzählt. Die Beschneidung versteht Paulus deshalb vor allem als eine nachträgliche, sichtbare Bestätigung dessen, was dem Abraham längst schon zugesprochen war: „Und das Zeichen der Beschneidung empfing er als Siegel der Glaubensgerechtigkeit in der Unbeschnittenheit …" Daraus leitet Paulus nun einen ganz unmittelbaren Bezug auf den Status der Nichtjuden in der christlichen Gemeinde ab. Dies alles habe seinen Sinn darin, „dass er (Abraham) zum Vater aller derer werde, die in der Unbeschnittenheit glauben, so dass ihnen die Gerechtigkeit angerechnet wird – und ebenso zum Vater der Beschnittenen für diejenigen, die sich nicht allein auf die Beschneidung berufen, sondern die auch den Glaubensspuren unseres Vaters Abraham in seiner Unbeschnittenheit folgen." Der Haftpunkt für Juden und Nichtjuden gleichermaßen ist also Gen 15, und wer dem Glauben folgt, den Abraham noch vor dem Beschneidungsbund hatte, kann auch die Beschneidung als ein bedeutsames und wertvolles Zeichen oder Siegel verstehen.

Damit ist das Wichtigste gesagt. Die folgenden Überlegungen variieren lediglich noch einmal das Thema Verheißung und Tora. Aber die Grundlinie bleibt bestehen: Die Verheißung an Abraham und „jeden Nachkommen" gilt für jeden glaubenden Menschen – also „nicht allein für den aus der Tora, sondern auch für den aus dem Glauben Abrahams, der unser aller Vater ist."

In einem letzten Argumentationsgang spielt Paulus schließlich noch einmal die Analogie zwischen Abrahams Glauben an die Verheißung Gottes und dem Glauben der christlichen Gemeinde an den auferstandenen Christus durch. Auch hier geht er über die Ausführungen des Galaterbriefes hinaus. Auslöser ist das Zitat von Gen 17,5: „Ich habe dich zum Vater vieler Völker bestimmt.", das wenig später noch einmal durch Gen 15,5 unterstrichen wird: „So zahlreich (wie die Sterne) wird deine Nachkommenschaft sein." In drastischer Prägnanz stellt Paulus heraus: „Und, indem er nicht schwach wurde im Glauben, betrachtete er seinen schon erstorbenen Leib, der schon hundertjährig war, und den erstorbenen Mutterschoß der Sara." Angesichts seiner und Saras schon erloschener Fruchtbarkeit vertraut Abraham auf Gottes Schöpferkraft, also auf Gott, „der die Toten zum Leben erweckt und der das Nichtseiende ins Dasein ruft." Genau diesen Glauben attestiert Paulus zum Abschluss auch den Römern als „denjenigen, die an den glauben, der unseren Herrn Jesus von den Toten auferweckt hat, der ausgeliefert wurde unserer Übertretungen wegen und der auferweckt wurde unserer Rechtfertigung wegen."

„Abrahams Kinder" sind nach diesen Ausführungen alle, die an den Gott Abrahams als an den Vater Jesu Christi glauben. Paulus hat damit Juden- und Heidenchristen innerhalb der christlichen Gemeinde im Blick. Beide haben den gleichen Status vor Gott. Heidenchristen stehen ihren jüdischen Mitchristen in nichts nach. Niemand darf ihnen zusätzliche Forderungen auferlegen. Beide sind aufgrund ihres gemeinsamen Glaubens „Kinder Abrahams". Was aber ist dann mit denjenigen Juden, die Christus nicht als Messias und Kyrios bekennen? Um diese Frage ringt Paulus in Röm 9–11.

*2.2.2.4. „nicht alle … **sind** Kinder": Röm 9,7*

Die Kapitel 9–11 des Römerbriefes sind so etwas wie die Nagelprobe auf das, was Paulus bis dahin zur Rechtfertigung des Menschen vor Gott entwickelt hat. Wenn der Weg zu Gott unterschiedslos für alle Menschen über den Glauben an Christus führt – ist dann das Israel außerhalb der christlichen Gemeinde nicht von Gott getrennt? Hier liegt ein Widerspruch vor, der sich nicht einfach auflösen lässt. Denn das eine steht außer Frage: Die Erwählung Israels bleibt bestehen (Röm 9,4–5): „Sie sind Israeliten. Ihnen gehören die Kindschaft und die Herrlichkeit und die Bundesschlüsse und die Gesetzgebung und der Gottesdienst und die Verheißungen. Ihnen gehören die Väter. Und von ihnen stammt Christus seiner Herkunft nach ab." Gott hat sein Volk weder verstoßen noch seinen Bund gekündigt. Dennoch verbindet der Glaube an Jesus Christus eben Juden und Christen nicht nur – viel schmerzlicher noch trennt er sie auch! Wie lässt sich darauf ein Reim finden?

Paulus hat in diesen drei Kapiteln keine glatte Lösung zur Hand. Alles, was er unternimmt, ist ein Versuch, Gottes unbegreifliche Wege zu umschreiben und sich dem Verhältnis zwischen Erwählung und Christusoffenbarung wenigstens so weit wie möglich anzunähern. Er tut es in drei Anläufen, wobei jeder Anlauf noch einmal von vorn ansetzt. In Röm 9,6–29 fragt er nach dem Verhältnis Israels zu den Verheißungen Gottes: Erwählung ist eine freie und souveräne Tat. Der zweite Anlauf in Röm 9,30–10,21 richtet den Fokus auf die Stellung Israels und der Völker vor Gott: Zwischen beiden gibt es darin keinen prinzipiellen Unterschied. Schließlich fragt Paulus in Röm 11,1–32 nach Israels Geschick und dem Zugang der Völker zum Heil: Besteht zwischen der Ablehnung der Christusoffenbarung auf der einen und ihrer Annahme auf der anderen Seite ein innerer Zusammenhang? Am Schluss ist vieles bedacht, aber vieles bleibt auch offen. Paulus endet in Röm 11,33–36 mit einem Hymnus: Es gibt Dinge, die unseren Verstand übersteigen.

Der erste Anlauf setzt mit einer These ein, die allerdings nur vorläufigen Charakter hat: „Nicht alle aus Israel sind Israel." (Röm 9,6). Das würde bedeuten: Man muss hier noch einmal differenzieren. Die Verheißungen Gottes machen sich nicht einfach an einer genealogisch definierten Größe fest. Nur jener Teil also, der Christus bekennt, wäre dann das „wahre Israel"? Wieder nimmt Paulus Zuflucht zur Abrahamgeschichte, um sein Anliegen zu illustrieren: „Nicht, nur weil sie Nachkommen Abrahams sind, sind sie alle auch (seine) Kinder. Sondern: ‚Durch Isaak soll dir Nachkommenschaft berufen werden.' (Gen 21,12) Das heißt:

Nicht die leiblichen Kinder sind Kinder Gottes, sondern die Kinder der Verheißung werden als Nachkommenschaft anerkannt.“ Dieses Argument läuft auf eine Art ‚Spiritualisierung‘ des Begriffes Israel hinaus. An Abraham, in der Generationenfolge klar vor seinem Enkel Jakob/Israel platziert, bemisst sich, wer zu Israel gehört. „Israel“ wird zur Chiffre für die Segensspur Gottes in der Geschichte. Gibt es dafür auch eine Art Umkehrschluss? In äußerst gewagter Zuspitzung verweist Paulus auf den Fortgang der Erzelternerzählung: Rebekka, die Frau des Verheißungskindes Isaak, wird mit Zwillingen schwanger. Bereits im Mutterleib kämpfen sie gegeneinander. Gott teilt daraufhin der Mutter mit: „Der Ältere wird dem Jüngeren dienen!“ (Gen 25,23), was Paulus mit einem Prophetenwort kommentiert: „Den Jakob (den Jüngeren) habe ich geliebt. Den Esau (den Älteren) aber habe ich gehasst.“ (Mal 1,2–3). Heißt die Kehrseite der Erwählung demnach Verwerfung? Bedeutet das Heil für die Völker etwa Unheil für Israel? Hier bewegt sich Paulus auf schmalem Grat! In Kapitel 11 wird er nachdrücklich betonen, dass Gottes Erwählung unwiderruflich ist und dass ganz Israel gerettet werden wird. Aber um der Nichtjuden willen überspitzt er das Moment der Erwählung. Die ist allein Gottes Sache, und durch nichts, auch durch den Bundesschluss mit Israel nicht, lässt Gott sich in seiner Freiheit, auch den Völkern ihren Glauben an Christus als Gerechtigkeit anzurechnen, einschränken.

Gleichzeitig erfährt Paulus die Realität der gegenwärtigen Trennung mit aller Wucht – und leidet an ihr. Sie lässt sich nicht herunterspielen oder weginterpretieren. Die ganze Passage hatte er in Röm 9,2 begonnen mit den Worten: „Ich habe große Trauer und beständigen Schmerz in meinem Herzen. Denn ich wünschte, verflucht zu sein – ich selbst – von Christus weg, für meine Brüder, meine Verwandten der Herkunft nach.“ Daran wird deutlich: Hier geht es nicht um irgendwelche Gedankenspiele. Für diejenigen, die durch den Glauben an Christus zu Gott finden, ist das Verhältnis zu Israel ein existentielles Problem. Ihnen ist es aufgegeben, um dessen Bestimmung zu ringen – und die Lösung letztlich Gott zu überlassen. Jede abschließende Antwort, sei es in Abgrenzung oder in der Verwischung der Grenzen, wäre eine unzulässige Verkürzung.

Auf dem Höhepunkt dieser Kapitel entwirft Paulus ein eindrückliches Bild (Röm 11,17–24). Mit dem Gottesvolk verhält es sich wie mit einem edlen Ölbaum, in den Zweige aus einem wilden Exemplar eingepfropft werden. Ob das Bild nun gärtnerisch stimmt oder nicht – auf diesen ehemals wilden Zweigen (den Völkern) ruht alles Interesse. Diese Zweige gewinnen jetzt Anteil „an der fettspendenden Wurzel des edlen Ölbaums". Wer oder was aber ist unter dieser Wurzel zu verstehen? Paulus denkt dabei offensichtlich erneut an die Verheißung, die Abraham gegeben wurde. Dann tritt er aus dem Bild heraus und spricht die Heidenchristen in Rom ganz direkt an: „Wenn du dich aber rühmst, bedenke: Nicht du trägst die Wurzel, sondern die Wurzel trägt dich!" Über jene angestammten Zweige aber, die zeitweise für die neuen Zweige Platz machen mussten, ist das letzte Wort noch lange nicht gesprochen. Entscheidend bleibt deshalb nur der Dank der Wildlinge für ihre „Veredlung". Alles andere ist nicht ihre Sache.

Abraham jedenfalls taugt nicht als Anwalt für Ausschlusskriterien, auch wenn sein Beispiel nichts weniger als die Verwischung von Unterschieden in der Haltung gegenüber Gott bedeutet. Paulus wirbt um Akzeptanz dafür, dass sich der Kreis der Abrahamskinder mit Christus erweitert. Er nimmt in Kauf, dass diese Erweiterung auch neue Ausgrenzungen verursacht. Aber er hütet sich, daraus ein System zu entwickeln. Nicht das Urteil über andere, sondern der Dank für die eigene Erfahrung trägt den Ton.

2.2.3. Abrahams- und andere Kindschaften

Die Gemeinde des Johannesevangeliums befindet sich in einer bedrängten Lage. Gegen Ende des ersten Jh., möglicherweise im syrischen Raum, haben sich ihre Wege von denen ihrer jüdischen Muttergemeinde endgültig getrennt. Drei Mal fällt im Evangelium das Stichwort vom „Synagogenausschluss". Es signalisiert einen aktuellen Konflikt, der sich auch auf der Erzählebene widerspiegelt. Die massive Polemik von beiden Seiten trägt der Evangelist bereits in die Erzählung der Jesusgeschichte ein. Als Kontrahenten Jesu erscheinen nun „die Juden", die zugleich

Repräsentanten „der Welt“ sind. Annahme und Ablehnung des Evangeliums werden in ein Schwarz-Weiß-Bild eingefangen, in dem es wenig Raum für Zwischentöne gibt. Abraham wird in dieser Situation zur Kontrastfigur.

Joh 8,31–59 präsentiert ein sorgfältig gestaltetes Streitgespräch Jesu mit „den Juden“. Es beginnt voller Wohlwollen („die Juden, die an ihn glaubten“) und endet mit einem Eklat („Da hoben sie Steine auf, um sie auf ihn zu werfen ...“). Was schon in der Täuferpredigt oder bei Paulus zum Thema „Abrahamskindschaft“ angeklungen war, kehrt hier in zugespitzter Form wieder. Während des Dialoges erfolgt ein Wandel, der sich für eine reale Gesprächssituation nicht erklären ließe – für die verdichtete Erfahrung der johanneischen Gemeinde aber sehr wohl verständlich ist: Aus den glaubenden Juden zu Beginn werden unter der Hand plötzlich solche, die seinem Wort keinen Raum geben, seine Rede nicht verstehen, ja ihn sogar zu töten versuchen. In diesem gescheiterten Dialog bildet der Evangelist die gescheiterte Beziehung der christlichen Gemeinde zu ihren jüdischen Zeitgenossen ab.

Alles beginnt mit einem der berühmten johanneischen Missverständnisse. Jesus spricht von der Wahrheit, die frei macht und die in seinem Wort besteht (Joh 14,6 „Ich bin der Weg und die Wahrheit und das Leben“). Seine Gesprächspartner aber halten ihm entgegen: „Wir sind Nachkommen Abrahams und sind noch nie jemandem versklavt gewesen. Wieso sagst du: ‚Ihr werdet frei werden?‘“ In der Tat – Freiheit ist eine der Grunderfahrungen im Gottesglauben Israels. Indem sich Gott sein Volk erwählte, hat er es ein für alle mal aus allen Bindungen befreit. Zu Recht können sich „die Juden“ mit ihrem Einwand darauf berufen. Ihr Missverständnis liegt auf einer anderen Ebene. Jesu Antwort lenkt darauf hin: „Jeder, der die Sünde tut, ist ein Sklave der Sünde.“ Sünde, also Gottesferne, ist immer konkret. Und „Freiheit“ ist keine Abstraktion, sondern ebenfalls nur situationsbezogen zu erfahren. Der Augenblick wird nun von der Erfahrung einer feindseligen Kontroverse bestimmt, die von Gott trennt. „Ich weiß, dass ihr Nachkommen Abrahams seid. Aber ihr versucht mich zu töten ... Tut nun auch ihr, was ihr vom Vater gehört habt.“ Ablehnung bis hin zur Todesbedrohung kann nicht von

Gott sein. Doch der Appell verhallt ungehört. Unbeirrt insistieren die Gesprächspartner darauf: „Unser Vater ist Abraham!" Nun müssen sie sich entgegenhalten lassen: „Wenn Ihr Kinder Abrahams wärt, dann würdet ihr auch die Werke Abrahams tun!" Die „Werke" Abrahams? Woran ist hier gedacht? Geht es um seine Standhaftigkeit in der Prüfung (Gen 22), oder wird sein Vertrauen (Gen 15) als eine Art Leistung verstanden? Weder noch – denn dem Evangelisten geht es nur um eines: Es gilt, die „Wahrheit" (und damit Christus selbst) zu erkennen, und darin ist Abraham Vorbild. Abraham erkannte, was Gott von ihm wollte. Die Disputanten jedoch verkennen die Worte Jesu und weisen ihn ab. Jesus kontert: „Ihr tut die Werke eures Vater!" Jetzt wird es unfreundlich. Die Angegriffenen wehren sich: „Wir sind nicht unehelich geboren. Einen Vater haben wir: Gott!" Unmerklich hat sich das Gespräch zu einer zunehmenden Brüskierung der Gesprächspartner von Seiten Jesu gesteigert und erreicht jetzt seinen Höhepunkt: „Wenn Gott euer Vater wäre, würdet ihr mich lieben … Ihr stammt von dem Vater, dem Teufel, und wollt die Begierde eures Vaters tun!" Die Berufung auf die Abrahamskindschaft sieht sich plötzlich konfrontiert mit dem Vorwurf der Teufelskindschaft!

An dieser Stelle kippt das Streitgespräch. Befand sich bislang Jesus in der Offensive, seine Dialogpartner aber in der Verteidigungsposition, so drehen sie jetzt den Spieß um und drängen Jesus in die Defensive. Denn sein Vorwurf wiegt schwer. Wirkungsgeschichtlich hat er verheerende Folgen gehabt und ist jahrhundertelang immer wieder als wohlfeiles Schlagwort zur Verteufelung jüdischer Mitbürgerinnen und Mitbürger instrumentalisiert worden. Im Zusammenhang des Textes ist diese Wendung jedoch weit von jeder Pauschalisierung entfernt. Sie erwächst aus der Situation eines aktuellen, schmerzlichen Konfliktes und soll lediglich erklären, woher diese vehemente Ablehnung einschließlich der Tötungsabsicht stammt. Sie ist der verzweifelte und unglückliche Versuch, Gründe für das Scheitern aneinander zu finden. Die Ablehnung, die Jesus erfährt, erfolgt demnach nicht aufgrund eigener Verantwortung. Im Hintergrund steht eine Macht, die Menschen in ihren Entscheidungen bestimmt. Für Johannes ist die Welt dualistisch strukturiert:

Licht und Finsternis, Leben und Tod, Wahrheit und Lüge, Gott und Teufel. Wenn die Wahrheit von Gott kommt, so kann die Lüge nur vom Teufel stammen. „Jener war ein Menschenmörder von Anfang an und stand nicht in der Wahrheit, denn Wahrheit ist nicht in ihm. … Denn er ist ein Lügner und der Vater derselben." Ein solches Schwarz-Weiß-Bild, polemisch vorgetragen, vermag vielleicht die aktuelle, leidvolle Erfahrung zu erklären. Es bleibt jedoch darauf begrenzt und taugt nicht zur Verallgemeinerung. Verallgemeinert wird bei Johannes nur ein Gedanke: Abrahamskindschaft ist konsequent christologisch bestimmt. Abraham erkennt „die Wahrheit" – und diese Wahrheit Gottes offenbart sich nun in Jesus Christus.

Damit ist der Hauptgedanke des zweiten Teils in diesem Gespräch angeschnitten, in dem sich Jesus nun gegen wachsendes Unverständnis verteidigen muss. Seine polemische Attacke mit der Teufelskindschaft bekommt er postwendend zurück: „Sagen wir nicht mit Recht, dass du ein Samaritaner bist und einen Dämon hast?" Die Erwiderung, wer sein Wort bewahre, werde „den Tod in Ewigkeit nicht schauen", steigert nur den Vorwurf der Besessenheit. Immerhin sind Abraham und die Propheten, ausgewiesene Gottesmänner also, gestorben! „Bist du mehr als unser Vater Abraham, der gestorben ist? … Wozu machst du dich selbst?" Die Gesprächspartner können Jesu Worte nur noch als groteske Selbstüberschätzung bewerten. Das tun sie deshalb, weil sie in ihm eben nicht den „Logos" oder den „Sohn Gottes" sehen, der vom Vater kommt und zum Vater zurückkehrt. Darauf zielt Jesus nun ab. Er ist tatsächlich mehr als Abraham, wozu er allerdings nicht „sich selbst macht", sondern „von Gott gemacht" wird. „Abraham, euer Vater, wurde froh, dass er meinen Tag sehen sollte. Und er sah ihn und freute sich." Jetzt ist die Empörung komplett: „Du bist noch keine 50 Jahre und hast Abraham gesehen?" Wo hätte denn Abraham den Tag Christi „sehen" können? In der biblischen Erzählung werden ihm weit in die Zukunft reichende Verheißungen gemacht. Die frühjüdischen Abrahamschriften statten den Patriarchen darüber hinaus mit prophetischen Gaben aus oder lassen ihn als Visionär Einblick in die Welt Gottes nehmen. Daran ist hier wahrscheinlich gedacht. Die Erzväter schauen bereits das Heil der kommenden Zeit. Jesus aber mit seinen noch nicht einmal 50 Jahren – woher will er das wissen? Seine Antwort erfolgt im Brustton großer Autorität: „Amen amen, ich sage euch: Bevor Abraham wurde, bin ich.“ Das ist richtig, wenn man in ihm nicht nur einen galiläischen Wanderprediger sieht, sondern „das Wort“, das schon „im Anfang“ bei Gott war (Joh 1,1). Theologisch dicht wird damit die „Präexistenz“ Jesu vorausgesetzt – was die inzwischen zu Kontrahenten gewordenen Gesprächspartner nur noch als Gotteslästerung auffassen können. Und daraufhin fliegen die ersten Steine.

An Abraham wird nicht nur die Zuwendung Gottes gegenüber der Völkerwelt sichtbar. An seinen „Werken“, d. h. an seiner Gotteserkenntnis, scheiden sich auch die Geister. Johannes denkt nicht in den Kategorien eines ‚Rankings‘, sondern in Gestalt von Gegensätzen. Das entspricht seiner Alltagserfahrung. Eine solche Erfahrung aber verändert sich mit der Zeit. Was Juden und Christen in vielen Jahrhunderten an gegenseitiger Verfehlung erlebt haben, führt heute zu einer ganz neuen Wahrnehmung der Barmherzigkeit Gottes, die allen Kindern Abrahams gilt und die keiner menschlichen Zensur unterworfen ist.

2.3. Abraham und das Geheimnis des Glaubens

Juden und Christen sind sich darin einig: An Abraham bemisst sich, was „Glauben“ bedeutet. Strittig ist indessen, was man unter dem Begriff „Glauben“ zu verstehen hat – und das schlägt auch auf die Auslegung der Abrahamgeschichte zurück. Geht es dabei um die Haltung des Vertrauens oder um das Für-wahr-Halten eines bestimmten Sachverhaltes? Geht es um eine Einstellung oder um konkretes Verhalten? Der hebräische Text von Gen 15,6 bleibt hier in der Schwebe und eröffnet der Auslegung einen gewissen Spielraum: Hält Abraham sich den Glauben selbst zugute, oder ist es Gott, der ihm den Glauben „anrechnet“? Die griechische Übersetzung macht die Sache eindeutig: Gott ist das handelnde Subjekt. Doch die Offenheit bleibt bestehen hinsichtlich der Frage, ob an dieser Stelle der konkrete Akt oder das stetige, zukunftsoffene Vertrauen gemeint ist. Hier gehen die

Auslegungen unterschiedliche Wege, auch in den Schriften des Neuen Testaments.

2.3.1. Maßstäbe des Glaubens

Von jeher ist es aufgefallen, dass der Jakobusbrief den Glauben Abrahams scheinbar ganz anders als Paulus beurteilt. Versucht er damit vielleicht sogar gegen Paulus oder zumindest gegen ein Missverständnis des Paulus zu opponieren?

Jak 2,14–26 handelt von der tätigen Nächstenliebe. Was ist ein Glaube wert, der sich in bloßen Worten erschöpft? Das angeführte Beispiel gleicht einer Karikatur: „Wenn da ein Bruder oder eine Schwester nackt wären oder Mangel an der täglichen Nahrung litten, einer von euch aber zu ihnen spräche: ‚Zieht hin in Frieden, wärmt und sättigt euch!', ihnen aber nicht den Bedarf für den Leib gäbe – was ist der Nutzen? So ist auch der Glaube, wenn er keine Werke aufweist, tot für sich allein." Worte ohne helfende Tat sind blanker Zynismus und haben mit Glauben nichts zu tun. Wieder ist Abraham als Beleg zur Hand. Aber nun richtet sich das Interesse des Autors auf das Verhalten Abrahams und landet damit zwangsläufig bei Gen 22: „Abraham, unser Vater, wurde er nicht aus Werken gerechtfertigt, als er Isaak, seinen Sohn, auf den Altar hinauftrug?" Weil sein Glauben mit seinen Werken zusammenwirkte bzw. „aus den Werken vollendet wurde", deshalb wurde er ihm zur Gerechtigkeit angerechnet.

Das ist ein ganz anderer Akzent als bei Paulus: Gen 22 hier – Gen 15 dort, Bewährung in der Prüfung hier – Vertrauen gegen den Augenschein dort. Schließen beide Bezugnahmen einander nicht aus? Was würde Paulus dazu sagen? Paulus hätte vermutlich nichts gegen den Schriftbeleg in Jak 2,21–23 einzuwenden! Denn das Anliegen des Jakobus ist ein ganz anderes als das Problem des Apostels. Paulus wehrt sich vehement dagegen, „Werke (d.h. Vorschriften) der Tora" zur Vorbedingung des Zugangs zu Gott zu machen – und bringt sie deshalb in eine Alternative zum „Glauben". Jakobus indessen polemisiert gegen leere Worte. Seine Alternative heißt „lebendiger Glaube und toter Glaube". Ihm geht es nicht um Vorbedingungen, sondern um Ausführungsbestimmungen. Glauben ist kein rein rationales Geschehen, sondern etwas, was den ganzen Menschen erfasst und sein ganzes Leben prägt. Und darin pflichtet ihm auch Paulus selbstredend bei, wenn er in Gal 5,6 von dem „Glauben, der in der Liebe wirksam ist" spricht. Das Beispiel in Jak 2 hat deshalb sein gutes Recht. Im Verhalten Abrahams zeigt sich, dass sein Glaube ein solcher lebendiger, in der Liebe wirksamer Glauben ist.

2.3.2. Abraham unter den Glaubensvorbildern

Jak 2,21–23 knüpft mit seinem Bezug auf Abraham an eine Tradition an, die im frühen Judentum weit verbreitet ist. Zum Zweck der Unterweisung reiht man dort gerne die Vorbilder der Vergangenheit in so genannten „Paradigmenreihen" auf, wobei Abraham stets mit seiner „Bewährung in der Prüfung" (Gen 22) genannt wird. Sir 44,19–21 etwa hebt im „Lob der Väter" (44–50) hervor: „In der Prüfung wurde er treu befunden." Noch deutlicher ist der Zusammenhang in 1Makk 2,52: „Wurde Abraham nicht für treu befunden in der Erprobung, und wurde ihm das nicht zur Gerechtigkeit angerechnet?" Hier schließt sich Jak 2,21–23 an: „Abraham, unser Vater, wurde er nicht aus Werken gerechtfertigt, als er Isaak, seinen Sohn, auf den Altar hinauftrug? … Und die Schrift wurde erfüllt, die sagt: Abraham aber glaubte Gott, und das wurde ihm zur Gerechtigkeit angerechnet (Gen 15,6), und er wurde ‚Freund Gottes' genannt". Eine größere Auszeichnung lässt sich kaum denken! Allerdings entstammt der Titel „Freund" nicht der biblischen Abrahamerzählung selbst. Erst im Rückblick wird er dem Abraham in verschiedenen Zusammenhängen beigelegt (Jes 41,8; 2Chr 20,7). In der frühjüdischen Literatur ist „Abraham, der Freund Gottes" dann schon zu einer festen Formel geworden. Jak 2,23 ordnet sich hier also in einen verbreiteten Sprachgebrauch ein.

Auch der Hebräerbrief nimmt diese Linie auf. Seine große Paradigmenreihe zum Glauben der Vorväter, zusammengefasst unter dem Stichwort einer „Wolke von Zeugen" (Hebr 11,1–12,3), schließt in Hebr 11,8–19 Abraham und Sara ein. Hervorgehoben werden der Aufbruch ins Ungewisse, das Vertrauen in die Zusage von Nachkommen trotz hohen Alters und die Bewährung in der Prüfung. Die Erklärung am Anfang der Reihe (Hebr 11,1), was eigentlich Glaube sei, scheint unmittelbar an Abraham gewonnen zu sein: „Der Glaube aber ist ein Feststehen bei dem, was man erhofft, und ein Überzeugtsein von Dingen, die man nicht sieht." Den Höhepunkt erreicht das ausführliche Abrahambeispiel dann mit dem Bezug auf Gen 22: „Aufgrund des Glaubens brachte Abraham den Isaak dar, als er geprüft wurde, und gab den einzigen Sohn dahin, er, der die Verheißung empfangen hatte und zu dem gesagt worden war: Durch Isaak wirst du Nachkommen haben. Er bedachte: Gott kann auch von den Toten auferwecken. Deshalb erhielt er ihn auch zurück – als ein Gleichnis." Das Gleichnis zielt auf Christus. Der Glaube Abrahams wird damit ganz unmittelbar als Vorbild für den Glauben an die Auferstehung Jesu in Anspruch genommen.

Im so genannten 1. Klemensbrief, einem Schreiben der christlichen Gemeinde Roms an die christliche Gemeinde in Korinth (ca. 96), findet sich eine Paradigmenreihe (1Klem 9,2 – 12,8), die vollkommene Diener Gottes vorstellt. Wieder nimmt Abraham breiten Raum ein (1Klem 10,1 – 7). Zunächst geht es dabei um seinen Gehorsam, den Auszug aus seiner Heimat und sein Vertrauen. Den Höhepunkt aber bildet dann erneut die Bindung Isaaks: „Wegen Glauben und Gastfreundschaft ist ihm im Alter ein Sohn geschenkt worden. Und aus Gehorsam hat er ihn dargebracht als Opfer für Gott zu einem der Berge, die er ihm gezeigt hatte." Dass dabei auch die Gastfreundschaft (gegenüber den drei Gottesboten) gleich noch lobend hervorgehoben wird, ist ein didaktisch geschickter Nebeneffekt und unterstreicht: Unter allen Vorbildern im Glauben nimmt Abraham den ersten Rang ein.

2.4. Abraham und der Sohn Gottes

Zwischen Abraham und Christus besteht im Neuen Testament eine Verbindung, die über die Analogie des Glaubens hinaus geht. In Christus erfüllt sich, was dem Abraham verheißen wurde. Deshalb wird auch die Geschichte Abrahams immer schon in das Licht dieser künftigen Erfüllung getaucht.

Paulus greift – wie schon gesagt – auf das Bildfeld des Erbrechtes zurück, um Christus als den legitimen Erben der Abrahamsverheißung darzustellen (Gal 3,15–18). Weil diese Verheißung die Lebensspanne des Patriarchen weit übersteigt, kann sie sich erst zu einem späteren Zeitpunkt erfüllen. Wann aber wird das sein? Geht sie auf im Leben des Gottesvolkes Israel? Kaum, denn sie schließt ja gerade den Segen für die Völker ein. Wenn allerdings der auferstandene Christus als Multiplikator der Zuwendung Gotts in die Völkerwelt hinein wirkt, dann ist die Segenszusage erfüllt. Christus tritt also jenes „Erbe" an, das Abraham hinterlässt. Insofern ist es zwar philologisch nicht korrekt, dass Paulus in Gal 3,16 die Zusage an Abraham und „seinen Nachkommen" exklusiv im Sinne eines Singulars interpretiert. Sachlich aber hat er damit Recht. Denn das Christusereignis eröffnet den Zusagen an Abraham nun erst eine neue Dimension.

Sehr viel rätselhafter ist der Bezug auf Christus in Joh 8,56: „Abraham, euer Vater, wurde froh, dass er meinen Tag sehen sollte. Und er sah ihn und freute sich." In der biblischen Abrahamgeschichte findet man dafür keinen Haftpunkt. Gelegentlich hat man hier an Gen 17,17 gedacht, als Abraham angesichts der erneuten Sohneszusage Gottes an ihn, den bereits Hundertjährigen, „lacht" bzw. „sich freut". Doch da ist der Bezug auf Isaak zu klar, als dass man Abrahams Freude auf eine so ferne Zukunft beziehen könnte. Bleibt also nur jene Erklärung, die auch in der frühjüdischen und dann vor allem in der rabbinischen Auslegung zu finden ist: Abraham ist, wie die Väter überhaupt, mit prophetischen Gaben ausgestattet. Indem er schon einer Schau der Heilszeit gewürdigt wird, sieht er auch „den Tag" des Messias. Hier wird jüdische Tradition aufgenommen und mit Christologie verknüpft. Abraham weiß von Christus. Er gehört als Vorvater im Glauben schon in die Gemeinde des Gottesvolkes aus Israel und der Völkerwelt hinein. Er ist weder ein „heiliger Heide" noch ein „Gerechter in der Vorhalle", sondern bereits ein Zeuge Christi.

2.5. Abraham und eine neue Hoffnungsgeschichte

Die prophetischen Gaben, die Joh 8,56 bei Abraham voraussetzt, verbinden ihn nicht nur mit „dem Tag“ des Messias Jesus. Sie machen Abraham überhaupt zu einem Hoffnungsträger für die Zeit der Heilsvollendung. So wie er am Anfang der Glaubens- und Hoffnungsgeschichte des Gottesvolkes eine entscheidende Rolle spielt, so wird er auch in der Heilszeit bei den Gerechten sein.

2.5.1. Zeuge der Auferstehungshoffnung – die Sadduzäerfrage

Der Evangelist Lukas überliefert im Rahmen der Jerusalemer Streitgespräche einen Disput von besonderer Brisanz, bei dem es um die Frage der Auferstehung geht (Lk 20,27–40). Die Meinungen darüber sind geteilt, weil auch die biblischen Aussagen kein eindeutiges Votum abgeben. In den älteren Schriften und Schichten der hebräischen Bibel sucht man die Hoffnung auf ein neues Leben bei Gott vergeblich. Auch Gerechte wie Abraham werden lediglich „zu ihren Vätern versammelt“, wo sie in einer Art Schattenreich von Gott getrennt ruhen. Von „Leben“ kann dabei jedoch keine Rede sein. Erst ganz allmählich bricht sich die Hoffnung auf die Auferstehung der Toten zu einem Leben bei Gott im Glauben Israels Bahn – noch verhalten und andeutungsweise bei den Propheten, klar und unmissverständlich dann erstmals in Dan 12,2–3. Im Judentum der Zeit Jesu hat diese Hoffnung inzwischen weite Verbreitung gefunden, wird jedoch auch kritisiert. Die Sadduzäer etwa, die als „Schrift“ ausschließlich die Tora in Gestalt der fünf Bücher Moses akzeptieren, bestreiten auf dieser Textgrundlage folgerichtig auch die Auferstehungshoffnung. Sie sind es, die in jenem denkwürdigen Streitgespräch nach Lk 20,27 an Jesus herantreten und ihm eine Fangfrage stellen.

Die Sache beginnt wie ein Gespräch unter Gelehrten und ist geschickt eingefädelt. Als Ausgangstext wählen die Sadduzäer ein Gebot der Tora, das die so genannte „Leviratsehe“ betrifft (Dtn 25,5–6). Wenn ein Mann kinderlos stirbt, soll sein Bruder die

Witwe, seine Schwägerin also, zur Frau nehmen. Der erste Sohn, den er mit ihr zeugt, gilt dann rechtlich als Nachkomme des verstorbenen Mannes. Nun konstruieren die Sadduzäer ein spektakuläres Fallbeispiel: Es waren einmal sieben Brüder. Nachdem der erste kinderlos starb, nahm einer nach dem anderen die Witwe zur Frau – und erlitt sodann dasselbe Geschick. Zuletzt starb auch die Frau. Daraus entsteht das Problem: Wenn es eine Auferstehung gibt – wessen Frau wird sie dann „in der Auferstehung" sein? Der Fall ist klar: Die Sadduzäer wollen mit dieser Geschichte die Auferstehungshoffnung ad absurdum führen!

Jesu Antwort ist eine zweifache. Zuerst verweist er darauf, dass „Leben in der Auferstehung" nicht eine Wiederholung oder auf Dauer gestellte Verlängerung des bisherigen Lebens ist. Vielmehr gelangen die Auferstandenen zu einer neuen Existenzweise, in der es, weil der Tod keine Rolle mehr spielt, auch keine Fortpflanzung gibt. Dann aber ruft er Abraham zum Zeugen dafür auf, dass die Verstorbenen nicht einfach „im Staub" oder „in der Grube" von Gott und allem Leben getrennt sind, sondern auf eine neue Weise leben: „Dass aber die Toten auferweckt werden, hat auch Mose bei dem Dornbusch angedeutet, als er den Herrn nannte ‚den Gott Abrahams und den Gott Isaaks und den Gott Jakobs' (Ex 3,6). Gott aber ist nicht ein Gott der Toten, sondern ein Gott der Lebenden. Denn alle leben durch ihn." Bei den Disputanten macht sich eine gewisse Verlegenheit breit. Einige gestehen zu: „Lehrer, du hast gut geantwortet." Die anderen „wagten nicht mehr, ihn etwas zu fragen."

Die Formel vom „Gott Abrahams, Isaaks und Jakobs (bzw. Israels)" ist zu dieser Zeit längst ein fester Bestandteil theologischer Alltagssprache geworden. Gott selbst stellt sich so vor (Ex 3,6.15.16; 4,5). Der Prophet Elia spricht ihn so an (1Kön 18,36). In einer Proklamation des Königs Hiskia hat sie ihren Ort (2Chr 30,6). Auch Petrus (Apg 3,13) und Stephanus (Apg 7,32) gebrauchen sie, um von dem einen Gott zu sprechen. Wäre es nicht makaber, Gott ausgerechnet über drei Patriarchen aus grauer Vorzeit zu „definieren", die längst unwiderruflich zu Staub zerfallen sind? Die Formel, von Jesus in Lk 20,37–38 argumentativ eingesetzt, hat einen anderen Sinn. Sie bringt zum einen die Treue

Gottes zum Ausdruck, der zu seinem Volk steht und sich nicht still und heimlich aus der Geschichte verabschiedet. Zum anderen macht sie die Väter zu den ersten und prominentesten Zeugen der Auferstehungshoffnung. Ihnen, und allen voran Abraham, werden die Gerechten also wiederbegegnen!

2.5.2. Anwalt der Leidenden – Lazarus in „Abrahams Schoß"

Ein solches Hoffnungsbild mit Abraham zeichnet die Beispielgeschichte in Lk 16,19–31. Jesus erzählt ein Märchen: „Es war einmal ein reicher Mann …" Der Stoff dieses Märchens, das aus Ägypten stammt, ist zu seiner Zeit schon bekannt. Als guter Erzähler, der stets einen volkstümlichen Ton zu treffen versteht, gestaltet Jesus die Geschichte jedoch noch einmal ganz neu.

Das Märchen erzählt von einer unerwarteten Umkehrung des Geschickes, die der Hauptakteur erlebt. Ein Reicher verbringt sein ganzes Leben im Luxus. Den armen Lazarus vor seiner Tür aber, der sich im Elend befindet, übersieht er. Als beide sterben, finden sie sich in vertauschten Positionen wieder: Der Reiche wird im Hades gequält, den Lazarus aber tragen Engel „in Abrahams Schoß". Der Reiche wendet sich daraufhin an Abraham: „Vater Abraham, erbarme dich meiner und schicke Lazarus, damit er die Spitze seines Fingers in Wasser tauche und meine Zunge kühle, denn ich leide in dieser Flamme!" Befindet sich denn der Ort Abrahams in Sicht- und Hörweite des Hades? Abraham weist das Ansinnen des Reichen ab. Erstens hat er das Gute bereits in seinem Leben empfangen und dabei die Chance vertan, anderen ebenfalls Gutes zu tun. Und zweitens „ist zwischen uns und euch ein großer Abgrund befestigt, so dass diejenigen, die hinübergehen wollen von hier zu euch, das nicht können. Auch kommen sie nicht von dort zu uns herüber." Daraufhin möchte der Reiche wenigstens seine noch lebenden Brüder warnen und bittet Abraham erneut, Lazarus als Boten zu ihnen zu schicken. Doch der Patriarch bleibt unerbittlich: „Sie haben Mose und die Propheten. Auf die sollen sie hören!" Dabei bleibt es. Lazarus, der in der ganzen Geschichte kein einziges

Wort gesprochen hat, dafür aber im Unterschied zu dem namenlosen Reichen einen bedeutungsvollen Namen trägt („Gott hilft“), erfreut sich weiterhin der Gemeinschaft Abrahams.

Was hat Abraham in Gottes Welt mit den Gerechten zu tun? Die Geschichte erweckt den Eindruck, dass er als eine Art Anwalt die Gedemütigten und Beleidigten wieder ins Recht setzt. „In den Schoß Abrahams“ ist dabei besser als „an die Brust Abrahams“ zu übersetzen, was auch der Grundbedeutung des griechischen Wortes *kolpos* entspricht. Denn Lazarus wird ja nicht wie ein Kleinkind auf irgend jemandes Knien gehätschelt – er erhält vielmehr den Platz an Abrahams Brust. Das lässt an die Anordnung eines antiken Festmahles denken, bei dem die Teilnehmer seitwärts aufgestützt, leicht versetzt, auf einer Art Ruhebett liegen. Hier ist also ein Bankett im Gange! Abraham fungiert als der Gastgeber, und Lazarus, der vor der Tür des Reichen hatte hungern müssen, tafelt jetzt auf dem Ehrenplatz.

Man darf nicht versuchen, dieser Geschichte irgendwelche Informationen über die „Topographie des Jenseits“ abzulauschen. Jesus benutzt hier nur einen verbreiteten, volkstümlichen Stoff. Dessen theologische Dimension besteht allein darin, unter Bezug auf Mose und die Propheten soziale Gerechtigkeit anzumahnen – bevor es zu spät ist. Hades und Paradies sind Größen, für die es in der biblischen Überlieferung nun einmal keine Stadtpläne gibt und geben kann. Und Abraham als personifiziertes Auffanglager für die Verstorbenen zu betrachten, wäre schlicht absurd!

Bemerkenswert ist immerhin, welche wichtige Funktion der Erzvater in dieser Geschichte gewinnt. In Gottes Welt spielt er keine Nebenrolle. Gäbe es nicht auch andere Kandidaten, die als Symbolfiguren für die neue Gemeinschaft in der Auferstehung in Frage kämen? Ist Abraham dafür vielleicht durch seine Gastgeberrolle gegenüber den Gottesboten in Gen 18,1–33 besonders qualifiziert? Auf jeden Fall scheint er für das Festmahl der Heilszeit auch in anderen Überlieferungen eine feste Größe zu sein.

2.5.3. Tischgenosse der Heilszeit – endzeitliches Freudenmahl

Tief verwurzelt in der alttestamentlich-jüdischen Hoffnungsgeschichte ist das Bild von der „Völkerwallfahrt zum Zion" (Jes 2,1 – 5/Mi 4,1 – 4; Jes 60,1 – 22): Es kommt eine Zeit, in der die Völker den einen Gott, den Schöpfer des Himmels und der Erde, erkennen. Sie werden Frieden mit Israel schließen und zum Zion strömen, um den einen, gemeinsamen Gott anzubeten, wobei sie reiche Gaben mitbringen. Und wie könnte es anders sein – mit diesem Bild der beginnenden Heilszeit verbindet sich dann schon bald auch das Bild eines großen, gemeinsamen Festmahles (Jes 25,6). In neutestamentlicher Zeit sind es noch eher Andeutungen, die einem solchen Hoffnungsbild erste Konturen verleihen. Umso kräftiger sind dann die Farben, mit denen es in der rabbinischen Literatur ausgemalt wird.

Wiederum erscheinen die Erzväter als der „harte Kern" dieser endzeitlichen Tafelrunde. Das kann nur einen Sinn haben: Sie gelten als die Symbolfiguren für die Hoffnung auf eine im Glauben an Gott geeinte Menschheit! Die Evangelisten Matthäus und Lukas kommen darauf weithin gleichlautend, aber in unterschiedlichen Kontexten, zu sprechen. Matthäus fügt das entsprechende Jesuswort in den Schlussteil der Geschichte über den Hauptmann von Kafarnaum (Mt 8,5 – 13) ein: „Amen, ich sage euch: Bei niemandem in Israel habe ich so großen Glauben gefunden! Ich sage euch aber: Viele werden von Osten und Westen kommen und sich zu Tisch legen mit Abraham und Isaak und Jakob in der Königsherrschaft der Himmel, die Kinder der Königsherrschaft aber werden hinausgeworfen werden in die äußerste Finsternis! Dort wird Heulen und Zähneknirschen sein!" (Mt 8,10 – 12) Lukas schließt mit einem vergleichbaren Wort eine Passage ab, die mit der Frage beginnt, wie viele Menschen wohl gerettet werden (Lk 13,22 – 30): „Dort wird Heulen und Zähneknirschen sein, wenn ihr sehen werdet Abraham und Isaak und Jakob und alle Propheten in der Gottesherrschaft, ihr aber werdet hinausgeworfen nach draußen! Und sie werden kommen von Osten und Westen und Norden und Süden und sich zu Tisch legen in der Gottesherrschaft. Und siehe: Letzte werden Erste sein, und es gibt Erste, die werden Letzte sein." (Lk 13,28 – 30)

Unverkennbar ist das Wort, das doch ein großes Hoffnungsbild entwirft, in den Horizont von Gerichtsdrohungen gerückt. Der Zugang der Einen steht im Kontrast zu dem Ausschluss der Anderen. Zumindest kehrt sich, wie bei Lukas, die Reihenfolge um. Die geeinte Menschheit, aus allen vier Himmelsrichtungen zusammenströmend, ist also keine komplette Versammlung. Geeint ist sie nur unter dem gemeinsamen Bekenntnis zu dem einen Gott. Und wer dieses Bekenntnis nicht teilt, wird dazu weder vereinnahmt noch großmütig übersehen. Es ist nicht das Bild einer Allversöhnung, das hier gemalt wird. Zugehörigkeit hat auch eine Kehrseite. Die Väter mit Abraham an der Spitze stehen jedenfalls nicht für die große Gleichmacherei, sondern für die große Einladung. Sie halten die Tür dazu so weit wie nur möglich auf. Aber zum Eintreten wird niemand gezwungen. Und deshalb bleibt das endzeitliche Freudenmahl der geeinten Menschheit unter dem Vorsitz der Erzväter auch noch so lange ein Hoffnungsbild, bis das Bekenntnis zu dem einen Gott unter den Völkern konsensfähig geworden sein wird.

3. Abraham in der christlichen Überlieferung

3.1. Exegetische Zugänge

Während die Autoren des Neuen Testamentes auf „die Schrift" als ihre maßgebliche Bezugsgröße stets in selektiver Weise zurückgriffen, begann sich in der christlichen Theologie vom 2./3. Jh. n. Chr. an die kursorische Beschäftigung mit dem gesamten Text des nunmehr „Alten Testamentes" zu etablieren. Die Entstehung der literarischen Gattung „Kommentar" förderte diese Entwicklung. Doch auch in Predigten oder thematisch bestimmten Traktaten gelangten immer wieder größere Texteinheiten zur fortlaufenden Erklärung. Für die Abrahamgeschichte in Gen 12 – 25 sind solche Auslegungen der Väterzeit bereits von Theresia Heither und Christiane Reemts ausführlich gesammelt und aufgearbeitet worden (s. Literaturverzeichnis), so dass es hier genügen kann, einige der wichtigsten Aspekte zu benennen.

Durchgängig lesen die Väter die Abrahamgeschichte vom Christusereignis her. Origenes (Johanneskommentar 20,10) bringt es auf den Punkt: „Jede Abrahamgeschichte muss allegorisch verstanden werden, und was er getan hat, muss von uns geistig nachvollzogen werden." In dieser Perspektive gewinnen selbst die kleinsten Details der alttestamentlichen Erzählung einen neuen, z.T. völlig überraschenden Sinn. Die wichtigsten Anliegen der Väter sind im Durchgang durch Gen 12–25 die folgenden.

Die Geschichte des Auszuges berichtet nicht allein von einer realen Ortsveränderung. Wie schon Philo von Alexandrien sehen die Väter darin vor allem eine geistige Bewegung, den Auszug des Weisen aus Unwissenheit hin zur Gotteserkenntnis, den Auszug des Gerechten aus den Sicherheiten seines Lebens, den Verzicht auf Güter und Bindungen, um sich auf Größeres und Zukünftiges auszurichten. Was ihm Gottes Verheißung zusagt – nämlich Segen für die Völker –, das sehen die Väter durch die Ausbreitung des Evangeliums im Imperium Romanum realisiert. Augustinus schreibt (Sermones 130,3): „Die Verheißung, die Abraham gegeben wurde, ist erfüllt. Und aus dem, was wir sehen, schöpfen wir den Glauben an das, was wir nicht sehen." Ein schwieriges Problem stellt die Geschichte Abrahams und Saras in Ägypten dar. Hat Abraham etwa gelogen, indem er Sara als seine Schwester ausgab? Mit vielen Argumenten erfolgt deshalb nun der Versuch, Abraham zu rehabilitieren – besonders durch Augustinus, der in seiner Ethik ansonsten jede Form von Lüge kategorisch ablehnt. Ambivalent erscheint der Reichtum, mit dem Abraham aus Ägypten zurückkehrt. Hatte er sich bei seinem Auszug nicht gerade von allen materiellen Bindungen gelöst? Sein neuer Reichtum ist deshalb nicht nur Ausdruck göttlichen Segens, sondern auch Ursache der Trennung von Lot. Aber hier nutzen die Ausleger nun zugleich die Gelegenheit, das Lob der Demut Abrahams zu singen, der Lot den besseren Teil des Landes überlässt. Interessant ist der allegorische Zugriff auf die Geschichte vom Krieg der Könige, in den Lot verwickelt wird: Weil er die Tugend Abrahams verlässt, gerät er in die Zügellosigkeit

Sodoms; die vier angreifenden Könige stehen für die Genüsse des Lebens, die fünf angegriffenen Könige stehen für die fünf Sinne des Menschen; dass Abraham für die Rettungsaktion 318 Knechte mustert, wird zahlensymbolisch auf das Kreuz Christi gedeutet; später bezieht man die 318 Konzilsväter von Nicäa (325) auf die Knechte Abrahams, da sie dem wahren Glauben gegenüber der Häresie zum Sieg verhelfen. Großes Interesse findet die Gestalt Melchisedeks, der als Typos Christi bereits die sakramental verstandenen Gaben von Brot und Wein vorlegt. Was den Bund Gottes mit Abraham betrifft, so sind sich die Väter weithin einig mit Paulus, der seinen Akzent bei Gen 15,6 setzt. Ein weiteres moralisches Problem taucht mit der Gestalt der Hagar auf; erneut bedarf es eines großen argumentativen Aufwandes, um Abraham gegen den Vorwurf von Zweifel oder Ausschweifung in Schutz zu nehmen: „Er bediente sich ihrer, um Nachkommen zu zeugen, nicht um der Lust willen, er tat seiner Frau damit kein Unrecht, sondern gehorchte ihr vielmehr", bemerkt Augustinus (Über den Gottesstaat 16,25). Und Ambrosius (Über Abraham 1,3) fügt hinzu: „Lasst uns zunächst bedenken, dass Abraham vor der Zeit des mosaischen Gesetzes und des Evangeliums lebte: Ehebruch schien noch nicht verboten gewesen zu sein." Ansonsten regiert die von Paulus in Gal 4 vorgegebene Lesart der Geschichte. Den Beschneidungsbund verstehen die Väter als nachträgliche Bekräftigung des Verheißungsbundes und stellen zugleich einen typologischen Bezug auf die christliche Taufe als „die nicht mit Händen gemachte Beschneidung" (Kol 2,11) her. Positiv gedeutet wird das Lachen Abrahams und Saras; Ambrosius (Über Abraham 2,11) ist sich sicher: „Das Lachen drückt die Freude des Gerechten aus [...]. Dieses Lachen war nicht das Lachen eines Zweifelnden, sondern eines Glaubenden." Isaaks Opferung gewinnt auf breiter Front den Charakter eines Vorausblickes auf das Selbstopfer Christi, wobei vor allem die Frage diskutiert wird, wie man die Versuchung durch Gott verstehen soll: Der Teufel versucht den Menschen, um seinen Glauben zu zerstören; Gott indessen versucht ihn, um seinen Glauben zu stärken.

Auch die neutestamentlichen Aussagen zu Abraham werden einer weiteren Interpretation unterzogen, wobei nach dem Vorbild des Paulus die Beziehung zwischen Abraham und Christus im Mittelpunkt steht. Dabei zieht schon bald eine massiv antijüdische Polemik in die Auslegung der Väter ein. Der Segen für die Völker wird mit einer Verwerfung Israels verbunden; die Kirche aus Juden und Nichtjuden tritt an die Stelle des Gottesvolks Israel. Hier hat es erst der leidvollen Erfahrung einer 2000jährigen „Vergegnung“ bedurft, um in Abraham nicht den Ankläger Israels zu sehen, sondern den gemeinsamen Stammvater im Glauben von Juden und Christen wieder zu entdecken.

3.2. Theologische Profile

Die Ehrentitel und Prädikationen, die Abraham in der christlichen Theologie beigelegt werden, stammen zum Teil aus jüdischer Tradition, zum Teil aber setzen sie auch neue Akzente.

Grundlegende Bedeutung hat das Profil Abrahams als das eines „Gottsuchers“. Vor dem Hintergrund frühjüdischer Auslegungen reflektieren auch christliche Theologen die Loslösung Abrahams vom Götzendienst seiner Väter. Kraft eigenen Denkens und Suchens dringt er hindurch zur Erkenntnis des einen wahren Gottes, was ihn zum Vorbild aller macht, die sich auf der Suche nach Gott befinden.

Den Ehrentitel des „Gottesfreundes“, der in Jak 2,23 aus alttestamentlich-jüdischem Gebrauch übernommen ist, bringt die christliche Rezeption in Verbindung mit allen jenen Aussagen, in denen Jesus die Seinen als „Freunde“ bezeichnet, ohne damit schon eine Art Demokratisierung der Gottesfreundschaft zu beabsichtigen. Die Größe dieser Auszeichnung bleibt unbestritten und wird als die höchste Stufe in der vielgestaltigen Beziehung zwischen Gott und Mensch verstanden.

Dass Abraham nicht nur im Blick auf seine Gotteserkenntnis, sondern auch im Blick auf die Wissenschaften im Judentum als ein „Weiser“ gilt, bietet der christlichen Theologie einen willkommenen Anknüpfungspunkt. In dem eigenen Bemühen, den christlichen Glauben in den Kategorien philosophischen Denkens auszusagen, konnte man dankbar auf Abraham verweisen.

Eigenwillig erscheint jene Sicht des Patriarchen, die ihn als „Athleten der Gottesliebe" vorstellt. Im Hintergrund steht dabei der Gedanke des christlichen Lebens als eines Wettkampfes aus 1Kor 9,25–26. Basilius von Seleukia (Orationes 7) baut diesen Vergleich im Blick auf Abraham aus: „Der Wettkampf des Glaubens ließ den Säugling zur Welt kommen und die Gottesliebe öffnete das Stadion."

Den breitesten Raum aber nimmt die Beschreibung Abrahams unter dem Titel eines „Vaters" ein. Zugleich bezeichnet er das weite und konfliktreiche Feld jener Frage, wer denn nun als legitimes „Kind" jenes „Vaters" gelten könne. Die knappe Formel von „unser aller Vater Abraham" (Röm 4,16) transportiert nicht nur den Gedanken der Einladung, sondern auch den rivalisierender Ansprüche. Immerhin ist die Kirche der Frühzeit nicht dem Ansinnen eines Marcion gefolgt, der den Gott Abrahams und den Vater Jesu Christi radikal voneinander trennen wollte. Irenäus (Gegen die Häresien IV 8,1) schreibt dazu: „Wer Abrahams Heil bestreitet und sich einen anderen Gott macht, außer dem, der Abraham die Verheißung gab, der ist außerhalb des Reiches Gottes und um das Erbe der Unvergänglichkeit gebracht."

3.3. Moralische Lehren

Besonders gern haben die Väter Abraham als ein moralisches Vorbild empfohlen. Er wird als vollkommener Mensch geschildert, dem es im alltäglichen Leben nachzueifern gilt. Gregor von Nazianz schreibt (Über mein Leben 53): „Ich hatte einen Vater ganz vortrefflicher Art. Er war schon bejahrt, von einfachem Wesen. Eine Richtschnur seines Lebens war es, ein Patriarch, ein zweiter Abraham zu sein." Was immer es an Tugenden gibt, entdeckt man nun auch bei Abraham. Eine herausragende Rolle spielen dabei sein Gehorsam, seine Demut, seine Freiheit, seine Gastfreundschaft oder seine Geduld.

In der Abfolge der drei Erzväter lässt sich dann auch eine Zuordnung bevorzugter Tugenden ausmachen. Bei Ambrosius (Über Joseph 1,1) hat sie etwa die folgende Gestalt: „Es ist angemessen, dass ihr von Abraham die unermüdliche Hingabe des Glaubens lernen könnt, von Isaak die Reinheit und Lauterkeit der Gesinnung, von Jakob die einzigartige Geduld beim Ertragen von Mühsal.“

3.4. Trinitarische Interessen

Von keiner Episode der Abrahamgeschichte hat sich die christliche Theologie derart in den Bann schlagen lassen wie von der Begegnung Abrahams mit den drei Gottesboten in Gen 18,1–22. Dazu gibt der Text selbst den entscheidenden Anstoß: In einer merkwürdigen Unbestimmtheit schwanken Rede und Anrede der Gäste zwischen Singular und Plural. Eingangs heißt es, dass „der Herr“ (Sing.) dem Abraham erschien. Als Abraham aufschaut, sieht er drei Männer. Er geht ihnen entgegen, verneigt sich und sagt: „Mein Herr (Sing.), wenn ich dein (Sing.) Wohlwollen gefunden habe [...]“ Gleich darauf heißt es: „Man wird etwas Wasser holen, dann könnt ihr euch (Plur.) die Füße waschen [...]“ So geht das weiter. Der entscheidende Dialog wird wiederum von den Dreien ausgelöst, dann aber spricht „der Herr“ (Sing.).

Dieser auffällige Befund verlangt nach einer Erklärung. Origenes (Homilien zur Genesis 4,2) ist der erste, der darauf aufmerksam macht: „Es ist dem Weisen nicht verborgen, wen er (Abraham) aufnimmt. Dreien läuft er entgegen, einen betet er an [...]“ Ambrosius (Über Abraham 1,6) zieht die Schlussfolgerung: „Wem Gott aufstrahlt, der sieht die Dreiheit.“ Doch damit stellt sich sofort eine Reihe von Problemen ein, die mitten in die Diskussion um das christologische und das trinitarische Dogma hineinführt. Das erste betrifft die Frage, ob der Sohn vor seiner Menschwerdung überhaupt schon in Erscheinung treten konnte? Die Väter der Frühzeit sind da sehr zuversichtlich, betrachten sie ja die Gotteserscheinungen des Alten Testaments durchgängig als Erscheinungen des Sohnes. Für sie bedeutet demnach der Jubel Abrahams darüber, den Tag des Christus zu sehen (Joh 8,56), nichts anderes als das Lachen Abrahams bei der Begegnung in Mamre. Denn einer der drei ist Christus, der in Begleitung zweier Engel oder in Begleitung Moses und Elias als der Wortführer (Sing.) auftritt. Nach dem Konzil von Nicäa (325) wird man hier jedoch zurückhaltender. Wenn die Gottheit des Sohnes konsequent gewahrt bleiben soll, dann kann er vor der Inkarnation auch nicht sichtbar werden. Die drei Männer müssen somit als Engel verstanden werden, die symbolisch auf den Dreieinigen Gott verweisen. Augustin wird zum einflussreichsten Verfechter jener Deutung, die eine Gottesschau Abrahams im Hain Mamre kategorisch abweist. Die drei Männer sind Gottes Boten. Gott ist es, der durch sie spricht. Ihre Zahl weist auf die Dreiheit Gottes hin, die in ihrem Auftreten zeichenhaft gegenwärtig ist. Dabei aber muss es bleiben. Dass es sich nur um Engel handelte, begründet er zusätzlich mit dem Verweis auf Hebr 13,2: „Vergesst die Gastfreundschaft nicht, denn durch sie haben einige, ohne es zu ahnen, Engel beherbergt."

Für die Trinitätstheologie der folgenden Jahrhunderte ist diese Geschichte zu einem ihrer bedeutendsten biblischen Haftpunkte geworden. Es ist ein Stück narrativer Trinitätstheologie, das die Väter hier „entdecken". Abraham wird damit zum Zeugen aufgerufen, die Einheit Gottes in der Dreiheit zu begreifen.

3.5. Liturgische Einbettungen

Die Liturgie ist in der Christenheit zu einem bevorzugten Ort geworden, biblische Geschichte zu verinnerlichen. Abraham kommt darin nicht nur dank einer geordneten Folge von Schriftlesungen vor. Er findet auch in Gebeten und Gesängen Erwähnung.

Die prominenteste Stelle nehmen in der römischen Messe die unmittelbar nach der Wandlung gesprochenen Worte ein: „Nimm unser Opfer wohlgefällig an, wie du einst mit Wohlgefallen aufgenommen hast [...] das Opfer unseres Patriarchen Abraham."

Im Evangelischen Gottesdienstbuch sind Lesungen der Abrahamgeschichte am Sonntag Judika, also dem 5. Sonntag der Passionszeit (Gen 22,1–13: Bindung Isaaks), sowie auch am 5. Sonntag nach Trinitatis (Gen 12,1–4: Verheißung und Aufbruch) vorgesehen. Während in der Passionszeit die Lesung aus Gen 22 auf die Selbsthingabe Jesu an Gott und die Menschen bezogen ist, korrespondiert Abrahams Aufbruch im zweiten Fall der Evangelienlesung von der Berufung des Petrus (Lk 5,1–11). Ein spezielles Gottesdienstformular, das die Beziehung zwischen Christen und Juden thematisiert, steht unter dem Leitvers aus Ps 105,8–9: „Der Herr gedenkt ewig an seinen Bund, an das Wort, das er verheißen hat für tausend Geschlechter, an den Bund, den er geschlossen hat mit Abraham, an den Eid, den er Isaak geschworen hat." Fürbittgebete und Segensformeln nehmen die Abrahamsverheißung auf und machen daran eine neue Wahrnehmung der „bleibenden Erwählung Israels" fest.

Besonders gern haben die Dichter des protestantischen Liedgutes Abraham aufgenommen. Die Inanspruchnahme der Abrahamskindschaft etwa formuliert Erasmus Alber (1553) mit reformatorischer Festigkeit in EG 308,10: „Auch Abraham hast du geschworn, / dass wir nicht sollten sein verlorn, / uns zugesagt das Himmelreich / und unsern Kindern ewiglich." Martin Schalling (1569) schöpft aus dem Bild von „Abrahams Schoß" Trost und Hoffnung in EG 397,3: „Ach Herr, lass dein lieb' Engelein / an meinem End die Seele mein / in Abrahams Schoß tragen. / …" In einem der schönsten und populärsten Lieder besingt Joachim Neander (1680) in EG 317,5 die Gemeinschaft mit Israel: „Lobe den Herren, was in mir ist, lobe den Namen. / Alles was Odem hat, lobe mit Abrahams Samen. / …" Schließlich wird Abraham noch einmal unter dem doppelten Bezug auf Gen 15 und 22 von Philipp Spitta (1833) in EG 137,3 in den Blick genommen: „Gib uns Abrahams gewisse, / feste Glaubenszuversicht, / die durch alle Hindernisse, / alle Zweifel siegend bricht; / die nicht bloß dem Gnadenbunde / trauet froh und unbewegt, / auch das Liebste jede Stunde / Gott zu Füßen niederlegt." Mehr als pointierte Erinnerungen an die biblische Abrahamgestalt kommen darin freilich nicht zum Zuge. Der beispielhaft fromme Abraham dient der Ermahnung und Selbstvergewisserung für die christliche Gemeinde.

Als Vorbild im Glauben tritt Abraham dann auch (wie viele andere alttestamentliche Gerechte neben ihm) in die Reihe der „Heiligen" ein. Verschiedene christliche Kalendarien nennen Tage, an denen seiner zu gedenken sei. Dabei findet man z. B. den 8. oder 9. Oktober, den 20. Dezember, den 3. Advent oder den 2. Sonntag vor dem Fest der Verklärung.

3.6. Bildliche Darstellungen

Im Unterschied zu Juden und Muslimen hat die Christenheit eine reiche Bildkunst geschaffen. Dabei sind die Darstellungen der biblischen Texte immer auch als ein Teil ihrer Rezeptions- und Auslegungsgeschichte zu verstehen.

Die früheste erhaltene Darstellungen Abrahams findet sich unter den Fresken der Synagoge von Dura Europos (Mitte 3. Jh.). In der christlichen Bildtradition taucht Abraham schon bald im 4./5. Jh. auf, zunächst noch als jüngerer bartloser Mann, später dann durchgängig als weißhaariger Greis. Im Zentrum des Interesses steht die eine, alles andere überragende Szene von der Bindung Isaaks (Gen 22). An ihr haben sich die Künstler in vielen Varianten versucht, wobei vor allem eine dramatische, um Realismus bemühte Gestaltung vorherrscht. Vergleichsweise selten nimmt sich dagegen die Darstellung jener Begegnung zwischen Abraham und Melchisedek aus (Gen 14,18–20), in deren Vollzug der Priesterkönig von Salem Brot und Wein offeriert. Da man die Szene als einen Typos der Eucharistie verstand, fand sie immerhin eine gewisse Beachtung. Ansonsten wird die Abrahamgeschichte in Bibelhandschriften immer wieder auch durch Bildzyklen illustriert, die sich im Umfang zwischen 3 und 18 Szenen bewegen können. Beliebt ist zudem die Gestalt Abrahams als einer sitzenden Figur, die im Paradies die Seelen der Gerechten in ihrem Schoß hält (Lk 16,22–23). Die weiteste Verbreitung aber hat, namentlich im Osten, die „Philoxenie" erlangt, jene Szene von der „Gastfreundschaft" Abrahams (Gen 18). Da die Väter in den drei Gottesboten eine Erscheinung des dreieinigen Gottes sahen, entwickelte sich dieser Bildtyp zur bevorzugten Art, die Trinität figürlich darzustellen – was angesichts der Regel, dass Gott Vater nicht abzubilden sei, eine willkommene Möglichkeit ikonographischer Realisierung bot. Abraham und Sara treten dabei meistens in den Hintergrund bzw. verschwinden ganz von der Bildfläche. Alles ist nur noch auf das feinsinnige Zusammenspiel der drei Engelsgestalten als einem Abbild innergöttlicher Kommunikation konzentriert.

4. Ausblick: Gemeinsame Zugänge zu Abraham

Wenn Juden, Christen und Muslime das Gespräch miteinander suchen, dann berufen sie sich heute wieder gern auf Abraham. Denn unter seinem Patronat lassen sich manche Anknüpfungspunkte für eine neue gegenseitige Wahrnehmung finden.

Die Begegnung im Namen Abrahams ist indessen keine Erfindung unserer Tage. Schon der Kirchenhistoriker Sozomenos (4. Jh.) berichtet von einem „multireligiösen“ Fest an dem Ort Terebinthus in Palästina, wo man den biblischen „Hain Mamre“ (Gen 18) sucht und des Patriarchen Abraham gedenkt:

> Dort begehen noch heute die einheimischen und die weiter entfernt wohnenden Palästiner, Phöniker und Araber alljährlich zur Sommerszeit ein prächtiges Fest; dabei kommen auch sehr viele des Handels wegen zusammen, um zu verkaufen und einzukaufen. Allen ist das Fest sehr wichtig, den Juden, weil sie sich Abrahams als ihres Stammvaters rühmen, den Hellenen wegen der Ankunft der Engel, den Christen, weil schon damals dem gottesfürchtigen Mann derselbe erschien, der viel später zur Erlösung des Menschengeschlechts sich selbst durch die Jungfrau offenbar werden ließ. Je nach den Religionen ehren sie diesen Platz, die einen, indem sie zum Gott des Alls beten, die anderen mit Anrufung der Engel, mit Weinspenden und Opfern von Weihrauch oder einem Rind, einem Bock, einem Schaf oder einem Hahn [...] (Kirchengeschichte II 4,1–3)

Kaiser Konstantin allerdings hat, als er davon erfährt, einiges gegen diese interreligiöse Koexistenz einzuwenden. Ihm, der das junge Christentum zur einheitsstiftenden Religion seines Imperiums erheben möchte, sind alle anderen Kulte ein Dorn im Auge. So lässt er nicht nur ihre Opfer verbieten und ihre Tempel schleifen – er verbietet auch jenes Fest im Hain Mamre nahe Hebron. Die zuständigen Bischöfe werden vom Kaiser aufgefordert, „nach gründlicher Zerstörung des dortigen Altars und Verbrennung der Kultstatuen an gleicher Stelle eine Kirche zu entwerfen, die der altertümlichen Ehrwürdigkeit des Ortes angemessen sei, und künftig dafür zu sorgen, dass er von Spenden und Opfern frei bleibe, damit nichts geschehe als die Verehrung Gottes nach kirchlicher Sitte [...]“ (Kirchengeschichte II 4,7).

Doch mit der Zeit scheinen sich die Dinge wieder etwas gelockert zu haben. Um 570 bereist ein Pilger aus Piacenza das Heilige Land und berichtet dabei unter anderem von seinem Besuch bei den Patriarchengräbern von Hebron: „Da ist eine Basilika mit vier Säulen errichtet, im mittleren Atrium ungedeckt: mitten hindurch läuft eine Schranke, und von der einen Seite treten die Christen ein, von der anderen die Juden, und bringen viel Weihrauch dar […]" (Reisebeschreibung 30). Im Jahre 639 geht diese Anlage dann in muslimische Verwaltung über.

Auf der Ebene theologischer Diskussion gestaltet sich die Beanspruchung Abrahams weniger friedlich. Dafür liefert der Apologet und Märtyrer Justin (Mitte 2. Jh.) eines der ersten Beispiele. In seinem „Dialog mit dem Juden Tryphon" präsentiert er Abraham zunächst als Kronzeugen einer universalen Religion, als Vatergestalt für das monotheistische Bekenntnis:

> Tryphon, es wird nie ein anderer Gott sein, noch war von Ewigkeit her ein anderer Gott als der, welcher dieses Weltall gemacht und geordnet hat. Wir glauben ferner, dass unser Gott kein anderer ist als der eurige, dass er vielmehr ein und derselbe ist wie der, welcher eure Väter aus Ägypten geführt hat „mit starker Hand und erhobenem Arm". Auch haben wir auf keinen anderen Gott unsere Hoffnung gesetzt – es gibt ja keinen anderen –, sondern auf denselben wie ihr, auf den Gott Abrahams, Isaaks und Jakobs. (11,1)

Dann aber erfolgt die entscheidende Wendung. Für Justin bedeutet eine solche universale Perspektive nicht nur den Zugang der Völker zu Gott, sondern auch den Ausschluss Israels vom Heil. „Ihr täuscht euch, wenn ihr meint, dass ihr, weil ihr dem Fleisch nach von Abraham abstammt, auf jeden Fall das Gute erben werdet […]" (44,1). „Auch von den Nachkommen Abrahams, welche nach dem Gesetz leben, und welche bis zu ihrem Tod nicht an unseren Christus glauben, bestreite ich, dass sie selig werden […]" (47,5). Darauf basiert, was in der alten Kirche nun als „Enterbungslehre" weite Verbreitung findet: „Das wahre, geistige Israel … das sind wir …" (11,5). Die Kirche beansprucht, Israel abzulösen und als neues Gottesvolk an seine Stelle zu treten. Mit der Zeit entwickelt sich eine eigenständige Gattung theologischer Traktate, die unter dem Titel „Gegen die Juden" diesen Anspruch auf polemische Weise vertreten. Doch von einem „Gespräch“ sind diese als fiktive Dialoge angelegten Texte weit entfernt! Ihr Ergebnis steht von vornherein fest. Abraham wird zum Ankläger der jüdischen „Gesprächspartner“ gemacht.

Ein Dialog, der diesen Namen verdient, beginnt erst gut 1800 Jahre nach Justin seine zögernden Schritte zu setzen. Es hat zuvor des Erschreckens über die Shoa bedurft, um die biblische Überlieferung mit anderen Augen lesen zu lernen und der alten Enterbungslehre endgültig den Abschied zu geben. Mit dem Synodalbeschluss der Evangelischen Kirche im Rheinland „Zur Erneuerung des Verhältnisses von Christen und Juden“ aus dem Jahr 1980 beginnt eine Reihe offizieller kirchlicher Verlautbarungen, in denen die „bleibende Erwählung Israels“ als Ausgangspunkt einer neuen Wahrnehmung des Judentums fungiert. Der Aufbruch in ein neues Gespräch, für das Vater Abraham wieder die Schirmherrschaft übernommen hat, ist unverkennbar.

Im September 2006 fand in Schwerin ein gemeinsamer Kirchentag der beiden Evangelischen Landeskirchen von Mecklenburg und Vorpommern statt. Das Motto lautete: „und Abraham lachte“. Im Vorfeld hatte es eine heftige Auseinandersetzung um die Wahl gerade dieses Mottos gegeben, wobei von den Kritikern moniert wurde: Ist die Situation der Menschen in unserem Bundesland wirklich dazu angetan, Heiterkeit auszurufen? Und überhaupt – lacht Abraham (nach Gen 17,17) nicht eigentlich nur deshalb, weil ihm, dem Hundertjährigen, die Zusage Gottes irgendwie lächerlich erscheint? Ist dieses Lachen nicht vor allem auf den Ton der Skepsis gestimmt? Das Vorbereitungsteam fügte dem Motto daraufhin eine Art Untertitel hinzu: „Leben im Gegenwind“. An dem Lachen Abrahams aber hielt man gegen alle Bedenken und Einwände fest. Warum auch nicht? Ist das Vertrauen in schwierigen Situationen etwa eine ernste, freudlose Sache? Kann man dem Gegenwind etwa nur ein grimmiges Gesicht entgegen halten? Und hätte Abraham das, was zu begreifen ihm schwerfiel, etwa besser mit unbeweglicher Miene quittiert? Das Lachen Abrahams qualifiziert ihn einmal mehr zum Vorbild – gerade für die Verständigung zwischen Juden, Christen und Muslimen. Ernst und verbissen ist es hier lange genug zugegangen. Vielleicht aber kann ein Lachen – selbst wenn es noch mit schwankender Unsicherheit wie im Falle Abrahams und Saras behaftet ist – den Weg der Völker und der Religionen zueinander wirkungsvoller ebnen als alle inhaltsschweren Manifeste zusammen? Abraham, der Vater im Vertrauen auf Gott, ist auch ein Vater in Sachen heiterer Gelassenheit!

5. Literaturhinweise (Auswahl)

Antes, Peter: Abraham in Judentum, Christentum und Islam, in: Christen und Juden: ein notwendiger Dialog, Hannover 1988, 11 – 15.

Bechmann, Ulrike: Abraham und der jüdisch-christlich-muslimische Dialog. Überlegungen aus christlicher Perspektive, Junge Kirche 67, 2006, 55 – 59.

Bechmann, Ulrike: Abraham und die Anderen. Kritische Untersuchungen zur Abraham-Chiffre im interreligiösen Dialog, Münster 2007.

Berger, Klaus: Abraham in den paulinischen Hauptbriefen, MThZ 17, 1966, 47 – 89.

Bondi, Richard A.: John 8:39 – 47: Children of Abraham or the Devil?, JES 34, 1997, 473 – 498.

Bouwman, Gijs: Die Hagar- und Sara-Perikope (Gal 4,21 – 31). Exemplarische Interpretation zum Schriftbeweis bei Paulus, ANRW II 25/4, Berlin/New York 1987, 3135 – 3155.

Dietzfelbinger, Christian: Paulus und das Alte Testament. Die Hermeneutik des Paulus, untersucht an seiner Deutung der Gestalt Abrahams, TEH.NF 95, München 1961.

Donner, Herbert: Pilgerfahrten ins Heilige Land. Die ältesten Berichte christlicher Palästinapilger (4.–7. Jahrhundert), Stuttgart ^{2}2002.

Erffa, Hans Martin von: Ikonologie der Genesis. Die christlichen Bildthemen aus dem Alten Testament und ihre Quellen II, München/Berlin 1995, 20 – 222 (= 2.1. Abraham).

Fowl, Stephan: Who Can Read Abraham's Story? Allegory and Interpretive Power in Galatians, JSNT 55, 1994, 77 – 95.

Gäde, Gerhard: Bevor Abraham wurde, bin ich (Joh 8,58). Überlegungen zur Biblischen Theologie im Zeitkontext des Verstummens Gottes, ZKTh 126, 2004, 297 – 325.

Görg, Manfred: In Abrahams Schoss. Christsein ohne Neues Testament, Düsseldorf 1993.

Gräßer, Erich: Der ruhmlose Abraham (Röm 4,2). Nachdenkliches zu Gesetz und Sünde bei Paulus, in: Paulus, Apostel Jesu Christi. FS G. Klein, hg. von M. Trowitzsch, Tübingen 1998, 3 – 22.

Heither, Theresia/Reemts, Christiane: Biblische Gestalten bei den Kirchenvätern. Abraham, Münster 2005.

Hennig, John: Zur Stellung Abrahams in der Liturgie, ALW 9, 1966, 349–366.

Käsemann, Ernst: Der Glaube Abrahams in Röm 4, in: ders., Paulinische Perspektiven, Tübingen 1969, 140–177.

Kannemann, Horst: Kinder Abrahams. Die Bedeutung des rheinischen Synodalbeschlusses für das Verhältnis von Christen und Muslimen, in: „… um seines Namens willen". Christen und Juden vor dem Einen Gott Israels – 25 Jahre Synodalbeschluss der Evangelischen Kirche im Rheinland „Zur Erneuerung des Verhältnisses von Christen und Juden", Neukirchen-Vluyn 2005, 134–150.

Kuschel, Karl-Josef: Streit um Abraham. Was Juden, Christen und Muslime trennt – und was sie eint, Düsseldorf 2002.

Nickelsburg, George W. E.: Abraham the Convert: A Jewish Tradition and Its Use by the Apostle Paul, in: Biblical Figures outside the Bible, hg. von M.E. Stone/T.A. Bergren, Harrisburg 1998, 151–175.

Peterson, Erik: Der Gottesfreund. Beiträge zur Geschichte eines religiösen Terminus, ZKG 42, 1923, 161–202.

Pichler, Josef: Abraham, in: Alttestamentliche Gestalten im Neuen Testament, hg. von M. Öhler, Darmstadt 1999, 54–74.

Roloff, Jürgen: Abraham im Neuen Testament. Beobachtungen zu einem Aspekt Biblischer Theologie, in: Exegetische Verantwortung in der Kirche. Aufsätze, hg. von M. Karrer, Göttingen 1990, 231–254.

Siker, Jeffrey S.: Abraham in Graeco-Roman Paganism, JSJ 18, 1987, 188–209.

Siker, Jeffrey S.: Disinheriting the Jews. Abraham in Early Christian Controversy, Louisville 1991.

Sozomenos: Historia Ecclesiastica/Kirchengeschichte I, übersetzt und eingeleitet von G.C. Hansen, FC 73/1, Turnhout 2004.

Stöhr, Martin (Hg.): Abrahams Kinder. Juden – Christen – Moslems, Frankfurt/M. 1983.

Wimmer, Stefan Jakob/Leimgruber, Stephan: Von Adam bis Muhammed. Bibel und Koran im Vergleich, mit einem Geleitwort von Isa Güzel, Stuttgart 2005.

Friedmann Eißler

Abraham im Islam

1. Einleitung: Wie der Islam von Abraham erzählt

Abraham, der Gottsucher *(Hanif)*, der „Freund Gottes" *(Khalil Allah)*, erster Muslim und Erbauer des mekkanischen Heiligtums, der *Kaaba*, Begründer des islamischen Ritus der Pilgerfahrt *(Haddsch)* und Prophet Gottes – eine Fülle von Bildern und Geschichten wird vor dem inneren Auge eines Muslims lebendig, wenn er den Namen Abraham – arabisch Ibrahim – hört. Noch einmal in ganz anderer Weise als Juden und Christen beziehen sich Muslime auf den „Urvater aller Monotheisten". Und sie sehen sich bis heute in der Tradition Abrahams, reicht doch von Adam über Abraham, Mose und Jesus bis hin zu Muhammad die Reihe der Propheten, an die ein Muslim glaubt und die er, wie oft betont wird, ohne Unterschied verehrt.

Der Islam kennt nicht nur den Propheten Abraham, er stellt sich selbst als „Religion Abrahams" dar *(millat Ibrahim)*, und diese ist die „Religion bei Gott" und somit von universaler Bedeutung (Sure 2,135–137; 3,19.95). Wesentliche Grunderfahrungen des Glaubens werden mit Abraham in Verbindung gebracht. Das beginnt in der koranischen Botschaft aus dem Munde des Propheten Muhammad, setzt sich fort über die spätere Koranauslegung und die Prophetenüberlieferungen *(Hadith)* sowie die sogenannte Prophetenbiographie *(Sira)* bis hin zur klassischen islamischen Geschichtsschreibung und den volkstümlichen Prophetengeschichten *(Qisas al-anbiya)*. Von daher prägt Abraham bewusst und unbewusst nicht nur zentrale Lehren des Islam, sondern das Leben von Muslimen bis in den Alltag hinein.

Wir werden im Folgenden aus dem Reichtum dieser recht unterschiedlichen Quellen schöpfen, um uns dem anzunähern, was Abraham im Islam bedeutet. Dazu wird es vorab wichtig sein, sich über die Eigenart der Quellen einige Gedanken zu machen, um von hier aus das den Texten und den daraus erwachsenden Vorstellungen zugrundeliegende Verständnis von Offenbarung und Geschichte besser zu verstehen.

1.1. Koran – Evangelium – Tora: Die Offenbarung in den Offenbarungen

Der Koran ist kein systematisch angelegter theologischer Text, sondern zuerst und vor allem *schriftgewordene Verkündigung.* Muhammad hat um das Jahr 610 n. Chr., im Alter von ungefähr vierzig Jahren, in einer Höhle am Berge Hira die erste Offenbarung empfangen, die er dem Engel Gabriel zuschrieb. Nach übereinstimmenden Zeugnissen ist diese Offenbarung in Sure 96,1–5 erhalten:

> Lies im Namen deines Herrn, Der erschaffen hat,
> den Menschen erschaffen hat aus einem Anhängsel.
> Lies, und dein Herr ist der Edelste,
> Der (das Schreiben) mit dem Schreibrohr gelehrt hat,
> den Menschen gelehrt hat, was er nicht wusste.

Lies! Von Anfang an ist der Koran *Gelesenes*, *Rezitation*, nichts anderes heißt das arabische Wort *Qur'an.* Das ist bedeutsam, denn gelesen kann nur werden, was aufgeschrieben ist, jedenfalls in einer Form vorgegeben, die den lebendigen Vortrag als Rezitation möglich macht. Muhammad ist keiner eigenen Intuition gefolgt, er hat nichts von dem ersonnen, was er seinen Landsleuten vorzutragen hatte, so die theologische Aussage. Vielmehr hat er durch Vermittlung des Engels Gabriel empfangen, was immer schon von Gott berufene Propheten empfangen und als „Freudenboten“ und „Warner“ – so die doppelte Funktion des Propheten nach Sure 2,213; 4,165 – ihrem Volk zu verkünden hatten. Es ist die *eine* Botschaft des *einen* Gottes, die seit Urzeiten an die Menschheit ergeht und je und je gehört und befolgt werden will. Schon Adam und mit ihm die ganze Menschheit ist darauf verpflichtet worden (Sure 7,172), Noach hat sie ebenso verkündet wie Abraham, Mose ebenso wie Jesus, und Muhammad bringt gleichfalls nichts Neues, sondern die *Bestätigung* derselben Botschaft (Sure 5,44 – 49). Der Eigenanteil des Propheten tendiert dabei gegen Null, ist er doch nur ein Mensch und seine Aufgabe einem Sprachrohr vergleichbar nichts als die „Übermittlung" (Sure 18,110; 3,20).

Die Einheit der Offenbarung ist gewährleistet durch die Vorstellung einer „Urschrift im Himmel" bei Gott (*umm al-kitab*, Sure 43,4), von der als Inbegriff des göttlichen Willens und seiner Rechtleitung gleichsam Portionen auf die Propheten „herabgesandt" (oder: herabgelassen) worden sind, wie der Terminus für den Offenbarungsvorgang lautet *(tanzil, nuzul)*. Die je besondere geschichtliche Situation spielt dabei wohl eine Rolle, insofern dadurch Anlass und Adressaten unterschiedlich bestimmt sind. Doch die bemerkenswert gleichförmige Reaktion der Angesprochenen in den meisten Fällen und der eigentümliche Rückbezug auf die inhaltliche Einheit der Offenbarung machen sich bis in die formale Gestaltung der Prophetengeschichten im Koran bemerkbar, die in nahezu schematisch gestalteten Zyklen erscheinen können (z. B. Sure 7,59 – 137). So ist nach islamischer Auffassung nicht nur eine gleichsam historisch-genetische Verwandtschaft zwischen den sogenannten „abrahamischen" Religionen gegeben, sondern geradezu die wesentliche Identität ihrer zentralen Inhalte vorauszusetzen! Was die Tora des Mose für die „Kinder Israel" ist und der Psalter Davids enthielt *(Zabur)*, das bringt das „Evangelium" (immer in der Einzahl, *Indschil*) durch Jesus für die Christen, und der „arabische Koran" (Sure 12,2; 43,3) – nun Muhammad geoffenbart – verkündet dieselbe alte Botschaft in arabischer Sprache dem Volk der Araber.

Die Einsicht in die ursprüngliche Einheit der „abrahamischen Religionen" hat zur Folge, dass schon der Prophet Muhammad im Koran von Gott aufgefordert werden kann, im Falle eines Zweifels über die Offenbarung diejenigen zu fragen, „die vor dir die Schrift lesen" (Sure 10,94), also Juden und Christen. Nur am Rande sei darauf hingewiesen, dass diese bemerkenswerte Tatsache natürlich auch ein Licht auf die Vorkenntnisse der Adressaten wirft: Die koranische Verkündigung geschieht in stetem Rückbezug auf die früheren Offenbarungen und setzt in den häufigen Formulierungen „Gedenke im Buch … (Marias, Abrahams, Moses usw.)“ (Sure 19,16.41.51) oder „Ist zu dir die Geschichte von … gekommen?“ (Sure 20,9; 51,24; 79,15) offenbar ein substanzielles Vorwissen der jeweils folgenden Inhalte voraus.

Die grundsätzliche Anerkennung der früheren Offenbarungen wird daher in allen hermeneutischen Bemühungen um den Koran berücksichtigt werden müssen, sie findet ihren prägnanten theologischen Ausdruck in der Aussage Sure 29,46:

> Unser Gott und euer Gott ist Einer *(wahidun)*, und wir sind Ihm ergeben *(muslimuna).*

Die Einheit der Botschaft ausgehend von der „Urschrift“ bei Gott hat nun freilich die Vielfalt der Religionen und Glaubensrichtungen nicht verhindert (Sure 2,62; 22,17), was einerseits mit Gottes Willen zu tun hat (Sure 5,48; 11,118; 16,93), vor allem aber der Auflehnung und der Uneinigkeit der Menschen untereinander geschuldet ist (Sure 2,213; 21,93; 42,13–14). Das Urteil darüber steht allein Gott zu, der letztlich in seiner souveränen Gerechtigkeit die Vorläufigkeit aller Spaltungen in der Durchsetzung des wahren Islam erweisen wird (Sure 21,92–93; 3,83.85; 48,28).

Doch hier und jetzt haben die Religionen ihre konkurrierenden „Zielrichtungen“, angesichts derer ihre Vertreter zu praktischen Früchten eines guten Miteinanders aufgerufen werden: So wetteifert nach den guten Dingen! (Sure 2,148)

In dem Maße allerdings, in dem der faktische Widerstreit der früheren Offenbarungsreligionen gegen grundlegende islamische Prinzipien zu Tage trat, musste das skizzierte Offenbarungsverständnis eine Konsequenz nahelegen, die ausgehend vom Koran in der Tradition als „Schriftverfälschung“ *(tahrif)*, „Verbergen“ *(kitman)* oder „Vertauschen, Abändern“ von Teilen der Schrift *(tabdil)* durch Juden und Christen vielfach diskutiert worden ist (ausgehend von Sure 2,75; 4,46; 5,13; 2,159; 2,59.181;

7,162). Ist der Mensch gemäß seiner „natürlichen Anlage" (*fitra*, Sure 30,30) ein Gottergebener, ein Muslim, so sind Abweichungen vom ursprünglichen Gottesdienst und Einheitsbekenntnis *(tauhid)* etwa in Judentum und Christentum von ihm verschuldet und im Prinzip auf den nachlässigen oder eigennützigen, jedenfalls im Endeffekt korrumpierenden Umgang mit der offenbarten Wahrheit im Laufe der Überlieferungsgeschichte von „Tora" und „Evangelium" zurückzuführen. Kurz: Was in der hebräischen Bibel und im Neuen Testament dem Inhalt des Korans als der letztgültigen Offenbarung Gottes zuwiderläuft, dieser also nicht „bestätigt" (Sure 2,97; 5,48; 10,37), kann nur auf das Konto solchen „Abirrens" gehen (Sure 1,7; 5,60.77).

Noch ein weiterer Aspekt verdient Beachtung: Die offenbarungstheologische Auffassung konnte nicht ohne Auswirkung auf das islamische Geschichtsverständnis bleiben, insofern geschichtlicher Fortschritt im Grunde nur in der Rückkehr zu der schon in der Schöpfung getroffenen „verpflichtenden Abmachung" zwischen Gott und Menschen bestehen kann (Sure 7,172). In der Schöpfung ist die vollständige Zuwendung Gottes zu den Menschen bereits gegenwärtig, der Mensch ist in „bester Form" geschaffen (Sure 95,4) und als Statthalter Gottes auf Erden (*khalifa*, Sure 2,30) mit einem Rang versehen, der ihm nicht verloren gehen kann. Es können wohl Schwächungen und Verirrungen eintreten, es gibt tatsächlich unzählige „Sündenfälle", wie schon Adams Verfehlung zeigt (Sure 2,36 – 38), aber nicht *den* Sündenfall des Anfangs, der eine fundamentale Schuldverstrickung nach sich gezogen und damit eine „Heilsgeschichte" notwendig gemacht hätte. Gott wendet sich je und je dem Bereuenden wieder barmherzig zu, solche Rechtleitung erübrigt eine „Erlösung".

Es ist daher folgerichtig, wenn die prophetischen Sendungen in islamischer Sicht gleichartig wiederkehrende Zuwendungen Gottes sind, die die Menschen von ihren Verirrungen auf den „geraden Weg" zurückrufen und so den jeweils angerichteten Schaden beheben sollen. Es handelt sich gewissermaßen um Einzelmaßnahmen, die zwar ihre geschichtlichen Folgen haben, sich aber in der Summe nicht zu einer umgreifenden, zielgerichteten Offenbarungs*geschichte* integrieren lassen. Aufgrund menschlicher Verfehlungen kommt es zu einer Vielzahl von Geschicht*en*, die immer wieder zu der *einen* urzeitlichen Ordnung zurückführen sollen. Geschichte wird deshalb nicht in Kategorien wie „Verheißung und Erfüllung" gedacht, sondern in Beispielgeschichten früherer Offenbarungen und prophetischer Sendungen als Verkündigung aktualisiert. *Exempla* statt *historia* – so erklärt sich das auffallende Desinteresse des Korans an den geschichtlichen Zusammenhängen, ganz zu schweigen von offenbarungsgeschichtlichen Verortungen etwa der einzelnen Prophetenerzählungen. Dem widerspricht nicht, dass Muhammad selbst als „Siegel der Propheten" eine historische Funktion erfüllt (Sure 33,40) und sein Kommen von Sure 61,6 her als Erfüllung einer Ankündigung Jesu gilt (die traditionell im Johannesevangelium lokalisiert wird: Joh 14,26; 15,26–27). Denn beides beinhaltet nicht mehr oder anderes als die in der Schöpfung angelegte ursprüngliche „Religion" *(din)*, im Gegenteil: Diese wird durch das vollkommene und unfehlbare Vorbild Muhammads wiederhergestellt.

1.2. Die biblische(n) Geschichte(n) im Koran

Die Aufnahme der biblischen Geschichte(n) erfolgt im Koran deshalb charakteristischerweise so, dass sie nicht als in sich geschlossene oder chronologisch strukturierte Geschichten erzählt werden, sondern als moralisch-didaktische Illustration und vorausgehende Bestätigung der Verkündigung Muhammads dienen. Antizipation, Ankündigung, Legitimation – das ist die Funktion der Prophetenerzählungen. Dazu werden die Erzählzusammenhänge ihres „historischen Rahmens" entkleidet, fragmentiert und der Logik des eigenen Verkündigungskontextes im Koran folgend je nach Erfordernis der Situation aufgenommen. Auch die in der mittleren mekkanischen Periode der Koranoffenbarungen gehäuft vorkommende Anordnung einer ganzen Reihe von Prophetenerzählungen in der Form von Zyklen verweist auf diese homiletische, predigtorientierte Ausrichtung (Sure 37,75–148; 26,10–191; 19,1–57; 38,17–85 u. a.). Nicht die geschichtliche Entwicklung ist von Interesse, sondern viel mehr das Argument des Prophetentums als solchen, die prophetische Sukzession (Sure 2,136–137; 3,84; 4,163–165), in deren Linie Muhammad sich „entdeckt" und auf die er sich in dieser Phase nach dem offenbaren Misserfolg der ersten impulsiv-existenziellen (Gerichts-)Predigt stützt, um auf der breiteren Basis der alten Traditionen die Ungläubigen zu gewinnen. So vollzieht sich eine eigentümliche Kerygmatisierung und Enthistorisierung der jüdischen und christlichen Überlieferungen, die den Koran ungeachtet aller Kontinuität als eigenständige, von eigenen Prämissen getragene Rekonstituierung der göttlichen Offenbarung von den früheren Offenbarungserzählungen abhebt – sinnenfällig in der Tatsache, dass die christliche Bibel zwar selbstverständlich die hebräische Bibel als sogenanntes „Altes Testament" enthält und darauf aufbaut, der Koran sich aber davon losgelöst und als das „entscheidende Wort" präsentiert hat (Sure 86,13).

1.3. Abraham im Koran und unsere Perspektive (Zum Vorgehen)

Insofern ist aber – und damit kommen wir auf Abraham zurück – von vornherein zu erwarten, dass Abraham im Koran nicht als geschichtliche Gestalt mit einem herausragenden Platz in der Ursprungsgeschichte des *Volkes Israel* oder als Vater des Glaubens *für die Christen* in den Blick kommt, sondern als exemplarisches Zeugnis für die *eine* Ur-Kunde im Interesse der Gegenwart, mithin als *paradigmatischer Muslim.*

So tritt Abraham in der Tat ohne Zeit- und Ortsangabe in den Raum der koranischen Offenbarung ein. Er ist einfach da, geschichtslos, aber voller symbolisch-integrativer Leuchtkraft für den neu-alten Glauben des nunmehr besiegelten prophetischen Vorbilds.

Fragmente der Abrahamsgeschichte finden sich verstreut in Texten aus allen Offenbarungsperioden des Korans. Die koranischen Nachrichten über Abraham – 69 namentliche Nennungen (gegenüber etwa 300 in der Bibel) in etwa 220 Versen – entfalten das Abrahamsbild nicht systematisch, sondern kerygmatisch, also entsprechend den Verkündigungssituationen, in denen

Muhammad selbst stand und sich als gottgesandter Prophet zu bewähren hatte. Dabei ist die lebendige Dynamik der mündlichen Auseinandersetzung vielfach unmittelbar spürbar, sie dokumentiert sich in einer Fülle von gleichsam textlich geronnenen Momentaufnahmen konkreter Gesprächssituationen. Sie zeigen – auch wenn selbstverständlich in der Regel nur die eine Hälfte des Diskurses erhalten ist, die andere Hälfte im Bedarfsfall mühsam rekonstruiert werden muss – Muhammad selbst im Prozess der Auseinandersetzung. Er reagiert auf Angriffe, nimmt Argumente auf, justiert die diskursive Stoßrichtung, führt dazu die prophetischen Protagonisten als Vorbilder und Vorläufer seiner selbst ins Feld. Es besteht eine wechselseitige Abhängigkeit, ein Beeinflussungsverhältnis zwischen Prophet und Adressaten, zwischen Muhammad und seiner ersten Hörerschaft, was in exegetischer Detailarbeit nachzuweisen und in groben Zügen an der Entwicklung der koranischen Prophetengeschichten abzulesen ist.

Es liegt auf der Hand, dass unter diesen Umständen der Prophetenbiographie besonderes Gewicht für die Interpretation der Texte zukommt. Wer den Koran verstehen will, sollte die *Sira*, wie die Prophetenbiographie heißt, daneben legen. An wen erging die Verkündigung in welcher Situation, wer waren die ersten Hörer, was die Umstände der jeweiligen Offenbarung? Solche Fragen sind nicht unerheblich, wenn man bedenkt, dass Muhammad den mekkanischen Polytheisten zweifellos in anderer Weise begegnen musste als den medinischen Juden oder den ersten Gläubigen der schnell wachsenden muslimischen Gemeinschaft.

Wir können nicht nebenbei die Biographie Muhammads nacherzählen. Doch die vorliegende Darstellung versucht biographisch-politische Erwägungen vor allem im Blick auf die wahrscheinliche oder mögliche Entstehung der Texte mit einzubeziehen. Sie bietet also nicht, wie es bisher meist versucht worden ist, eine Zusammenschau aller Abrahamtexte des Korans, um so etwas wie eine abgeschlossene islamische Abrahamsgeschichte zu erzählen. (Wer dies sucht, ist gebeten, mit Teil 3 zu beginnen, wo die nachkoranische Abrahamserzählung der Prophetengeschichten in ihren wichtigsten Episoden nacherzählt wird.) Wir wählen vielmehr die sperrigere – und deshalb selten auch nur ansatzweise unternommene – Variante, uns an der wahrscheinlichen historischen Entwicklung der Texte zu orientieren. Bei Parallelen wählen wir in der Regel die für unseren Zweck ergiebigste Variante aus und behalten dabei die anderen Versionen im Blick, ohne in jedem Fall scharf zu trennen oder gar einen detaillierten exegetischen Vergleich anzustreben.

Man hat die Offenbarungen, die an Muhammad ergingen und im Koran festgehalten sind, aufgrund formaler und inhaltlicher Kriterien eingeteilt und ist unter Berücksichtigung der bekannten historischen Entwicklung auf vier Perioden gekommen: drei mekkanische Perioden und eine medinische. Es gibt unterschiedliche Beurteilungen der komplexen Entstehungsgeschichte des Korans. Doch erscheint es nicht abwegig, die nach wie vor als wichtige Bezugsgröße fungierende Chronologie Theodor Nöldekes (Geschichte des Qorāns) für die Abfolge der Suren zugrunde zu legen. Ihr zufolge steht zum Beispiel nicht Sure 1 am Anfang der Offenbarungen, sondern Sure 96, gefolgt von Sure 74 und 111; die erste Sure aus medinischer Zeit ist Sure 2, die zuletzt offenbarten Suren wären dann Sure 9 und schließlich 5. Die traditionellen Hinweise im Korantext, etwa auf die mekkanische oder medinische Entstehung einer Sure, spielen dabei im Sinne einer relativen Chronologie auch eine Rolle, sind aber nicht allein entscheidend.

Wir versuchen also nachzuvollziehen, wie sich die Offenbarungen über Abraham entfaltet haben mögen. Was Muhammad wichtig war, was nicht. Wie Abraham Gestalt gewinnt und Profil, im Wechselspiel mit und im Gegenüber zu den früheren Offenbarungen. Mit der hier gewählten Betrachtungsweise soll kein sachfremdes Maß angelegt werden, im Gegenteil verbindet sich damit die Absicht, den Menschen und Propheten Muhammad in seiner persönlichen Entwicklung ernst zu nehmen und eben damit dem islamischen Selbstverständnis in der Diversifizierung der Abrahamstraditionen möglichst nahe zu kommen. Ziel ist die für die Verflechtung mit den früheren Offenbarungsschriften sensible Darstellung des *islamischen* Abrahambildes, wie es sich aus der Fülle der Überlieferungen nahelegt. Wir konzentrieren uns dabei auf die sunnitische Tradition.

Außer dem Koran sind dabei die Korankommentare zu beachten. Einer der wichtigsten ist der dreißigbändige Kommentar von Abu Dschafar Muhammad at-Tabari (gest. 923), der die ersten dreihundert Jahre Koranexegese in einem Kompendium zusammenfasst, das als Höhepunkt und zugleich als Abschluss der klassischen formativen Periode der Koranauslegung gilt (*Dschami al-bayan an ta'wil ay al-Qur'an).* Das opulente Werk ist nur zu kleineren Teilen aus dem Arabischen ins Englische bzw. Französische übersetzt worden.

Zeitlich früher ist die sogenannte Prophetenbiographie anzusetzen, die *Sira an-nabawiya* Ibn Ishaqs (gest. 768) in der Rezension des Ibn Hischam (gest. 833), die auch in populären Ausgaben greifbar ist. Sie ist die Hauptquelle für das Leben Muhammads.

In den sechs sunnitischen kanonischen Sammlungen der Prophetenüberlieferungen (Hadithsammlungen, *al-kutub as-sitta*) ist gleichsam die frühe islamische Koranrezeption in allen ihren Verzweigungen dokumentiert. Es findet sich reiches Material zu allen Bereichen des religiösen Lebens, gedeutet und legitimiert durch Aussagen und Handlungen Muhammads. Thematisch eingeteilt in „Bücher" bilden Aussprüche und meist kurze Szenen aus dem Leben des Propheten, die zur Beglaubigung ihrer Authentizität durch zum Teil lange Ketten mit den Namen der Tradenten eingeleitet werden, die Grundform der *Sunna.* Die für die Sunniten neben dem Koran als verbindlich betrachteten Sammelwerke von Bibliotheksformat stammen im Wesentlichen aus dem neunten Jahrhundert, frühe Formen sind Ende des 8. Jahrhunderts anzusetzen, also immer noch ungefähr 150 Jahre nach dem Tod des Propheten. Sie sind nur teilweise ins Englische und sehr selektiv ins Deutsche übersetzt.

Außerkoranisches Quellenmaterial wird in großer Fülle auch in der islamischen Geschichtsschreibung aufgenommen, die etwa in den „Annalen" des schon erwähnten Tabari (in 38 Bänden auch auf Englisch erschienen und kommentiert) die Abrahamsgeschichte erstmals geographisch und zeitlich verortet.

Die volkstümlichen und bis heute äußerst beliebten Prophetengeschichten *(Qisas al-anbiya)*, die auf die frühislamischen „Geschichtenerzähler" zurückgehen und Belehrung in Form von

Beispielgeschichten vermitteln, bringen die verstreuten koranischen Episoden zusammen mit außerkoranischen zumeist jüdischen und christlichen Traditionen in einen mehr oder weniger systematischen Zusammenhang. Die Prophetengestalten werden als moralische Vorbilder und Vorbilder Muhammads nun selbst Thema populärer Frömmigkeit und den Hörern in großer Erzählfreude und auf unterhaltsame Weise nahegebracht. Die vielleicht bekannteste, sicher verbreitetste Sammlung dieser Art sind die *Ara'is al-madschalis* („Die Bräute der Versammlungen" oder „Erbauliche, wie Bräute für die Hochzeit geschmückte Predigten") des Persers Ahmad b. Muhammad an-Naisaburi aus Nischapur, genannt ath-Tha'labi (gest. 1035).

Noch einige Bemerkungen zum Formalen. Die arabischen Namen und Begriffe werden wie im Deutschen gebräuchlich verwendet oder in stark vereinfachter Schreibweise wiedergegeben. Die Koranübersetzung folgt bis auf wenige Ausnahmen, die der Rücksicht auf besondere Textnuancen geschuldet und nicht extra vermerkt sind, der Übertragung von A. F. Bubenheim und N. Elyas „Der edle Qur'ān und die Übersetzung seiner Bedeutungen in die deutsche Sprache" (2002), allerdings mit Ersetzung von Allah durch „Gott" und der Angleichung der Namensformen. (Übrigens: Gott spricht im Koran meist in der 1. Person Plural mit „Wir".) Am Ende findet sich eine Auswahl an Literaturhinweisen.

Wir verzichten um der besseren Lesbarkeit willen auf die islamisch üblichen Eulogien (Segenswünsche, die beim Aussprechen des Gottes- oder eines Prophetennamens jedes Mal unmittelbar hinzugefügt werden, z. B. „Gott segne ihn und schenke ihm Heil" für Muhammad). Die Suren zitieren wir gemäß der bei uns üblichen Zitierweise nach ihrer Zählung, auch wenn islamisch dafür die Surennamen gebraucht werden. (Sure 2 wird als *al-Baqara* „Die Kuh" zitiert; so gibt es zwar auch eine Sure „Ibrahim", Sure 14; sie hat allerdings keineswegs nur Abraham zum Thema, ja, sie gehört nicht einmal zu den wichtigsten Abraham-Texten im Koran.)

2. Abraham im Koran

2.1. Koranische Anfänge

Zuerst hören wir lapidar von den „Blättern Abrahams“ (Sure 87,18–19; 53,36–37):

> Dies ist wahrlich in den früheren Blättern (enthalten), den Blättern Abrahams und Moses.

Das ist nicht zufällig so. Was immer man sich unter den „Blättern“ vorstellen muss, es handelt sich um Schriftliches. Die Priorität des vorgegebenen *Wortes*, der offenbarten *Schrift* ist damit evident. Da gibt es Nachricht vom Propheten, und das Entscheidende ist, dass er eine schriftliche Offenbarung vorweisen kann. Dies wird hier in der frühen mekkanischen Zeit dokumentiert. Der einzelne Prophet tritt hinter der zwar je neu zu vermittelnden, aber immer gleich bleibenden Botschaft zurück.

Der Inhalt der Botschaft erschließt sich aus den frühen Suren. Es war Muhammads überragendes Thema in der mekkanischen Zeit, die Menschen zur Bekehrung zu dem einen, wahren Gott aufzurufen. Abwendung von den falschen Göttern, Hinwendung zu dem einen Gott und damit zugleich Erwachen aus selbstsüchtiger Gleichgültigkeit und sozialer Ungerechtigkeit, das muss der Inhalt seiner mitreißenden Predigt gewesen sein, die zuerst und vor allem Gerichtspredigt war. Das muss, so die späteren Ausleger, auch der Inhalt jener „Blätter“ gewesen sein, die neben Abraham auch Mose zuteil geworden waren. Es müssen auch Lebensweisheiten enthalten gewesen sein, meint Qurtubi:

> Ein weiser Mensch muss drei Stunden haben: eine Stunde, in der er mit seinem Herrn redet; eine Stunde, in der er vor sich selbst Rechenschaft ablegt und über die Schöpfung Gottes nachdenkt; und eine Stunde, die er für Essen und Trinken verwendet.

Nach Suyuti ist der Inhalt der „Blätter“ in Sure 53,38–56 enthalten.

2.2. Zu Gast bei Abraham: Ankündigung des Sohnes

Die Szene von den „geehrten Gästen“ (Sure 51,24–30) oder den „Gesandten“ (Sure 11,69–73), die Abrahams Gastfreundschaft genießen, erscheint in einer Reihe von Sendungsgeschichten: Noach, Hud und Salih (zwei der genuin arabischen Propheten), Abraham, dann Shu‘aib und Mose – so in Sure 11 aus der späten mekkanischen Zeit. Sie fällt in diesem Kontext dadurch auf, dass sie nicht wie jene von einem Strafgericht kündet, sondern von einer göttlichen Verheißung. Trotz ihres hohen Alters sollen Abraham und seine – namenlose – Frau auf Gottes wunderbaren Befehl hin einen Sohn bekommen, was für die Kinderlosen Zeichen der Barmherzigkeit und der Segnungen Gottes ist.

Dass die Gesandten Engel sind, und zwar Gabriel, Michael und Israfil, weiß erst die spätere Auslegung. Sie werden mit einem gebratenen Kalb willkommen geheißen. Da die Gäste elementare Gepflogenheiten der Gastlichkeit missachten – sie greifen beim festlichen Mahl nicht zu! – wird Abraham unsicher und von Furcht ergriffen. Es wurde spekuliert, dass die Gäste sich gerade dadurch als Engel erweisen, dass sie nicht wie die Menschen essen. Jedenfalls beruhigen sie Abraham umgehend: Fürchte dich nicht!

Ihre Botschaft ist eine doppelte: das Gericht über Lots Volk und die Ankündigung von Nachkommenschaft. Die Frau Abrahams lacht. Allerdings fehlt im Arabischen der im Hebräischen hörbare Zusammenhang von „Lachen“ und „Isaak“ (hebr. *er lacht*, vgl. Gen 18,12; 21,6). So bleibt es undeutlich, weshalb sie lacht. In der Parallele Sure 51,29 schlägt sie sich entsetzt ins Gesicht. Isaak wird angekündigt, „und nach Isaak Jakob“. Nachkommenschaft aus dem Nichts! Diese „verwunderliche Sache“ (11,72) mochte Muhammad besonders bewegt haben, da sie eine persönliche Not des Propheten berührt: Wohl drei Söhne der Chadidscha (der ersten Frau Muhammads, die im Jahr 619 in Mekka starb) waren ihm im Kindesalter gestorben. Die Hoffnung auf den (männlichen) Stammhalter war zur Zeit der Offenbarung der beiden Suren geschwunden. Später, in Medina, starb auch der zu jenem Zeitpunkt einzige Sohn, den Muhammad neben einigen

Töchtern noch hatte. Es war der Sohn einer Koptin, Maryam, und hieß sicher nicht zufällig – Ibrahim.

2.3. Wider die Götzen: Im Konflikt mit Sippe und Volk

Nun taucht das Hauptthema der frühen Zeit auf. Die zentrale Frage der mekkanischen Zeit: Gott oder die Götter! Der Kampf für den einen Gott ist das erste und vornehmste Anliegen Muhammads, und dieser Kampf bedeutet zugleich Abwehr all dessen, was die Einheit und Einzigkeit Gottes *(tauhid)* in irgendeiner Weise gefährden könnte.

Dramatisch ist die Auseinandersetzung nicht nur wegen des Gerichtsernstes, der dahinter steht, sondern auch und besonders wegen der persönlichen Betroffenheit im engsten Kreis der Familie und der Sippe. Die Scheidung zwischen wahrer und falscher Gottesverehrung bedroht auch die engsten Bande, die zwischen Vater und Sohn. In einer Gesellschaft, in der die Familie und die Stammesloyalität an oberster Stelle stehen, ist das keine Lappalie. Allein in der zweiten mekkanischen Periode ist Abrahams Disput mit seinem Vater fünfmal Thema (Sure 37,83–98; 26,69–104; 19,41–50; 43,26–28; 21,51–73).

Muhammad tritt in die Auseinandersetzung mit den Polytheisten Mekkas im Paradigma Abrahams. Zum Beispiel in Sure 21,51–67:

> (51) Wir verliehen bereits zuvor Abraham seine Besonnenheit; und Wir wussten über ihn Bescheid. (52) Als er zu seinem Vater und seinem Volk sagte: „Was sind das für Bildwerke, deren Andacht ihr euch hingebt?“ (53) Sie sagten: „Wir haben (schon) unsere Väter (vor)gefunden, wie sie ihnen dienten.“ (54) Er sagte: „Ihr und eure Väter befindet euch ja in einem deutlichen Irrtum.“ (55) Sie sagten: „Bringst du uns die Wahrheit, oder gehörst du zu denjenigen, die ihr Spiel treiben?“ (56) Er sagte: „Nein! Vielmehr ist euer Herr der Herr der Himmel und der Erde, Der sie erschaffen hat. Und ich gehöre zu denjenigen, die euch darüber Zeugnis ablegen. (57) Und bei Gott, ich werde ganz gewiss gegen eure Götzen eine List anwenden, nachdem ihr den Rücken gekehrt habt.“ (58) Da schlug er sie in Stücke, außer einem großen von ihnen, auf dass sie sich an ihn wenden möchten.

> (59) Sie sagten: „Wer hat dies mit unseren Göttern getan? Er gehört wahrlich zu den Ungerechten." (60) Sie sagten: „Wir hörten einen Jüngling sie (in abfälliger Weise) erwähnen; man nennt ihn Abraham." (61) Sie sagten: „So bringt ihn her vor die Augen der Menschen, auf dass sie es bezeugen mögen." (62) Sie sagten: „Hast du dies mit unseren Göttern getan, o Abraham?" (63) Er sagte: „Nein! Vielmehr hat das dieser Große unter ihnen getan. Fragt sie doch, wenn sie reden können." (64) Da kamen sie wieder zu sich und sagten: „Ihr seid ja die Ungerechten." (65) Hierauf machten sie eine Kehrtwendung: „Du weißt doch, dass diese nicht reden können." (66) Er sagte: „Dient ihr denn anstatt Gottes dem, was euch nichts nützt und nicht schadet? (67) Pfui über euch und über das, dem ihr anstatt Gottes dient! Begreift ihr denn nicht?"

Die gottgeschenkte Besonnenheit Abrahams, arabisch *ruschd*, wird uns noch beschäftigen (s.u. 2.7.). Sie ist als vernünftige Einsicht, als natürliche Gotteserkenntnis die Basis für Abrahams Disput. Abraham hat hier seinen inneren Stand schon gewonnen – was die Sippe und das Volk verehren, kann nichts anderes sein als leblose „Bildwerke" –, doch die Menschen hat die Botschaft noch nicht erreicht. Auf den impliziten Appell an die Vernunft hin verweisen die Angesprochenen auf die Tradition der Väter. Eigentlich ein starkes, ein überlegenes Argument, zumal in der mekkanischen Stammesgesellschaft, das jedoch sogleich hinfällig wird, wenn doch schon die Väter sich „in einem deutlichen Irrtum" befunden haben. So nimmt der Konflikt seinen Lauf. Mit der Gegenüberstellung von Tradition und Einsicht ist die Weiche gestellt für die Ablösung von den alten Stammestraditionen zugunsten eines neuen, vernunftorientierten Gottesglaubens, der die alten Bindungen hinter sich lässt. Abraham bezeugt dies durch den Kontrast, der schärfer nicht sein könnte: So fern ein menschenverachtendes Spiel von der Wahrheit entfernt ist, so hoch ist der „Herr der Himmel und der Erde" über den Götzen, die in den Bereich des Geschaffenen gehören. In allem spiegelt der Korantext die Situation Muhammads selbst im Generationen- und Traditionskonflikt aufs Deutlichste.

Die zunächst verbale Auseinandersetzung mit den Nächsten wird von Abraham werbend, ja nahezu flehend geführt, was insbesondere in Sure 19,42 – 45 deutlich wird, wo der Prophet vier

Mal seinen Vater Azar mit „o mein lieber Vater" anspricht. (Der Name Azar für den biblischen Terach kommt am wahrscheinlichsten von Eliëser, Gen 15,2, wobei die Silbe El- als arabischer Artikel aufgefasst wurde.) Doch die erwartete Reaktion bleibt aus. Da schreitet Abraham zur Tat. Die Botschaft verhallt nicht leer, die Götzen fallen dem Bildersturm zum Opfer. Das ist die Konsequenz des ungläubigen Beharrens. Dabei wird die Beobachtung nicht unwichtig sein: Gegen die Götzen geht der Prophet vor, nicht gegen ihre Diener. Diese sollen immer noch gewonnen, überzeugt werden. Dazu soll die Verschonung eines besonders großen Götzenbildes dienen. Die drastische Ironie der Szene ist zwar im Vergleich zu ihrem Vorbild in der rabbinischen Literatur (Midrasch Bereschit Rabba 38,13, auch in der Apokalypse Abrahams) nicht ganz erhalten, kommt aber noch genügend zum Ausdruck. Hast du das getan, Abraham? O nein, woher, der Große da war's! (Wenn's nicht so ernst wäre, hätte man Abraham wohl mit den Augen zwinkern sehen können.) – Nicht nur, dass die Götzen lächerlich machtlos sind, sie zerfleischen sich auch noch gegenseitig im albernen Konkurrenzkampf (in der jüdischen Quelle streiten sie sich um eine Schüssel Opferspeise). Vollends entlarvt wird die Hohlheit und Brüchigkeit des alten Glaubens durch das ebenso frappierende wie sozusagen hinter vorgehaltener Hand geradezu als Selbstverständlichkeit vorgebrachte Eingeständnis: Du weißt doch, dass diese nicht reden können. Du weißt es – genau wie wir es wissen! Das kann sich islamisch mit der Vorstellung des „Urvertrags", der ursprünglichen verpflichtenden Abmachung Gottes mit den Menschen (Sure 7,172) verbinden: Wenn es sich die Götzendiener und die Ungläubigen eingestehen würden, ja, wenn sie sich allein des gesunden Menschenverstandes bedienen würden, müssten sie es zugeben: Du weißt doch … Verabscheuungswürdig ist es, wenn man unter diesen Umständen dennoch beharrlich etwas „anstatt Gottes" verehrt – wo es doch eine Sache der *ratio*, der Vernunft ist (*aql* – „Begreift ihr denn nicht?"), sich der Realität des einen wahren Gottes zu stellen.

2.4. Unversehrtheit für Abraham: Die Rettung aus dem Feuerofen

Direkt an die zuletzt zitierte Koranstelle schließt sich in Sure 21,68–70 eine Szene an, die ihre Dramatik hinter wenigen dürren Worten verbirgt:

> (68) Sie sagten: „Verbrennt ihn und helft euren Göttern, wenn ihr etwas tun wollt." (69) Wir sagten: „O Feuer, sei Kühlung und Unversehrtheit für Abraham." (70) Sie wollten gegen ihn mit einer List vorgehen. Da machten Wir sie zu den größten Verlierern.

Abraham soll für seine zerstörerische Tat büßen. Sie zielte im Namen des einen Gottes ja nicht nur auf Symptome, sondern ging an die Wurzeln, stellte Familienbande und Vätertradition radikal in Frage. Die Parallele Sure 37,97 erwähnt einen „Bau", der errichtet wird, um die Strafe zu vollziehen – ein Scheiterhaufen, oder doch eher ein antiker, in die Erde eingelassener Ofenbau. Viel mehr wird nicht preisgegeben. Nur auf eines zielt die Darstellung, dass Gott seinen Propheten aus dem Feuer errettet. Die Macht Gottes im Kontrast zu den „größten Verlierern" ist das Thema, die Überlegenheit der göttlichen Hilfe im Gegensatz zu den vergeblichen Anstrengungen der Feinde des Propheten. Deshalb nur der Befehl Gottes. Alles andere tritt demgegenüber völlig zurück.

Beim Feuerofen denken Christen wohl zuerst an die „Drei Männer im Feuerofen", von denen das Buch Daniel im dritten Kapitel berichtet (wo auch von einem zusätzlichen, vierten Mann die Rede ist, Dan 3,24–28). Dass *Abraham* einst aus einem Feuerofen gerettet wurde, ist jedoch nicht nur für Juden wichtig gewesen, deren Schriften mehr als einmal davon berichten (Midrasch Bemidbar Rabba 2,12; Babylonischer Talmud, Pesachim 118a; s. Speyer, 142–144). Immerhin hatten syrische Christen gar den 25. Januar dem Gedächtnis jener Errettung des biblischen Patriarchen gewidmet.

Wie konnte Abraham mit dem Feuerofen in Verbindung gebracht werden? Der Midrasch (Bereschit Rabba 38,13; vgl. 44,13 und Jubiläenbuch 12,12–14) verdeutlicht eine vom semitischen

Sprachklang her naheliegende Erklärung: Abraham stammt aus Ur in Chaldäa, und „Ur(a)“ heißt nichts anderes als „Flamme, Feuer(ofen)“; Abraham kommt direkt aus dem Feuerpfuhl des chaldäischen Götzendienstes! Und er *ent*kommt ihm, lässt ihn seiner Berufung und seinem göttlichen Auftrag gemäß hinter sich, um in das verheißene Land aufzubrechen.

2.5. Die Bindung des Sohnes

Im Judentum gehört die *Akedat Jitzchak*, die Bindung Isaaks, wie im Christentum „Isaaks Opferung“ (Gen 22) zu jenen elementaren Texten, die aufragen wie ein Fels, an dem Jahrhunderte gelehrter Bemühtheit ebenso wie existenzielle Erschütterung und Gotteszweifel auf der Suche nach Glaubensgewissheit anbrandeten und ihn so zu einem geschichtsmächtigen Bezugspunkt des je eigenen Selbstverständnisses gemacht haben. Auch im Islam hat die Geschichte ihren erhabenen Ort gefunden und in ihrer Weise identitätsstiftend gewirkt. Wir sprechen von der *Bindung des Sohnes*, weil die Opferung des Sohnes aufgrund der Auslösung durch ein Opfertier faktisch nicht stattfindet und zudem der Name des nach Gottes Auftrag zu opfernden Sohnes im Koran nicht genannt ist. Es ist jedoch nicht zuletzt die Identifizierung des Sohnes, an der sich in Bezug auf alle drei Religionen heftige Diskussionen entzündet haben. Sie spielt also offenbar eine wichtige Rolle in der jeweiligen Selbstdeutung.

Die Erzählung steht allein in Sure 37 gleich zu Beginn der zweiten mekkanischen Periode der Koranoffenbarungen; sie kommt nicht noch einmal vor. Man kann nur spekulieren, warum Muhammad sie in der weiteren Auseinandersetzung etwa mit den Juden in Medina nicht wieder aufgegriffen und mit neuen Akzenten aktualisiert hat. Hatte diese eindringliche Erzählung für Muhammad vor allem im Kontext seiner persönlichen Hoffnung auf männliche Nachkommenschaft Bedeutung? Dafür spräche die chronologische Stellung von Sure 37 zwischen den Abrahamtexten Sure 51 und 15, die mit ihren Sohnesverheißungen (51,28; 15,53) im Zusammenhang mit dem Tod der Söhne Chadidschas als Zusage Gottes zu lesen sind, dass Gott seinen Propheten nicht ohne den Lohn männlicher Nachkommenschaft lassen und nicht dem Spott der Ungläubigen preisgeben wird. Wir hätten es demnach hier mit der hoffnungsvollen Geschichte eines von Gott selbst verhinderten Sohnesverlustes zu tun, die am Ende mit einer erneuten Sohnesverheißung verbunden wird.

Hören wir die koranische Version von Abrahams Opfergang, die in Sure 37,99 – 113 unmittelbar auf den Konflikt mit Vater und Volk sowie die knappe Andeutung der Errettung aus dem Feuer folgt (V. 83 – 96.97 – 98):

> (99) Er (Abraham) sagte: „Gewiss, ich gehe zu meinem Herrn; Er wird mich rechtleiten. (100) Mein Herr, schenke mir einen von den Rechtschaffenen." (101) Da verkündeten Wir ihm einen nachsichtigen Jungen. (102) Als dieser das Alter erreichte, dass er mit ihm laufen konnte, sagte er: „O mein lieber Sohn, ich sehe im Schlaf, dass ich dich schlachte. Schau jetzt, was du (dazu) meinst." Er sagte: „O mein lieber Vater, tu, was dir befohlen wird. Du wirst mich, wenn Gott will, als einen Standhaften finden." (103) Als sich beide ergeben gezeigt hatten *(aslamā)* und er ihn auf die Seite der Stirn niedergeworfen hatte, (104) riefen Wir ihm zu: „O Abraham, (105) du hast das Traumgesicht bereits wahr gemacht." Gewiss, so vergelten Wir den Gutes Tuenden. (106) Das ist wahrlich die deutliche Prüfung. (107) Und Wir lösten ihn mit einem großartigen Schlachtopfer aus. (108) Und Wir ließen für ihn (den Ruf) unter den späteren (Geschlechtern lauten): (109) „Friede sei auf Abraham!" (110) So vergelten Wir den Gutes Tuenden. (111) Er gehört ja zu Unseren gläubigen Dienern. (112) Und Wir verkündeten ihm Isaak als einen Propheten von den Rechtschaffenen. (113) Und Wir segneten ihn und Isaak. Unter ihrer Nachkommenschaft gibt es manche, die Gutes tun, und manche, die sich selbst offenkundig Unrecht zufügen.

Wenn wir von den biblischen Texten herkommen, gewöhnen wir uns vielleicht erst nach und nach an den anderen Stil. Die Gedankenführung wirkt meist gedrängter, abgeklärter, manchmal fast stenographisch gerafft. Reflektierende Einschübe halten den Leser oder besser Hörer auf relativer Distanz vom Geschehen. Die Darstellung hat mehr hagiographische als dramatische Züge, sie gleicht viel mehr einer mittelalterlichen Heiligenbiographie denn einem existenziellen Drama.

Die Einleitung bringt eine schwache Reminiszenz an den Aufbruch Abrahams, den wir aus Gen 12,1–3 kennen. Doch ergänzen wir nicht zu schnell, was hier nicht ausgedrückt wird: Wer ist Abraham, woher kommt er, woraus und von wem wird er gerufen? Ohne Zeit und Ort ist hier von Abraham die Rede, es wird auch nicht gesagt, dass Gott ihn ruft. Abraham ist geschichtslos souverän, erhaben. Eigentlich könnte es auch seine eigene Entscheidung sein, oder einfach eine Feststellung: Seht, ich gehe zum Herrn – was man nach der sprachlichen Form auch übersetzen könnte: Ich bin einer, der auf dem Weg zu Gott ist – wie es der Weg des Menschen ist (Sure 96,8; 2,156). Das könnte schlicht eine Vorahnung des nahe bevorstehenden Todes sein. Dann hätte es gar nichts mit einer Entscheidung und dem Verlassen der Heimat zu tun. All solche Deutungen gibt es, die Geschichte ist auf unterschiedliche Weise gelesen worden.

Deutlich ist, dass mit diesem Gehen keine heilsgeschichtliche Zäsur und ganz bestimmt nicht der Beginn der *Heilsgeschichte Israels* assoziiert wird. Das partikulare geschichtliche Ereignis des Beginns der Verheißungsgeschichte Gottes mit seinem Volk Israel steht nicht im Vordergrund, im Koran kommt es so gar nicht vor. Das Herausgehen aus den bisherigen Lebenszusammenhängen, aus dem Alten ist – wenn darauf das Augenmerk gerichtet wird – kein Exodus als Vor-Bild des israelitischen Auszugs aus Ägypten, sondern allenfalls die Vorwegnahme der Hidschra Muhammads, also des Auszugs des Propheten von Mekka nach Medina. Es konzentriert sich ganz auf den „Herrn" (zweimal „mein Herr") und auf die „Rechtleitung" als den zentralen Begriff, wenn es um das Heil, um die Rettung des Menschen geht. Mit vorbehaltlosem Vertrauen in die Führung Gottes hat diese Prophetengeschichte zu tun. Insofern geht es doch um eine Entscheidung, nämlich die Vorentscheidung zu solchem Vertrauen.

Das schließt die Bitte nicht aus. Der kinderlose Prophet macht sich die Bitte um den lang ersehnten Sohn zu eigen. Und da scheint alles ganz schnell zu gehen. Abraham erbittet einen „rechtschaffenen" Sohn. Als solcher wird dann Isaak am Ende der Geschichte in V. 112 angekündigt. Zunächst ist aber davon nicht die Rede, sondern von einem „nachsichtigen Jungen". Brav, mild, langmütig sind weitere Übersetzungen dieses Wortes (*halim*), das im Koran sonst meist als Eigenschaft Gottes erscheint und deshalb zu den 99 Schönsten Namen Gottes zählt (z. B. Sure 2,225; 3,155; von Abraham 9,114 und 11,75). Der Sohn, dessen Name wie gesagt zunächst ungenannt bleibt, wächst heran. Er soll bei den folgenden Ereignissen nach unterschiedlichen Angaben zwischen 7 und 13 oder auch 37 Jahre alt gewesen sein, auf jeden Fall in einem Alter, in dem er „mitgehen und helfen" oder „ihm (Abraham) zur Hand gehen" konnte. Dass hier vom „Laufen" die Rede ist, wurde natürlich auch wörtlich verstanden. Aus der Rückschau klang hier aber vor allem der vorgeschriebene Lauf zwischen den beiden Hügeln *Safa* und *Marwa* an, der fester Bestandteil der Riten des Haddsch geworden war in Erinnerung an das Umherirren Hagars und Ismaels auf der Suche nach Wasser. (Das ist für uns ein erster indirekter Hinweis auf die engen Verknüpfungen der Abrahamsgeschichte mit dem mekkanischen Heiligtum, wir werden darauf zurückkommen.)

Die Prüfung nimmt ihren Anfang in einem Traumgesicht, von jeher auch Medium göttlicher Offenbarung. Zweierlei fällt dabei sofort ins Auge: Während die ganze Erzählung als Gottesrede inszeniert ist, in der im Koran vorherrschenden Form des Pluralis majestatis (Gott spricht in der Wir-Form), trifft dies für den entscheidenden Befehl Gottes nicht zu, ja, dieser ist nur indirekt aus Abrahams Rede zu erschließen. Abraham teilt seinem Sohn mit: „Ich sehe (oder: sah) im Schlaf, dass ich dich schlachte". Wie der Vater das sagt und wie er den Sohn um seine Einschätzung fragt, hört sich für uns schockierend nüchtern an, fast geschäftlich im Ton. Von jenem verzweifelten Abgrund in der Genesiserzählung, durch die drohende Vernichtung der Verheißung durch den verheißenden Gott selbst aufgerissen, ist im Koran nichts fühlbar. Die Verheißung ist freilich nicht das Thema, es ist ein Lehrstück des vertrauenden Gehorsams. Und wenn es Prüfungen gab im Leben Abrahams, so scheinen sie längst in unerschütterlichem Gottvertrauen überwunden. Von dessen erhabenem Glanz wird das darunter verborgene Drama überstrahlt. Doch nicht nur der Vater ist souverän und schon geläutert. Der Sohn ist sozusagen gleichberechtigt mit einbezogen. Und das ist das andere, das sogleich auffällt. Der Sohn tritt religionsmündig auf, es ist von vornherein seine bewusste Entscheidung, sich als Opfer hinzugeben, wie es die rabbinische Tradition schon herausgestellt hatte. Wohlüberlegt und demütig ergibt er sich in den Willen Gottes: „O mein lieber Vater, tu, was dir befohlen wird." (V. 102) Auch seine fromme Abgeklärtheit wird nicht getrübt und hinterfragt durch die Ungeheuerlichkeit der Forderung Gottes, sondern beide, Vater und Sohn, „zeigen sich ergeben" (V. 103). Das arabische Wort (*aslamā*) weist darauf hin, was vom späteren Islam ausgedeutet wird: Der Vater wie der Sohn sind der *Rechtleitung* – das ist das theologische Pendant zu Beginn V. 99 – gefolgt, sie haben sich Gottes Willen *ergeben* und sind somit „Muslime" geworden.

Abraham legt seinen Sohn mit der Stirn auf den Boden – nicht gebunden auf einen Altar, sondern wie das Opfertier beim großen Opferfest auf den Boden – und hat damit das Traumgesicht „wahr gemacht". Die Bindung des Sohnes beginnt sich hier zum Urbild des *id al-adha*, des islamischen Opferfestes zu wandeln, das am 10. Tag des Monats Dhu 'l-Hiddscha am Ende der Wallfahrtsriten in Mekka und Umgebung gefeiert wird. Dies wird vor allem deutlich in Verbindung mit der späteren Tradition, etwa bei dem Historiker Wadih al-Ya'qubi im 9. Jh.

Damit spielt denn auch die „Darhöhung" keine Rolle, wie Buber/Rosenzweig den Ausdruck für das biblische Brandopfer übersetzen (*'ola*), der im biblischen Bericht ein wichtiges Leitmotiv darstellt. Das Brandopfer überführt das Opfertier durch Verbrennung voll und ganz in die Gottessphäre und stellt im hebräischen Text von Gen 22 die Beziehung zwischen Abraham und Gott im Motiv der Sohneshingabe in den Mittelpunkt. Hier steht alles auf dem Spiel, alles Materielle tritt zurück in der ganzheitlichen, vollkommenen, unumkehrbaren „Darhöhung" zu Gott hin auch dessen, was an Konkret-Leiblichem gnädig gewährt worden war. Nichts bleibt mehr. Doch dann wird alles geschenkt.

Der Koran ist viel mehr beim Gehorsamsakt, beim Verwirklichen, Umsetzen des in der Traumoffenbarung Aufgetragenen. Abraham hat es „wahr gemacht", und dieses Rechttun wird belohnt. Gott greift ein und verhindert die Opferung des Sohns, indem er diesen mit einem „groß(artig)en Schlachtopfer" auslöst. Im Koran steht es nicht, aber es soll ein weißer Widder gewesen sein, gehörnt, großäugig, mit feiner Wolle. Das Attribut „großartig" wird auf die Qualität des Opfertieres bezogen. Dieses wird im Austausch für den Sohn geopfert, sozusagen als Ersatzleistung, wie der arabische Ausdruck *fada* meist verstanden wird, der von Christen für die „Erlösung" gebraucht wird. (Obwohl das Auslösen hier in der Gottesrede formuliert wird, ist „Erlöser" nicht in die Reihe der 99 Gottesnamen eingegangen.)

So besteht Abraham zusammen mit seinem mündigen Sohn, der freiwillig sein „Selbst" opfert, die Prüfung und wird reich belohnt. Die Ehre seines Namens bleibt über die Generationen bestehen, der Friedenswunsch gilt dem „gläubigen Diener", er wird mit Isaak gesegnet.

Isaak – oder Ismael? Damit sind wir noch einmal bei der Frage, wer nun gemeint war.

2.6. Die Nachkommenschaft – Ismael und Isaak

Wir haben es gesehen: In dem Zusammenhang der Bindung des Sohnes Sure 37 fällt der Name Isaak erst in V. 112–113:

> (112) Und Wir verkündeten ihm (Abraham) Isaak als einen Propheten von den Rechtschaffenen. (113) Und Wir segneten ihn und Isaak.

Das bot Raum für recht unterschiedliche Erklärungen. Zunächst mag es nahegelegen haben, in Übereinstimmung mit der Geneseerzählung in dem „Geschlachteten", wie er genannt wird, *Isaak* zu sehen. Er ist der von Abraham ersehnte und von Gott eingangs „verkündete" Sohn. Nach Sure 11,71 handelt es sich ja bei dem angekündigten Sohn ausdrücklich um Isaak. Diese Sure wurde zwar später als Sure 37 herabgesandt, aber die frühe Parallele Sure 51,24–30 (s. o. 2.2.) spricht von Abrahams gealterter Frau, womit Sara gemeint sein muss und deshalb als Sohn auch nur Isaak in Frage kommt.

Andererseits wird Isaaks Name in der Geschichte selbst eben erst *nach* bestandener Prüfung genannt. Da liegt es auf der Hand, von der Bindung *Ismaels*, des Erstgeborenen, auszugehen. Das scheint geradezu bestätigt zu werden durch die Selbstverständlichkeit, mit der hier einfach vom Sohn die Rede ist und nicht von einer Wahl zwischen zweien, was auch den Rabbinen im Blick auf Gen 22 schon einiges Kopfzerbrechen bereitet hatte. Und der Hinweis auf den „Lauf" rief Assoziationen mit den Wallfahrtsriten wach, die konstitutiv mit Abraham und Ismael verbunden sind (Sure 2,124–128; 3,95–97; dazu auch 2.8.2.). Dafür sprach außerdem eine koranische Stichwortverbindung, die von (der später offenbarten) Sure 21,85 her in dem „Standhaften" V. 102 niemand anderes als Ismael erkennen ließ. Wurde dort Ismael als einer bezeichnet, der viel aushalten kann, als ein Geduldiger, so wird die Verwendung desselben Wortes hier dieselbe Person meinen.

Dem wiederum konnte die andere Seite mit dem Hinweis begegnen, dass Isaak in V. 112 ein „Rechtschaffener" genannt wird und dies mit der Bitte Abrahams in V. 100 korrespondiert, also ebenfalls eine Stichwortverbindung, in dem Fall gar eine Inklusio für die ganze Geschichte. Besonders gewichtig war dabei das Argument, der Ton in V. 112 liege nicht auf dem Namen Isaak, sondern auf dem Zustandsakkusativ „(wir verkündeten ihn) *als einen Propheten*". Das heißt, hier wird keineswegs die Geburt Isaaks angekündigt, sondern diesem als Lohn für seinen Gehorsam das Prophetentum verheißen! Das wäre Sure 19,53 zu vergleichen, wo Aaron seinem Bruder Mose als Prophet verheißen bzw. geschenkt wird – was ja unmöglich eine Geburtsankündigung sein kann, da Aaron der ältere der beiden war. Isaak wird dieser Deutung zufolge gewürdigt und geehrt für seine Geduld und sein Ausharren in der Prüfung.

Wie dem auch sei, es ist nicht eindeutig, welcher Sohn gemeint ist. Die ersten dreihundert Jahre der islamischen Geschichte war die Mehrheit der Gelehrten in Übereinstimmung mit der Bibel der Meinung, es habe sich bei dem „Geschlachteten" um Isaak gehandelt (so z. B. Tabari, gest. 923). Längst ist jedoch die Identifizierung mit Ismael so selbstverständlich geworden, dass die bloße Rückfrage danach eher Befremden auslöst.

Es kann nicht übersehen werden, dass polemische Abgrenzung gegenüber den Juden in dieser Hinsicht eine nicht unerhebliche Rolle spielte. Die Juden lügen – so eine stereotype Aussage der Kommentarliteratur. Was für Ismael als „Geschlachteten" spricht. Die Präferenz für Ismael hängt historisch mit der Transformation zusammen, der die biblischen Stoffe unterzogen wurden und die in den Abrahamserzählungen besonders hervortritt. Die Traditionen aus jüdischem und christlichem Hintergrund, die sogenannten *Isra'iliyyat*, wurden im Laufe der Zeit immer mehr abgelehnt und aus dem kollektiven Gedächtnis verdrängt, in das insbesondere die vielen frühen Konvertiten sie eingezeichnet hatten; die mekkazentrierten, arabisch-islamischen Überlieferungen erhielten immer mehr Gewicht.

Ganz unabhängig von dieser Detailfrage – die freilich erhebliche Bedeutung in der Rekonstruktion der jeweils eigenen Identität und dann in der wechselseitigen Polemik erlangt hat – ist folgende Beobachtung für unser Verständnis der Entwicklung von Belang:

Ismael spielt für Muhammad in der frühen Zeit offenbar keine oder kaum eine Rolle, jedenfalls nicht als Abrahamssohn. Das zeigt sein relativ spätes Auftauchen in der zweiten mekkanischen Periode der koranischen Offenbarungen, und dies recht beiläufig als „Gesandter und Prophet" in Sure 19,54. Er wird in verschiedenen Kombinationen neben einer Reihe von biblischen Gestalten erwähnt, bleibt jedoch in der ganzen mekkanischen Zeit ohne Verbindung zu Abraham, als dessen Nachkommenschaft analog zur biblischen Tradition regelmäßig Isaak und Jakob genannt werden (Sure 19,49; 38,45; 11,71 u. ö.). Es wirkt fast so, als habe Muhammad zwar den Namen Ismaels gekannt, aber keine klare Vorstellung von seiner Zuordnung gehabt. Erst im engeren Kontakt mit Juden klären sich die Familienverhältnisse, etwa dass Ismael der Sohn Abrahams und der Bruder Isaaks ist.

In Medina tritt eine charakteristische Veränderung ein. Lautete die Väterformel in Mekka noch „meine Väter Abraham, Isaak und Jakob" (so in der Josefssure 12,38), so wird sie in Medina umformuliert zu „Gott deiner Väter Abraham, Ismael und Isaak" (Sure 2,133) und an allen folgenden Stellen erweitert zu „Abraham, Ismael, Isaak, Jakob und die Stämme (nämlich Israels)". Jetzt (erst) wird Ismael als Abrahams Erstgeborener

Isaak vorgeordnet und rückt so an die erste Stelle der Abrahamsnachkommen. In der Reihenfolge spiegelt sich die Rangfolge, die wiederum die theologische Geschichtskonzeption sichtbar werden lässt. Der Zusammenhang mit der negativen Entwicklung des Verhältnisses von Muhammad und Schriftbesitzern, vor allem zu den Juden, die nicht erst nachkoranisch (Stichwort *Isra'iliyyat*) festzustellen ist, sondern gerade den Übergang von Mekka nach Medina nachhaltig geprägt hat, liegt auf der Hand. Gerade in dem verstoßenen Abrahamssohn konnte Muhammad offensichtlich das Trennende im Bewusstsein gleichzeitigen Verbundenseins thematisieren. (Dass der auch aus biblischer Sicht nicht ohne Segen blieb – Gen 17,20; 21,17–20 – wird erst in allerjüngster Zeit (wieder-)entdeckt.) Scharf tritt dies zu Tage in der Zuspitzung auf die ausschließliche Nennung Abrahams und Ismaels im Gründungstext für die Kaaba und die Wallfahrtsriten in Sure 2. Beide stehen hier für die islamisch konstitutive Hinwendung nach Mekka – *gegen* Jerusalem, für den reinen, ursprünglichen Gottesglauben – *gegen* Judentum und Christentum. In dieser Exklusivität kommen Abraham und Ismael nur in Sure 2 (v.a. V. 124–129) zu Beginn der medinischen Zeit vor, davor nicht und danach auch nie wieder. Ismael steht so vor dem Hintergrund einer dramatischen historischen Konfrontation in besonderer Weise für die *Islamisierung* der biblischen Überlieferung, man hat hierin sogar – freilich aus „westlicher" Sicht – eine Art Opfer Isaaks gesehen: Muhammad „opfert" in seiner Reinterpretation der biblisch-jüdischen Geschichte Isaak (d.h. die Juden) um Ismaels willen, den er in seinen Texten gleichsam aus der Vertreibung zurückholt und damit den Islam als legitime Wiederherstellung des ursprünglichen Gottesglaubens *unter Absehung* von Juden und Christen profiliert.

Von daher ist die genealogische Konstruktion der Araber-Ismael-Abraham-Linie aus islamischer Sicht zwingend. Sie war allerdings Sache der ersten Generation noch nicht. Hier begegnet man dem jüdisch-christlichen Anspruch auf die Abrahamskindschaft mit dem strikt nicht-genealogischen Argument, ein solcher Anspruch bestehe nicht aufgrund von Abstammung, sondern aufgrund von Glauben, wer seinem Vorbild nacheifert (siehe Sure 3,68; vgl. Joh 8,39). Dies könnte jedoch gerade das Gewicht der inneren Entwicklung Muhammads und der skizzierten Instrumentalisierung des ersten Abrahamssohnes belegen. Denn es fällt auf, dass Ismael ursprünglich in keinerlei Verbindung zu einem arabischen Stamm steht, auch nicht in Form etwa altarabischer Prophetennamen. Ismael – ein Name nichtarabischer Herkunft und in vorislamischer Zeit nicht geläufig – wird, wie wir hörten, zusammen mit biblischen Gestalten genannt. Das gibt zu denken. Wäre Ismael von den mekkanischen Verwandten Muhammads und vom Propheten selbst als Stammvater der Araber angesehen worden, müsste er mit Sicherheit einer ganz anderen, prominenteren Darstellung schon in den frühen Suren gewürdigt worden sein. Es konnte bislang allerdings kein einziger vorislamischer Beleg für den arabischen Gebrauch des Namens beigebracht werden. Übrigens sind auch nur zwei „Ibrahime“ bekannt geworden – beide waren Christen.

2.7. Sonne, Mond und Sterne: Wie Abraham zum Glauben kam

Die Frage nach den Abrahamssöhnen hat uns schon über die mekkanische Zeit hinausgeführt, was im Blick auf Ismael ja auch unumgänglich war. In der koranischen Entfaltung des Abrahambildes waren wir bei der Bindung des Sohnes in der frühen mittelmekkanischen Sure 37. Dort knüpfen wir an, indem wir uns erinnern, dass in Sure 37 die oben unter 2.3. und 2.4. angesprochenen Themen (Bekämpfung des Götzendienstes; Errettung aus dem Feuer) direkt vor der Bindungserzählung auftauchen (V. 83–96.97–98). Die Auseinandersetzung mit Vater und Volk wegen des Götzendienstes hatte jedoch offengelassen, wie Abraham selbst zu dem Wissen um die rechte Gottesverehrung gekommen war. In der mittleren mekkanischen Periode wird das nur angedeutet (19,43), zum eigenen Thema avanciert es in Sure 6,74–79 am Ende der mekkanischen Zeit, kurz vor der Vertreibung Muhammads aus seiner Vaterstadt:

> (74) Und als Abraham zu seinem Vater Azar sagte: „Nimmst du (denn) Götzenbilder zu Göttern? Gewiss, ich sehe dich und dein Volk in deutlichem Irrtum." (75) Und so zeigten Wir Abraham das Reich der Himmel und der Erde, – und damit er zu den Überzeugten gehöre. (76) Als die Nacht über ihn hereinbrach, sah er einen Himmelskörper. Er sagte: „Das ist mein Herr." Als er aber unterging, sagte er: „Ich liebe nicht diejenigen, die untergehen." (77) Als er dann den Mond aufgehen sah, sagte er: „Das ist mein Herr." Als er aber unterging, sagte er: „Wenn mein Herr mich nicht rechtleitet, werde ich ganz gewiss zum irregehenden Volk gehören." (78) Als er dann die Sonne aufgehen sah, sagte er: „Das ist mein Herr. Das ist größer." Als sie aber unterging, sagte er: „O mein Volk, ich sage mich ja von dem los, was ihr (Ihm) beigesellt. (79) Ich wende mein Gesicht Dem zu, Der die Himmel und die Erde erschaffen hat, als Anhänger des rechten Glaubens, und ich gehöre nicht zu den Götzendienern."

Nach dem Koran steht also die Gotteserkenntnis nicht am Anfang der Abrahamsgeschichten, wie man vielleicht erwarten möchte, und auch hier wirkt die Szene merkwürdig eingeschoben in einen theologischen Disput mit dem Vater, der zunächst unterbrochen wird und dann ab V. 80 „sein Volk" mit einbezieht. Das reflektiert möglicherweise die Situation Muhammads kurz vor der Hidschra. In der an Heftigkeit zunehmenden Auseinandersetzung zwischen ihm und dem mekkanischen Götterglauben hatte der neue Prophet verstärkt auf die früheren Propheten hingewiesen, hatte ihre Geschichte(n) sozusagen für sich entdeckt. In ausführlichen Prophetenzyklen schilderte er lebhaft die Konfrontation der früheren Gottgesandten mit ihren jeweiligen Stämmen und Völkern, um die eigene Mission zu klären, zu begründen und zu legitimieren. Der erhoffte „Erfolg" blieb indes aus. So erscheint der Rekurs auf Abrahams erste Glaubensschritte wie eine Zäsur in der mekkanischen Predigt, wie eine Rückbesinnung sozusagen auf die geistliche Biographie des Propheten, um von daher neue Argumente mit einem stärker rationalen Anspruch in den Konflikt einzubringen. Wer nicht dem Wort gefolgt ist, soll nun durch Vernunftgründe gewonnen werden.

Der Abschnitt beinhaltet drei Schritte. Da ist zunächst der Disput, dann die Initiative Gottes („Und so zeigten Wir"), und an dritter Stelle Abrahams Weg zur Gotteserkenntnis. Dieser Einbettung zufolge bereitet Gott selbst die „natürliche“ Gotteserkenntnis vor, so dass Abraham mehr der Anleitung Gottes als seinem eigenen Antrieb folgt. In einer interessanten Verschränkung bleiben die Erkenntnis aus der Schöpfung und die göttliche Rechtleitung also aufeinander bezogen. Abraham wird nun wiederum in drei Schritten zum Ziel geführt, das ihn letztendlich aus eigener Überzeugung zu einem „Anhänger des rechten Glaubens“ (*hanif*) werden lässt.

Am Lauf der Gestirne liest er die Wahrheit des Eingottglaubens ab, die Suche geht von einem Stern über den Mond bis zur Sonne. Geradezu aufregend ist dabei das Auf und Ab nicht nur der Gestirne, sondern auch des Glaubensweges Abrahams. Immerhin bekennt er zunächst von dem Stern und dann weiter von den jeweils helleren, beeindruckenderen und dadurch stärker scheinenden Himmelskörpern „Das ist mein Herr“! Die Einsicht in die Unbeständigkeit und Vergänglichkeit dieser vermeintlichen „Herren“ irritiert allerdings den Gottsucher, dessen sich auf die erste Enttäuschung hin eine Unsicherheit bemächtigt, die schließlich in der Lossagung vom Sternenglauben der eigenen Leute mündet. Dass Abraham von Zweifel nicht unangefochten war, wird später noch einmal in der Frage Gottes an Abraham deutlich (Sure 2,260): „Glaubst du immer noch nicht?“, worauf der Prophet antwortet: „Doch, aber (ich frage,) damit mein Herz Ruhe findet.“

Solche Ruhe findet Abraham in Sure 6, indem er durch die Beobachtung der „Natur“ der Dinge erkennt, dass hinter allen weltlichen Phänomenen das Schöpfersein des einen Gottes verborgen ist. Nichts Geschaffenes, nicht einmal die Sonne, kann aus sich selbst wirken, sich erhalten und dadurch Herrschaft beanspruchen. Es ist unsinnig, ja geradezu „wider die Natur“, Geschaffenem die Ehre zu geben, die allein dem Schöpfer selbst zusteht, ohne dessen Willen nichts geschieht.

Abraham entschließt sich deshalb, das *Gesicht* ganz dem *zuzuwenden*, der die Himmel und die Erde erschaffen hat. Das ist ein wesentlicher Sachverhalt. Denn dies ist die einzig mögliche und zugleich notwendige Konsequenz, die der Mensch aus der Botschaft von Gottes Schöpfersein und seiner Herrschaft über jeden Augenblick zu ziehen hat: Dass er sich ihm und nur ihm allein zuwendet und ihm alle Ehre gibt. Auf Gott schauen, auf nichts anderes, das ist die Seinsart des Geschöpfes und der Sinn des Daseins. Das ist die Urbotschaft des Islam. Und dass dies naheliegt, ja geradezu aus dem Lauf der Dinge mit Verstand ersehen werden kann – ohne dass es einer Heilsmittlerschaft bedarf, auch dies wird für den Islam wichtig bleiben.

Genau dies wird in dem Ausdruck „sein Gesicht zuwenden" zusammengefasst: Indem der Mensch dies erkennt und anerkennt, wendet er sein Gesicht ausschließlich Gott zu. Sprachlich wird das an etlichen Stellen im Koran konkret ausgedrückt, arabisch *aslama wadschhahu* „sein Gesicht (zu Gott) wenden", z.B. in Sure 2,112; 4,125. Noch öfter kommt es jedoch verkürzt vor unter Auslassung von „Gesicht", also einfach nur *aslama* „(das Gesicht ganz zu Gott) wenden" (z.B. Sure 2,131; 3,83–85; 9,30–31). Das Nomen dazu heißt *islam.* Dessen Übersetzung mit „Hingabe; Ergebung (in Gottes Willen); Auslieferung" und ähnlichen Begriffen deutet den frühesten Sprachgebrauch schon von der späteren inhaltlichen Füllung her.

Ist es hier in Sure 6,79 Abrahams Entscheidung, so entspricht dem die göttliche Aufforderung Abrahams in Sure 2,131: „(Damals,) als sein Herr zu ihm sagte: ‚Wende (das Gesicht zu Gott, *aslim*)!' Und er antwortete: ‚Ich wende (das Gesicht, *aslamtu*) dem Herrn der Welten zu!'" Meist wird hier übersetzt: Sei (mir) ergeben!, denn das Partizip Aktiv des Verbs lautet *muslim.* Daher trifft man auch auf die Übersetzung: „Werde Muslim!" Auch hier also die Verschränkung von Entscheidung und Gotteswillen.

Dass diese anthropologisch fundamentale „Muslimwerdung" keine rein geistige Angelegenheit ist, sondern sich zuallererst im Vollzug der gottgegebenen Riten erfüllt, wird noch zu besprechen sein. In Sure 4,125 wird es zusammengefasst (Übersetzung T. Nagel):

> Wer zeichnet sich durch einen besseren praktizierten Glauben *(din)* aus als jemand, der sein Gesicht (ganz) zu Gott wendet *(aslama wadschhahu li-llah)* und dabei gut handelt und der Gemeinschaft Abrahams folgt, der doch ein Gottsucher *(hanif)* war? Gott nahm sich Abraham zum Freund.

Abraham kommt durch seine Hinwendung zu Gott zu dem Bekenntnis, das in der Parallelstelle Sure 26,78 – 82 so formuliert ist:

> (Der Herr der Weltenbewohner), Der mich erschaffen hat und mich (nun) rechtleitet,
> und Der mir zu essen und zu trinken gibt
> und Der, wenn ich krank bin, mich heilt,
> und Der mich sterben lässt und hierauf wieder lebendig macht,
> und von Dem ich erhoffe, dass Er mir am Tag des Gerichts meine Verfehlung vergeben wird.

Indem Abraham dies bezeugt, erweist er sich als ein „Wahrhaftiger und Prophet“ (Sure 19,41). Wie kam Abraham also zum Glauben? Als persönliche Voraussetzung brachte er ein „heiles Herz“ mit (Sure 37,84), was als Empfänglichkeit für Gottes Weisung interpretiert wird. Sein Weg zum Glauben umfasst rationales Durchforschen, göttliche Offenbarung (Rechtleitung, Aufforderung „Werde Muslim!“ 2,131) und das Bezeugen der Rechtleitung, was in der Einsetzung des islamischen Kults seine adäquate Gestalt finden wird. Abraham ist wahrlich würdig, dass die „richtige Religion“ ab jetzt nach ihm genannt wird: *die* Religion ist die *millat Ibrahim*, die Glaubensrichtung Abrahams (Sure 6,159 – 164); der Ausdruck *hanif* „Gottsucher“ wird zum Synonym des Monotheisten im Gegensatz zum *muschrik*, der Gott etwas „beigesellt“. Der „heilsgeschichtliche“ Bogen vom *Freund Gottes* (*Khalil Allah*) zu Muhammad als dem „Ersten der Gottergebenen“ in der Nachfolge Abrahams zeichnet sich ab (Sure 6,163). All das musste in immer schärferen Gegensatz zu den überkommenen Glaubensvorstellungen der eigenen Sippe, zur Tradition der Väter treten. Die innere Ablösung Muhammads von Mekka und seinem Polytheismus zog immer tiefere Spuren, die äußere musste sich in der Hidschra in absehbarer Zeit vollenden.

Gerade angesichts solcher Vollkommenheit musste die bleibende Widersprüchlichkeit irritieren: Konnte nun die freie Betätigung des Verstandes zur Erkenntnis der Wahrheit führen, und inwiefern waren dabei so etwas wie Fehlversuche eingeplant? Mehr noch: Kann ein Prophet, und gar ein Prophet vom Format

Abrahams, wenn auch nur vorläufig dermaßen irren? Konnte er gewissermaßen durch Versuch und Irrtum über den heidnischen Astralkult zur Wahrheit finden? Gab es eine Zeit, in der Abraham nicht glaubte – war Abraham ein Heide?!

Es ist nicht verwunderlich, dass in verschiedene Richtungen spekuliert wurde. Für die frühe Exegese waren solch kühne Gedanken keinesfalls tabu, im Gegenteil, sie standen ja im Text. Für eine andere Linie der Auslegung war der Fall jedoch klar: Es ist vollkommen unmöglich, dass Gott einen Propheten sendet, der ihn nicht sofort erkennt und aller falschen Gottesverehrung eine klare Absage erteilt. Das klare Glaubensbekenntnis ist geradezu Voraussetzung für die Erwählung zum Propheten. Wenn Abraham also je etwas anderes geäußert haben sollte, dann nicht auf der Suche nach der Wahrheit, sondern allenfalls ironisch, gleichsam in pädagogischer Absicht, um seinem ungläubigen Volk vor Augen zu führen, was sie in ihrem Götzendienst eigentlich tun.

2.8. Abraham in Mekka: Vater der neuen Zeit (Sure 2)

Der Einschnitt durch die *Hidschra* (622 n.Chr.) war in vieler Hinsicht so gravierend für die früheste muslimische Gemeinschaft, dass die Übersiedelung von Mekka nach Yathrib – später Medina, „*die* Stadt“ (des Propheten) genannt – zum Jahr Null der islamischen Zeitrechnung wurde. In der Tat markiert der entscheidende Wendepunkt in der Biographie Muhammads rückblickend die Zeitenwende der entstehenden Weltreligion. Zunächst war das nicht absehbar, war die Lage Muhammads doch alles andere als aussichtsreich. Was meist Vertreibung genannt wird, war ja der durchaus schmerzliche Prozess der Ablösung eines geschmähten, verfolgten Predigers aus allen vertrauten Bindungen, im Grunde der tragische Bruch mit dem bisherigen Lebenswerk. Dass Muhammad in Yathrib/Medina andere, seiner Sache wesentlich günstigere Rahmenbedingungen vorfand, ermöglichte die Entfaltung einer nicht mehr auf stammesmäßiger Herkunft, sondern auf ihrer religiösen Identität beruhenden und politisch erfolgreichen Religion. Aus dem verspotteten Künder des nahen Gerichts im Umfeld des mekkanischen Polytheismus wurde die geistliche und zunehmend auch politische Führungsautorität eines schnell wachsenden Gemeinwesens in der Auseinandersetzung mit dem in Medina vorherrschenden Judentum. Die neue Zeit machte neue Akzente in der Verkündigung möglich und nötig, doch bleibt die Botschaft im Kern dieselbe. Die Gerichtsrede mit ihren apokalyptischen Bildern tritt im Horizont der neuen sozialen und politischen Anforderungen zurück. Die Ausgestaltung des privaten und öffentlichen Lebens der wachsenden *Umma* (der Gemeinschaft der Muslime) erfordert verstärkt gesetzliche Regelungen, was sich im Charakter und in den Inhalten der medinischen Offenbarungen niederschlägt. Die „Verleiblichung" des Islam in einem „Staatswesen" zieht vermehrt klar formulierte Angriffe gegen diejenigen nach sich, die tatsächliche Gegner sind oder als solche wahrgenommen werden.

Die Abrahamsgestalt spielt in diesem Prozess der religiöspolitischen Identifizierung und Profilierung eine tragende Rolle. Waren ungefähr die ersten eineinhalb Jahre in Medina ganz ohne Offenbarungen geblieben, so setzten diese mit Sure 2 im Jahr 624 mit einer Fülle von rechtlichen, theologischen, kultischen Weisungen für die junge Gemeinde wieder ein, unter anderem mit einigen kompakten Abrahamperikopen, die das Herz dieser längsten Sure des Korans ausmachen.

Eine Beobachtung vorweg wirft ein Licht auf die veränderte Situation nach dem Jahr 622: In Mekka stand Abraham für den Konflikt mit dem Volk und die Ablösung vom Alten, symbolisiert in der Hidschra, der physischen Trennung von Mekka. In Medina steht der Patriarch umgekehrt mehr und mehr für die erneute Hinwendung nach Mekka, für die entschiedene Rückbesinnung auf eine im Heiligtum der Kaaba zentrierte, islamische Inszenierung der Religion im Angesicht – und unter Absehung – von Juden und Christen.

2.8.1. Abraham ist das Vorbild für die Menschen

Der erste Teil der zweiten Sure widmet sich neben dem Schöpfungsthema und dem Verhältnis zu anderen Religionen (auch Offenbarung, Verfälschung, Abrogation) ganz überwiegend der Auseinandersetzung Muhammads mit den Juden. Das entsprach der realen Situation in Medina. Angesichts der Bevorzugung, die die „Kinder Israels" durch Gottes Gunst erfahren haben (V. 47.122), wird der Undank der Juden und ihre Gebotsübertretung (Sabbatbrecher, V. 65) mit der Aufforderung konfrontiert, die Rechtleitung Gottes anzuerkennen. Ein besonders leuchtendes Beispiel dafür ist der Glaube Abrahams.

> (124) Und (gedenkt,) als Abraham von seinem Herrn mit Worten geprüft wurde, da befolgte er sie. Er (Gott) sagte: „Ich will dich zu einem Vorbild *(imam)* für die Menschen machen." Er (Abraham) sagte: „Und von meiner Nachkommenschaft?" Er sagte: „Mein Bund erstreckt sich nicht auf die Ungerechten."

Abraham bewährt sich im Glaubensgehorsam. Während das für unsere Ohren sofort nach der Opferung Isaaks bzw. der Bindung des Sohnes klingt – und diese ja auch im Koran ausdrücklich „deutliche Prüfung" genannt wird (Sure 37,106, vgl. oben 2.5) –, verbirgt sich für die meisten muslimischen Korankommentatoren anderes hinter diesen Worten. Es ist von dreißig Gesetzen die Rede, die Abraham erfüllt habe, oder von Pflichten des Islam, von den Vorschriften der Wallfahrt, oder von der Beschneidung. Auch die Sache mit Stern, Mond und Sonne (Sure 6, s. o. 2.7.) wird als Prüfung Abrahams genannt. Mehr am Rande steht dann auch die Prüfung „durch das Schlachten seines Sohnes". Wichtig ist, dass Abraham in allen Punkten völlig gehorsam war.

Deshalb ist Abraham ein Vorbild für alle Menschen. Das Wort *imam* kommt von „vorne sein", „Vorsteher, Anführer", es klingt später der Vorbeter, der Gemeindeleiter mit. Manche sehen vom Koran her vor allem das Prophetenamt darin (vgl. Sure 21,73), dann die Kalifen. Abraham ist *das* religiöse und moralische Vorbild in seinen Gebeten, in der Lebensweise, in seinem Glaubensgehorsam (s. aber unten 2.10). Dies wird nun, und das ist entscheidend, der exklusiven Zuordnung Prophet – Volk enthoben und zu einem universalen Vorbild gemacht, das allen Menschen gilt. Während die Propheten sonst zu ihrem eigenen Volk gesandt sind, ist Abraham der Inbegriff der Aufhebung nationaler, ethnischer Schranken in der Religion. Das bedeutet freilich auch, dass Abraham dadurch aus seiner Geschichtsverbundenheit mit Juden und Christen, insbesondere mit dem Volk Israel, herausgelöst wird.

Vielleicht ist die im Korantext folgende Nachfrage oder Bitte „Und von meiner Nachkommenschaft?" von daher als Korrektiv zu verstehen. Abrahamsnachkommen profitieren nicht automatisch von der herausragenden Stellung des großen Vorbilds. Nicht auf die leibliche Abstammung kommt es an, sondern auf den Glauben, die persönliche Aneignung des moralischen Vorbilds, über alle Volks- und sonstigen Grenzen hinweg. Deshalb: Der Bund erstreckt sich nicht auf die Ungerechten. Der Bund besteht darin, dass Abraham zum Leitbild der Menschen gemacht wird, dem man gottesfürchtig nachstreben soll (Sure 3,76). Der Bundesbegriff, der übrigens bei weitem nicht so theologisch befrachtet ist wie in biblischen Zusammenhängen, wird stark an der Verpflichtung der Menschen orientiert (vgl. Sure 2,63–66.83–85).

2.8.2. Die islamische Pilgerfahrt als rituelle Inszenierung des Abrahamglaubens

2.8.2.1. Die Kaaba als das von Abraham errichtete „Haus Gottes"
Die Pilgerfahrt gehört mit Bekenntnis, Gebet, Fasten und Almosengabe als fünfte „Säule" zu den Hauptpflichten des Islam. Sie ist an mehreren Stellen im Koran verankert, beginnend mit Sure 2,125 ff:

> (125) Und als Wir das Haus zu einem Ort der Einkehr für die Menschen und zu einer Stätte der Sicherheit machten und (sagten): „Nehmt Abrahams Standort als Gebetsplatz!" Und Wir verpflichteten Abraham und Ismael: „Reinigt Mein Haus für diejenigen, die den Umlauf vollziehen und die sich (dort) zur Andacht zurückziehen und die sich (vor Gott) verbeugen und niederwerfen." (126) Und (ge-

> denkt,) als Abraham sagte: „Mein Herr, mache dies zu einer sicheren Ortschaft und versorge ihre Bewohner mit Früchten, wer von ihnen an Gott und den Jüngsten Tag glaubt!" Er (Gott) sagte: „Wer aber ungläubig ist, den lasse Ich ein wenig genießen, hierauf zwinge Ich ihn in die Strafe des (Höllen)feuers – ein schlimmer Ausgang!" (127) Und (gedenkt,) als Abraham die Grundmauern des Hauses errichtete, zusammen mit Ismael, (da beteten sie): „Unser Herr, nimm (es) von uns an. Du bist ja der Allhörende und Allwissende. (128) Unser Herr, mache uns Dir ergeben *(muslimina)* und von unserer Nachkommenschaft eine Dir ergebene Gemeinschaft *(umma muslima)*. Und zeige uns unsere Riten, und nimm unsere Reue an. Du bist ja der Reue-Annehmende und Barmherzige. (129) Unser Herr, schicke zu ihnen einen Gesandten von ihnen, der ihnen Deine Worte verliest und sie das Buch und die Weisheit lehrt und sie läutert. Du bist ja der Allmächtige und Allweise."

„Das Haus" ist die Kaaba in Mekka, jener annähernd würfelförmige steinerne Bau, der stets mit einer edlen schwarzen Samtbrokatdecke, der *kiswa*, verhüllt ist, welche mit goldgestickten Schriftzügen geschmückt ist und jährlich erneuert wird. An der südöstlichen Ecke des rund 12 x 11 x 13 Meter großen Gebäudes ist in ungefähr ein Meter Höhe der legendenumwobene Schwarze Stein in silberner Fassung eingelassen, den zu berühren oder gar zu küssen besonders wünschenswert ist, stellt er doch den heiligsten Gegenstand des gesamten Ensembles dar. Die Kaaba ist ein Ort der Einkehr oder „Versammlungsort", weil man dort zu den Wallfahrtsriten zusammenkommt. Da dies in die vier heiligen Monate fiel, in denen ein allgemeiner Landfrieden herrschte (Sure 9,2.36), sprach man wohl auch von einem Ort der Sicherheit. Es ist das zentrale Heiligtum des Islam, das in vorislamischer Zeit den Stammesgöttern des Hedschas geweiht war. Muhammad hat es der Verehrung des einen und einzigen Gottes zurückgegeben. Vorbereitet wurde dies durch Offenbarungen wie die hier zitierte, die den alten Kultort in einer „genialen Intuition" (M. Eliade) mit Abraham in Verbindung bringt. Es wird nicht deutlich, was und wo der „Ort Abrahams" *(maqam Ibrahim)* genau ist. Es soll wohl ein Stein gewesen sein, der heute in unmittelbarer Nähe der Kaaba mit einem hübschen kleinen Kuppelbau überbaut ist. Jedenfalls war Abraham da, und mit ihm sein Sohn Ismael, der hier erstmals – und dann übrigens im Koran nicht wieder – direkt im Zusammenhang mit der Kaaba genannt wird. Beide haben gemeinsam eine wichtige Funktion im Blick auf die Kultinitialisierung, die mit Reinigen und Errichten umschrieben wird. Die Reihenfolge – zuerst reinigen und dann erbauen? – muss nicht stören, zumal das Aufrichten auch so verstanden werden kann, dass der Ort durch die Reinigung religiös-spirituell „erhöht", sozusagen auf eine neue Stufe gehoben wird. Aufgrund dieser Stelle freilich gilt Abraham und mit ihm Ismael als Erbauer der Kaaba. Immerhin: Wird das Reinigen betont (s. Sure 22,26), so ist vorausgesetzt, dass der Ort schon vor Abraham ein Heiligtum war, und so verwundern islamische Überlieferungen nicht, die die Gründung der Kaaba gar auf Adam zurückführen. Vielleicht war Muhammad zunächst der Meinung, Abraham habe die Kaaba erbaut, kam später aber zu der Erkenntnis, dass es sich um ihre Reinigung im Sinne der Wiederherstellung des wahren Kults gehandelt haben muss. Das entspricht mehr seiner eigenen Rolle, den Ort Abrahams vom Götzendienst der Heiden zu befreien und dem Monotheismus wieder zuzuführen.

Die wichtigsten Riten des Haddsch werden genannt, ausführlicher sind sie in der späteren Sure 22,26–33 beschrieben:

> (26) Und als Wir Abraham die Stelle des Hauses zuwiesen: „Geselle Mir nichts bei und reinige Mein Haus für die den Umlauf Vollziehenden, die aufrecht Stehenden, sich Verbeugenden und die sich Niederwerfenden. (27) Und rufe unter den Menschen die Pilgerfahrt *(haddsch)* aus, so werden sie zu dir kommen zu Fuß und auf vielen hageren (Reittieren), die aus jedem tiefen Passweg daherkommen, (28) damit sie (allerlei) Nutzen für sich erfahren und den Namen Gottes an wohlbekannten Tagen über den aussprechen, womit Er sie an den Vierfüßlern unter dem Vieh versorgt hat. – Esst (selbst) davon und gebt dem Elenden, dem Armen zu essen. (29) Hierauf sollen sie ihre Ungepflegtheit beenden, ihre Gelübde erfüllen und den Umlauf um das alt(ehrwürdig)e Haus vollziehen." (30) So (ist es). Und wenn einer die unantastbaren Dinge Gottes hoch ehrt, so ist es besser für ihn bei seinem Herrn. Erlaubt ist euch das Vieh, außer dem, was euch verlesen wird. So meidet den Gräuel der Götzenbilder, und meidet die falsche Aussage, (31) als Anhänger des rechten Glaubens gegenüber Gott, die Ihm nichts beigesellen. Und wenn einer Gott (etwas) beigesellt, so ist es, als ob er vom Himmel herunterfiele und

> er dann von den Vögeln fortgerissen oder vom Wind an einen fernen Ort hinabgeweht würde. (32) So ist es. Und wenn einer die Kulthandlungen Gottes hoch ehrt, so ist es (ein Ausdruck, der) von der Gottesfurcht der Herzen (herrührt). (33) An ihnen habt ihr (allerlei) Nutzen auf eine festgesetzte Frist, hierauf liegt ihr Zielort beim alt(ehrwürdig)en Haus.

Genannt sind hier das siebenmalige Umschreiten der Kaaba, der sog. *tawaf*, sowie verschiedene Haltungen, die man beim Gebet einnimmt. (Mit dem Stehen ist möglicherweise auch das eintägige Verweilen in der Ebene Arafat am „Berg der Barmherzigkeit“ gemeint.) Das Opfer des großen Opferfestes soll auch den Armen zugute kommen. Die „Ungepflegtheit“ deutet auf den Weihezustand *ihram* hin, in den die Pilger zu Beginn des Haddsch eintreten und der den Verzicht auf Körperpflege im weitesten Sinne sowie das Tötungsverbot von Lebewesen ebenso wie das Verbot des Geschlechtsverkehrs einschließt. Der *ihram* im engeren Sinne ist das einfache weiße Pilgergewand selbst, das häufig zugleich als Totenhemd aufbewahrt wird und so den Segen der Wallfahrt mit der Mahnung an den Jüngsten Tag verbindet.

2.8.2.2. Abraham und die Pilgerfahrt

Der Ablauf des Haddsch ist bis heute aufs Engste mit der Abrahamsgeschichte verwoben.

Von Sure 3,96–97 her, wo es um die Befolgung des Glaubens Abrahams geht, ist die Pilgerfahrt Individualpflicht für jeden Gläubigen *(fard al-ain)*. Es gibt neben den umfassenden Riten des Haddsch die kürzere Form der „Besuchswallfahrt“ *(umra)*. Die Gläubigen müssen vor Beginn die bewusste Absicht fassen, ihre Pflichten zu erfüllen. Auf die rituelle Waschung folgt das Anlegen des Pilgergewandes. Die Frauen lassen dabei übrigens Gesicht und Hände unbedeckt, die Gleichheit und Solidarität aller Pilger in der einen und universalen Gemeinschaft wird äußerlich symbolisiert und hat große spirituelle Kraft. Unter *Labbaika*-Gesängen („Dir zu Diensten, o Gott, ich bin bereit! Du hast keinen Teilhaber ...“), die fortan den gesamten Ritus begleiten, zieht man in den abrahamischen Raum des heiligen Moscheebezirks ein.

Sieben Mal wird dort im Mittelpunkt der Umlauf um die Kaaba vollzogen *(tawaf)*, und am Gedenkplatz für Abraham wird ein Gebet gesprochen (Sure 2,124 – 125). Der „Lauf" *(sa'y)* zwischen den knapp 400 Meter voneinander entfernten Anhöhen *Safa* und *Marwa* ist ebenfalls sieben Mal zu machen. Religionsgeschichtlich geht er wie die meisten Haddsch-Riten auf den vorislamischen Götzenkult zurück. Islamisch-theologisch wird hier jedoch der Lauf Hagars und Ismaels rituell nachempfunden, die, von Abraham vertrieben und von Durst gequält, zwischen den beiden Hügeln hin und her gelaufen sein sollen (Sure 2,158; 37,102). Mit Hilfe des Engels Gabriel entsprang für das durstige Kind und seine Mutter eine Quelle (vgl. Gen 21,17 – 19), der Zamzam-Brunnen, der bis heute den Pilgern sein heilkräftiges Wasser spendet. Wer ein Fläschchen Zamzam-Wasser mit nach Hause bringen kann, hat einen besonderen Segen für sich und seine Familie.

Am achten Tag des Haddsch-Monats begibt man sich nach Arafat, einer Ebene, die rund 20 Kilometer östlich von Mekka liegt. Die Übernachtung findet in einem heutzutage fast unübersehbar riesigen Zeltlager in Mina statt, so dass man tags darauf in Arafat verweilen kann, um nahe dem Dschabal ar-rahma, dem Berg der Barmherzigkeit, Predigten zu hören und zu beten. Die weltweite Gemeinde der Muslime begleitet diesen Tag mit einem Fasten. Nach Sonnenuntergang kehrt man nach Muzdalifa zurück, das zwischen der Ebene Arafat und Mina liegt. Mit der ersten Morgendämmerung, es ist nun der 10. Tag Dhu 'l-Hiddscha, machen sich die Pilger nach Mina auf, um dort vor Sonnenaufgang einzutreffen. Im Gedenken an die Versuchung Abrahams und Ismaels durch den Satan und als rituelle Vergegenwärtigung der Abwehr solcher Versuchung werden Kieselsteine auf die Steinstele *Dschamrat al-aqaba* geworfen als symbolische Steinigung des Satans. Die islamische *umma* ist mit Abraham unterwegs auf seinem Opfergang und steht mit ihm in der Versuchung, dem Befehl Gottes ungehorsam zu werden.

Der Weihezustand *ihram* wird beendet, indem man sich rasiert und die Haare schneiden lässt. Nun sind die Pilger bereit für das große Opferfest, das am besten an diesem 10. Tag des Monats gefeiert wird. Das hunderttausendfache Opfer wird in Erinnerung an die Opferbereitschaft Abrahams und seines Sohnes und an seine Auslösung durch das Ersatztier gebracht (Sure 37,103). Ein Schaf, eine Ziege oder ein anderes geeignetes Opfertier wird nach Mekka gewandt geschächtet, indem ein sauberer Schnitt durch Halsschlagader und Luftröhre geführt wird. Das Fleisch verteilt man zum größeren Teil an Nachbarn und Bedürftige, mit einem kleineren Teil wird selbst gefeiert. Die Zentralität der Opferungsgeschichte im Gesamtablauf zeigt, dass der Text aus Sure 37, obwohl er innerhalb des Korans nicht wieder aufgenommen wird (s. 2.5.), einen höchst bedeutsamen Aspekt islamischer Theologie darstellt. Er gehört analog zu den entsprechenden Texten in Judentum und Christentum zu den Kerntexten islamischen Selbstverständnisses, das sich nicht zuletzt in der wesentlich rituellen, weniger spirituellen Deutung dieser Erzählung manifestiert.

Der Haddsch wird mit einem weiteren kurzen Aufenthalt in Mekka und der Rückkehr nach Mina beendet, wo man nach vorgeschriebener Weise an drei Tagen hintereinander bei Sonnenuntergang die Steinigung der drei „Teufels-Stelen" vornehmen muss.

Der Besuch des Prophetengrabes in Medina im Anschluss an die Zeremonien in Mekka ist von Strengorthodoxen gelegentlich als Menschenverehrung missbilligt worden, doch aus der Nähe zum Propheten neue Kraft und spirituelle Inspiration zu ziehen, lassen sich doch die meisten Pilger nicht entgehen.

2.8.2.3. Muhammad als der von Abraham erbetene Gesandte

Die Erbauung bzw. die Reinigung der Kaaba wird mit einem Gebet abgeschlossen, das einmal als Gebet Abrahams überliefert ist (2,126), dann im Vers darauf als gemeinsames Gebet Abrahams und Ismaels (vgl. auch Sure 14,35 – 41). Dieses gipfelt in der Bitte um „einen Gesandten von ihnen", der das Buch und die Weisheit lehrt und eine Läuterung des Glaubens herbeiführt. Alle Interpreten sind sich einig, dass diese Bitte im Munde Abrahams, die stark an die Prophetenverheißung Deuteronomium 18,15 erinnert, auf Muhammad zielt. Er ist einer „von ihnen", den Mekkanern, und ist der Gottgesandte. Später legt man Muhammad das Selbstbekenntnis in den Mund: „Ich bin die Bitte meines Vaters Abraham und die gute Nachricht Jesu" (Tabari).

Diese Ausrichtung auf den neuen Mittelpunkt weist ebenso wie die Betonung des Alters der Kaaba auf den weiten Bogen Abraham – Muhammad, durch den der junge Islam sein Heiligtum gewinnt, das älter ist als Jerusalem.

Unter diesem Aspekt ist es an der Zeit, noch einmal etwas vorzugreifen und Sure 3,95 – 97 schon hier heranzuziehen:

> (95) Sag: Gott hat die Wahrheit gesprochen. So folgt dem Glaubensbekenntnis Abrahams, (als) Anhänger des rechten Glaubens *(hanif)*, und er gehörte nicht zu den Götzendienern. (96) Das erste (Gottes)haus, das für die Menschen gegründet wurde, ist wahrlich dasjenige in Bakka, als ein gesegnetes (Haus) und eine Rechtleitung für die Weltenbewohner. (97) Darin liegen klare Zeichen. (Es ist) der Standort Abrahams. Und wer es betritt, ist sicher. Und Gott steht es den Menschen gegenüber zu, dass sie die Pilgerfahrt zum Hause unternehmen – (diejenigen), die dazu die Möglichkeit haben. Wer aber ungläubig ist, so ist Gott der Weltenbewohner unbedürftig.

Das „alte Haus" ist das erste, das je für den wahren Gottesdienst der Menschen errichtet wurde. Gemeint ist die Kaaba. Bakka steht für Mekka (arabisch Makka), möglicherweise durch Austausch des M durch B, um bösen Einfluss durch Aussprechen des Namens zu verhindern (apotropäische Funktion). Die Pilgerfahrt ist eine Pflicht für jede und jeden Gläubige(n). Interessant ist die Formulierung dieser Pflicht als *Gottes Recht*, so jedenfalls in der Übersetzung von Bubenheim/Elyas (Khoury: Gott hat den Menschen die Pflicht zur Wallfahrt nach dem Haus auferlegt). In manchen muslimischen Broschüren etwa zur Erziehung wird darauf hingewiesen: Es gibt nicht nur Menschenrechte und -pflichten, sondern auch Rechte Gottes.

2.8.3. Von Abraham bis Muhammad

Die Fortsetzung in Sure 2 spiegelt die Auseinandersetzung Muhammads mit den Juden (und Christen), die sich ihre Religion ausgesucht und sie dem Islam vorgezogen haben, wie Tabari ausführt. Gegenüber dieser Abweichung von der *millat Ibrahim* gilt es den Anschluss an die ursprüngliche abrahamische Religion wiederzugewinnen, die von Gott zu *der* Religion auserwählt worden ist:

> (130) Wer wird das Glaubensbekenntnis Abrahams *(millat Ibrahim)* wohl verschmähen außer dem, der selbst betört ist? Wir haben ihn (Abraham) ja bereits im Diesseits auserwählt, und im Jenseits gehört er wahrlich zu den Rechtschaffenen. (131) (Damals,) als sein Herr zu ihm sagte: „Sei (mir) ergeben!" [Bubenheim/Elyas: „Werde Muslim!"] Er sagte: „Ich habe mich dem Herrn der Weltenbewohner ergeben *(aslamtu)*." (132) Und Abraham befahl es seinen Söhnen an – (er) und Jakob: „O meine Kinder, Gott hat euch die Religion auserwählt; so sterbt denn nicht, außer (Ihm) ergeben zu sein *(muslimuna)!*" (133) Oder wart ihr etwa Zeugen, als Jakob der Tod nahte? Als er zu seinen Söhnen sagte: „Wem werdet ihr nach mir dienen?" Sie sagten: „Wir werden deinem Gott und dem Gott deiner Vorväter Abraham, Ismael und Isaak dienen, als dem Einen Gott, und Ihm sind wir ergeben *(muslimuna)*." (134) Das ist eine Gemeinschaft, die schon vergangen ist; ihr kommt zu, was sie verdient hat, und euch, was ihr verdient habt. Und ihr werdet nicht danach befragt werden, was jene zu tun pflegten.

Die Übersetzung bei Bubenheim/Elyas „Werde Muslim!" ist vom Korantext her gesehen eine unzulässige Verengung. Im Jahr 624 ist das Verb *aslama* noch nicht als fester Ausdruck zu verstehen als „sich der Religion des Islam anschließen", sondern in seiner ursprünglichen Bedeutung „(Gott sein Gesicht) zuwenden" (s. o. 2.7.). Doch die vierfache Bindung des zentralen islamischen Begriffes, der zur Bezeichnung der Religion schlechthin wird, an Abraham innerhalb von drei Versen konnte ihre Wirkung nicht verfehlen. Dem Befehl Gottes folgt die gehorsame Antwort des Patriarchen, der darin seinem Muslimsein Ausdruck gibt. Wie sich der Glaube fortsetzt, wird in der analogen Wiederholung der Struktur auf der menschlichen Ebene angezeigt: Abraham mahnt den Gehorsam als Aufforderung gegenüber seinen Nachkommen an, und diese reagieren entsprechend: „Ihm sind wir ergeben". Dieser *umma* anzugehören ist verdienstvoll.

In den folgenden Versen wird die nunmehr klar umrissene abrahamische Religion ausdrücklich mit Judentum und Christentum konfrontiert (Sure 2,135–141):

(135) Sie sagen: „Werdet Juden oder Christen, so seid ihr rechtgeleitet." Sag: Nein! Vielmehr das Glaubensbekenntnis Abrahams *(millat Ibrahim)*, Anhängers des rechten Glaubens *(hanif)*, und er gehörte nicht zu den Götzendienern. (136) Sagt: „Wir glauben an Gott und an das, was zu uns (als Offenbarung) herabgesandt worden ist, und an das, was zu Abraham, Ismael, Isaak, Jakob und den Stämmen herabgesandt wurde, und (an das,) was Mose und Jesus gegeben wurde, und (an das,) was den Propheten von ihrem Herrn gegeben wurde. Wir machen keinen Unterschied bei jemandem von ihnen, und wir sind Ihm ergeben." (137) Wenn sie an das gleiche glauben, woran ihr glaubt, dann sind sie somit rechtgeleitet. Wenn sie sich jedoch abkehren, dann befinden sie sich in Widerstreit. Aber gegen sie wird Gott dir genügen. Er ist der Allhörende und Allwissende. (138) Gottes Kennzeichen [Bubenheim/Elyas: Farbgebung; wörtl. Färbung, auch: Kennzeichnung, oder: Taufe] – und wessen Kennzeichen ist besser als dasjenige Gottes! Und Ihm dienen wir. (139) Sag: Wollt ihr nun mit uns über Gott streiten, wo Er doch unser und euer Herr ist? Für uns sind unsere Werke und für euch eure Werke. Und wir sind Ihm aufrichtig zugetan. (140) Oder wollt ihr etwas sagen, Abraham, Ismael, Isaak, Jakob und die Stämme seien Juden oder Christen gewesen? – Sag: Wisst ihr es besser oder Gott? – Wer ist ungerechter, als wer ein Zeugnis von Gott bei sich verheimlicht? Und Gott ist nicht unachtsam dessen, was ihr tut. (141) Das ist eine Gemeinschaft, die schon vergangen ist; ihr kommt zu, was sie verdient hat und euch, was ihr verdient habt. Und ihr werdet nicht danach befragt werden, was jene zu tun pflegten.

Die Bekenntnisformulierung V. 136 (vgl. Sure 3,84; 4,163–165) anerkennt die Einheit aller gottgegebenen Prophetie und Offenbarung, hier exemplarisch in einer Reihe von Abraham bis Muhammad verdeutlicht. Solche Prophetenlisten sind für Muhammad wichtig gewesen, immer wieder beruft er sich auf die Autorität der auserwählten Gottesmänner, die er als Erben der Schrift und Künder der Botschaft von dem einen Gott sieht: 3,84; 4,163, in kürzerer Form schon in mekkanischer Zeit in 87,19; 42,13, ähnlich auch 6,84–86. Unterschiedslos haben die Propheten die Abrahamsreligion verkündet. Judentum und Christentum sind aber offenbar davon abgewichen, was insbesondere darin sichtbar wird, dass sie den Monotheismus nicht rein erhalten haben (siehe Sure 9,30). Dadurch kommt es zur Anerkennung ihrer Offenbarungen und gleichzeitig zur Distanzierung von ihren konkreten geschichtlichen Ausprägungen.

2.8.4. Qibla – die Gebetsrichtung

Die frühe islamische Gemeinde hat sich im Gebet nach Jerusalem gewandt, und zwar – so ist zu vermuten – mehr als zehn Jahre lang. Wird eine solche als göttlich aufgefasste Norm geändert, so bedarf es einer besonderen Begründung. Die Zurücknahme der für kurze Zeit bestehenden Erlaubnis, die drei vorislamischen Göttinnen anzurufen (Sure 53,19–20), beruhte auf der Erklärung, es habe sich um eine satanische Einflüsterung gehandelt. Für die Änderung der Gebetsrichtung wäre eine solche Begründung wohl kaum tragfähig gewesen. Der Koran thematisiert sie so:

> (142) Die Toren unter den Menschen werden sagen: „Was hat sie von der Gebetsrichtung, die sie (bisher) einhielten, abgebracht?" Sag: Gott gehört der Osten und der Westen. Er leitet, wen Er will, auf einen geraden Weg. (143) Uns so haben Wir euch zu einer Gemeinschaft der Mitte gemacht, damit ihr Zeugen über die (anderen) Menschen seiet und damit der Gesandte über euch Zeuge sei. Wir hatten die Gebetsrichtung, die du einhieltest, nur bestimmt, um zu wissen, wer dem Gesandten folgt und wer sich auf den Fersen umkehrt. Und es ist wahrlich schwer außer für diejenigen, die Gott rechtgeleitet hat. Aber Gott lässt nicht zu, dass euer Glaube verlorengeht. Gott ist zu den Menschen wahrlich Gnädig, Barmherzig. (144) Wir sehen ja dein Gesicht sich (suchend) zum Himmel wenden. Nun wollen Wir dir ganz gewiss eine Gebetsrichtung zuweisen, mit der du zufrieden bist. So wende dein Gesicht in Richtung der geschützten Gebetsstätte [Paret: der heiligen Kultstätte] *(al-masdschid al-haram)!* Und wo immer ihr seid, wendet eure Gesichter in ihrer Richtung! Diejenigen, denen die Schrift gegeben wurde, wissen sehr wohl, dass dies die Wahrheit von ihrem Herrn ist. Und Gott ist nicht unachtsam dessen, was sie tun. (145) Selbst wenn du zu denjenigen, denen die Schrift gegeben wurde, mit jeglichen Zeichen kämest, würden sie doch nicht deiner Gebetsrichtung folgen; noch folgst du ihrer Gebetsrichtung. Und auch untereinander folgen sie nicht der Gebetsrichtung der anderen. Würdest du aber ihren Neigungen folgen, nach all dem, was dir an Wissen zugekommen ist, dann gehörtest du wahrlich zu den

> Ungerechten. (146) Diejenigen, denen Wir die Schrift gegeben haben, kennen es [= das Buch, den Koran], wie sie ihre Söhne kennen. Aber ein Teil von ihnen verheimlicht wahrlich die Wahrheit, obwohl sie (sie) wissen. (147) (Es ist) die Wahrheit von deinem Herrn, gehöre daher nicht zu den Zweiflern! (148) Jeder hat eine Zielrichtung, zu der er sich hinwendet. So wetteifert nach den guten Dingen! Wo immer ihr auch sein werdet, Gott wird euch alle herbeibringen. Gott hat zu allem die Macht. (149) Und woher du immer heraustrittst, da wende dein Gesicht in Richtung der geschützten Gebetsstätte. Es ist wirklich die Wahrheit von deinem Herrn. Und Gott ist nicht unachtsam dessen, was ihr tut. (150) Und woher du immer heraustrittst, da wende dein Gesicht in Richtung der geschützten Gebetsstätte. Und wo immer ihr seid, da wendet eure Gesichter in ihrer Richtung, damit die Menschen kein Beweismittel gegen euch haben, außer denjenigen von ihnen, die Unrecht tun. – So fürchtet nicht sie, sondern fürchtet Mich! – Und damit Ich Meine Gunst an euch vollende, auf dass ihr rechtgeleitet werden möget.

Die Abwendung von Jerusalem und die Hinwendung nach Mekka reflektiert gleichsam eine geographische und theologische Wende um 180 Grad, sie dokumentiert den Bruch mit den Juden (und in anderer Weise auch mit den Christen). Sie wird letztlich mit der Souveränität Gottes begründet, in einer neuen Situation auch neue Weisung zu geben. Sure 2,106 ist die Grundlage für die klassische Auffassung der Lehre, dass Gott zu gegebener Zeit ältere Offenbarungsaussagen aufheben kann (s. auch 2,75.146; 16,101; 13,39):

> (106) Was Wir an Versen aufheben oder in Vergessenheit geraten lassen – Wir bringen bessere oder gleichwertige dafür. Weißt du denn nicht, dass Gott zu allem die Macht hat?

Das muss nicht als Willkür oder als Änderung des göttlichen Willens interpretiert werden. Gott widerspricht sich nicht durch einen entgegengesetzten Befehl, denn Gott kann nicht lügen. Es kann vielmehr als dynamische Offenbarung gedeutet werden, als Weisung, die gerade dem entspricht, was die Lage der Gläubigen ausmacht oder wie sie sich in einer veränderten Situation verhalten sollen. So begegnet Muhammad dem zu erwartenden Spott und den Vorwürfen der Gegner sowie der Unsicherheit der eigenen Leute, die sich um die Folgen solcher Wankelmütigkeit sorgen.

Jerusalem hat in der islamischen Tradition großes Gewicht als „die erste der beiden Gebetsrichtungen, der zweite der Betorte, der dritte (nach) den beiden heiligen Bezirken“ *(ula l-qiblatain – thani al-masdschidain – thalith al-haramain).* Alle Propheten haben sich betend nach Jerusalem gewandt, und von Sure 17,1 her wird in dem dort gebrauchten Ausdruck „der entfernteste Gebetsplatz“ *(al-masdschid al-aqsa)* Jerusalem gesehen, wo bis heute die al-Aqsa-Moschee zu finden ist, die damit nach der Gebetsstätte in Mekka den zweiten Rang einnimmt. Die heiligen Bezirke Mekka, Medina und Jerusalem wurden schließlich in dieser Reihenfolge gezählt. – Die Korankommentatoren betonen immer wieder, dass Muhammad die Gebetsrichtung zuerst nach Jerusalem wählte, um die Juden, die das Leben in Medina prägten, zunächst für die Botschaft des Islam zu gewinnen. Der gewünschte Erfolg blieb offensichtlich aus. Mit Sure 2,142 ff wird die Jerusalem-Qibla abrogiert und durch die Hinwendung nach Mekka ersetzt. Seither ziert ein Hinweis auf diesen Abschnitt, etwa Vers 144, unzählige Gebetsnischen *(mihrab)* in den Moscheen der Welt. Die Ausrichtung auf das Heiligtum in Mekka wurde schon früh mit Abraham als dem Erbauer der Kaaba in Verbindung gebracht und *qiblat Ibrahim* genannt. Er, der aufs Engste mit dem Berg Morija verbunden war, welcher schon biblisch mit dem Tempelberg in Jerusalem identifiziert wurde (Gen 22,2; 2Chr 3,1), erhält im Koran durch die einzige koranische (Abrahams-)Erzählung, die eindeutig lokalisierbar ist, eine neue Verortung: Indem er aus dem uralten Zentrum des polytheistischen Götzenkults das Zentrum der neuen muslimischen Gemeinschaft macht, tritt es an die erste Stelle vor Jerusalem mit seiner Morija-Tempel-Golgota-Geschichte. Der Ort der *Akeda*, der als der Betort Davids äußerlich und inhaltlich die Mitte des salomonischen Tempels markiert, wird in der religiösen Aneignung der Muslime als Fels im Zentrum des Jerusalemer *Haram asch-scharif* zwar zum Ort der Himmelsreise Muhammads. Denn hier, am Nabel der Welt, wird sich die Vollendung der Weltgeschichte ereignen und das eschatologische Geschehen seinen Anfang nehmen. Zugleich wird Jerusalem indes als der „dritte der heiligen Bezirke“ den beiden Heiligtümern Mekka und Medina nachgeordnet, denn das Heil kommt nun nicht mehr vom Zion oder „von den Juden“ (Joh 4,22). Die Bindung des Sohnes als Geschehen in Mekka wird zum konstitutiven Ereignis, zur Gründungslegende islamischen Selbstverständnisses, das im Vollzug der dieses Ereignis vergegenwärtigenden Riten die Erfüllung des Daseins und der Gottesverehrung in einem erblickt.

In mekkanischer Zeit konnten Muhammad und seine Getreuen beide Gebetsrichtungen miteinander verbinden, also gleichzeitig zur Kaaba hin und sozusagen in der Verlängerung nach Jerusalem beten. Das war in Medina schon geographisch nicht mehr möglich, da man sich entweder nach Norden oder nach Süden wenden musste. So wurde im Zeichen Abrahams die theologische (Ab-)Wendung von Jerusalem vollzogen und damit zugleich der Islam unabhängig von Judentum und Christentum als die ursprüngliche Offenbarungsreligion präsentiert.

Wie sehr die theologische Entscheidung auch die Topographie Mekkas beeinflusst hat, ist in der heutigen *haram*-Anlage zu sehen: Geht man von den direkt gegenüberliegenden Eingängen „Tor Abrahams“ und „Tor des Propheten“ aufeinander zu, so trifft man sich an der Kaaba. Die gedachte Achse durch beide Tore steht genau senkrecht steht zur Richtung nach Jerusalem. Dies ist die einzig mögliche architektonische Anordnung, die Jerusalem völlig außer Acht lässt – eine steingewordene theologische Aussage (H. Josua). Ihre Bedeutung lässt sich auch daran erkennen, dass die Muslime bereits in frühislamischer Zeit *ahl al-qibla* genannt wurden, „die Leute der Gebetsrichtung (zur Kaaba hin)“. Muhammad selbst soll die *qibla* mit einem Palmstamm oder einem Stein markiert haben, nach seinem Tod ließ man für diesen Zweck seinen Stab in die Wand der Moschee in Medina ein.

So steht die Kaaba im Zentrum der endlos sich fortpflanzenden Bewegung konzentrischer Kreise derer, die sich rund um den Globus fünfmal am Tag gen Mekka verneigen und ihre Blicke im Gebet auf diese Mitte richten.

2.9. „Argumentum Paulinum“: Abraham als Anhänger des rechten Glaubens (Hanif) und Freund Gottes (Khalil)

Abraham war ein *Hanif.* Dieser letztlich nicht geklärte Ausdruck taucht erst in der letzten mekkanischen Zeit auf und steht an acht von den zwölf Belegstellen im Zusammenhang mit Abraham. Neunmal folgt unmittelbar die Klarstellung, dass damit jemand bezeichnet wird, der nicht dem altarabisch verbreiteten Polytheismus anhängt. Unter den damals bekannten Eremiten wurden offenbar solche *Hanifen* genannt, die religiös auf der Suche waren und sich vom Polytheismus zwar abgewandt, aber weder dem jüdischen noch dem christlichen Monotheismus zugewandt hatten. Das Wort kann von „neigen, sich beugen“ und dann „abweichen“ abgeleitet werden. Möglicherweise kam es aus dem Syrischen, wo es in der Bedeutung „Heide“ für diejenigen in Gebrauch war, die sich weder als Juden noch als Christen bekannten. In Sure 2,135 (s. o. 2.8.3.) und Sure 3,67 wird das Hanifentum klar von diesen beiden Religionen unterschieden. Vorislamisch ist das Wort *hanif,* das oft mit „Rechtgläubiger“ oder „Anhänger des reinen Glaubens“ übersetzt wird, allerdings nie mit Abraham assoziiert worden.

Sure 3,65 – 68:

> (65) O Leute der Schrift, warum streitet ihr über Abraham, wo die Tora und das Evangelium erst nach ihm (als Offenbarung) herabgesandt worden sind? Begreift ihr denn nicht? (66) Ihr da seid es doch, die ihr über etwas gestritten habt, wovon ihr Wissen habt; warum streitet ihr nun aber über etwas, wovon ihr kein Wissen habt? Gott weiß, ihr aber wisst nicht. (67) Abraham war weder ein Jude noch ein Christ, sondern er war Anhänger des rechten Glaubens *(hanif)*, einer, der sich Gott ergeben hat *(muslim)*, und er gehörte nicht zu den Götzendienern *(muschrikun)*. (68) Die Menschen, die Abraham am nächsten stehen, sind wahrlich diejenigen, die ihm folgten, sowie dieser Prophet und die, die (mit ihm) glauben. Und Gott ist der Schutzherr der Gläubigen.

Über das Hanifentum wird Abraham von Judentum und Christentum abgehoben, als ursprünglicher Muslim dargestellt und die *millat Ibrahim* damit als der durch Muhammad wiederhergestellte Islam, als die altehrwürdige „Religion bei Gott" bezeugt, (Vers 67; vgl. nur Sure 3,19.83.85.102; 5,3 und oben 2.8., insbesondere Sure 3,95–97). Das erinnert in gewisser Weise an den Rückgriff auf Abraham, wie er schon beim Apostel Paulus zu finden ist, der den (abrahamischen) Glauben in Christus vollendet sieht, und das gerade abgesehen vom „Gesetzesgehorsam" (Gal 3; Röm 4; 2Kor 1,20). Christus ist das *telos* (Ende, Ziel) des Gesetzes (Röm 10,4), das „hinzugekommen" ist, sozusagen dazwischengetreten (Gal 3,19). Dies könnte man das „*argumentum Paulinum*" nennen, das Muhammad auf seine Weise aufgreift. Freilich muss man sehen, dass die Analogie nicht sehr weit reicht. Die Ur-Kunden des sogenannten Alten Testaments werden im Neuen Testament wohl einer christlichen *relecture* unterzogen, doch es war für Paulus wie für die anderen neutestamentlichen Autoren keine Frage, dass die Schriften selbst eben nicht in fundamentaler Kritik unter das pauschale Urteil der Verfälschtheit oder der Verderbtheit fallen, sondern dass vielmehr an ihnen festzuhalten und um die Interpretation zu ringen ist. Zu den herausragenden neutestamentlichen Akzenten der Abrahamrezeption gehört deshalb neben der Inanspruchnahme des Patriarchen im Sinne eines Ur- und Vorbildes christlichen Glaubens das Bewusstsein und die Reflexion der geschichtlichen und theologischen Verbundenheit mit Israel (vgl. Röm 9–11). Das „Alte Testament" war und blieb die Heilige Schrift der wachsenden Kirche, während die Bibel für den Koran bei aller offenbarungsgeschichtlichen Anerkennung gerade durch die „Islamisierung" Abrahams (s. o. 2.8.) theologisch entbehrlich wurde.

Es ist vermutet worden, dass Muhammad in der spätmekkanischen Zeit seinen Glauben immer stärker mit dem Glauben des Hanifen Abraham identifizierte und daher mit dem Terminus *hanif, hanifiyya* belegte, bevor er in Medina den Begriff des „Islam" dafür in Gebrauch nahm, der ja zunächst eine wesentlich weitere Bedeutung gehabt hatte.

In Sure 4,125 fließt das ineinander (vgl. auch oben 2.7.):

> Wer hätte eine bessere Religion *(din)*, als wer sein Gesicht Gott hingibt [wörtl. zu Gott wendet] und dabei Gutes tut und dem Glaubensbekenntnis Abrahams *(millat Ibrahim)* folgt, (als) Anhän-

> ger des rechten Glaubens *(hanif)*? Und Gott nahm sich Abraham zum Freund *(khalil)*.

Auf dieser Stelle beruht nun auch der Ehrentitel Abrahams, er sei der Freund Gottes, wie er dann in der Tradition ganz überwiegend genannt wird. Für etliche Propheten haben sich im Islam solche Ehrentitel eingebürgert. So heißt Adam *Safiy Allah* „der lautere Freund Gottes", Muhammad wird *Habib Allah* „Liebling Gottes", vor allem aber *Khatam al-anbiya* „Siegel der Propheten" genannt, und Mose schließlich ist der *Kalim Allah*, „derjenige, mit dem Gott geredet hat". Abrahams Ehrenname klingt schon in der Bibel an, und zwar in 2Chr 20,7; Jes 41,8; Jak 2,23. Das arabische Wort, das für *Freund* steht, *Khalil*, ist seit alters der arabische Name der Stadt Hebron im Heiligen Land, jenes Ortes, an dem Abraham und Sara begraben sind und bis heute verehrt werden.

2.10. Kein Vorbild: Abrahams Fürbitte

Die spätere Überlieferung sagt, dass Abraham der „Beste der ganzen Schöpfung" ist, wir haben ihn als „Vorbild" für die ganze Menschheit kennengelernt (Sure 2,124, s. 2.8.1.). An einer Stelle ist Abrahams Handeln jedoch nicht vorbildhaft: Er hat Fürbitte für seinen ungläubigen Vater getan. Dass Abraham für seinen Vater, mit dem er wegen des Götzendienstes in harter Auseinandersetzung stand, um Vergebung gebeten hat, erfahren wir in Sure 26,86:

> Und vergib meinem Vater, denn er gehört zu den Irregehenden.

Und in Sure 19,47 (zum Kontext s. o. 2.3.):

> Er (Abraham) sagte: „Friede sei auf dir! Ich werde meinen Herrn für dich um Vergebung bitten; gewiss, Er ist zu mir sehr entgegenkommend."

Dass es sich dabei um die Ausnahme vom „guten Beispiel" handelt, lesen wir in der späten Sure 60,4:

> Ihr habt doch ein schönes Vorbild in Abraham und denjenigen, die mit ihm waren, als sie zu ihrem Volk sagten: „Wir sind unschuldig an euch und an dem, dem ihr anstatt Gottes dient. Wir verleugnen euch, und zwischen uns und euch haben sich Feindschaft und Hass auf immer offenkundig gezeigt, bis ihr an Gott allein glaubt." (Dies), außer das Wort Abrahams zu seinem Vater: „Ich werde ganz gewiss für dich um Vergebung bitten; doch vermag ich für dich vor Gott gar nichts auszurichten. Unser Herr, auf Dich verlassen wir uns, und Dir wenden wir uns reuig zu. Und zu Dir ist der Ausgang."

Den Gläubigen wird Abraham als Vorbild vor Augen gestellt, bis auf diese Ausnahme: Sie sollen nicht wie Abraham für Ungläubige Fürbitte tun, vielmehr ist den Feinden Gottes Feindschaft und Hass entgegenzubringen. Der frühe Ausleger Mudschahid sagt es ausdrücklich: „In allem ist Abraham ein Beispiel, außer in der Bitte um Vergebung für seinen Vater." Ist Abraham zu weichherzig? So wird er ja in Sure 11,75 charakterisiert:

„Abraham war wahrlich nachsichtig, weichherzig und reuig." So wäre es ihm deshalb nachzusehen, denn eigentlich hätte er wohl wissen müssen – so der Hadith –, dass „keine lasttragende (Seele) die Last einer anderen auf sich nehmen wird" (Sure 53,38; vgl. 17,15; 35,18; 39,7; 6,164; 2,48), wie es doch in der Offenbarungsschrift Abrahams, in den „Blättern Abrahams", steht. (Die Tradition war überzeugt, dass Sure 53,38 – 56 in den „Blättern Abrahams und Moses" geschrieben stand.)

Noch drastischer kommt es in Sure 9 zur Sprache, die als vorletzte offenbart wurde. Sure 9,113 – 114:

> (113) Dem Propheten und denjenigen, die glauben, steht es nicht zu, für die Götzendiener um Vergebung zu bitten, auch wenn es Verwandte wären, nachdem es ihnen klar geworden ist, dass sie Insassen des Höllenbrandes sein werden. (114) Und die Bitte Abrahams um Vergebung für seinen Vater war nur wegen eines Versprechens, das er ihm gegeben hatte. Als es ihm aber klar wurde, dass er ein Feind Gottes war, sagte er sich von ihm los. Abraham war fürwahr weichherzig und nachsichtig.

Muhammad spricht am Ende seines Lebens, in der Situation des Triumphes – Mekka wurde 630 von den Muslimen eingenommen und der Kaabakult „gereinigt" – das endgültige Verbot der Fürbitte aus für solche, die als Götzendiener gestorben sind. Die altarabischen Sippenbande werden zerschnitten, der individuelle Glaube zählt. Feindschaft gegen Gott wiegt so schwer, dass sie energisch zu bekämpfen ist (der sogenannte „Schwertvers" steht in derselben Sure 9,5), und wo das nicht möglich ist, bleibt die Feindschaft über den Tod hinaus, und seien es Verwandte, ja, der eigene Vater. So enden die koranischen Nachrichten über Abraham eher düster gestimmt.

3. Abraham in der nachkoranischen Überlieferung

Wir wollen – in groben Zügen – sehen, wie die nachkoranische islamische Überlieferung die Abrahamsgeschichte erzählt hat. Es gibt eine große Variationsbreite in einer Fülle von Abrahamstraditionen, seien es Einzelüberlieferungen, Sammlungen oder ganze Erzählwerke, die den Prophetenbiographien gewidmet sind. Wir halten uns an die berühmten und sehr populär gewordenen *Qisas al-anbiya* (Prophetengeschichten), die unter dem Namen *Ara'is al-madschalis* („Erbauliche, wie Bräute für die Hochzeit geschmückte Predigten") von dem Perser Ahmad b. Muhammad an-Naisaburi, genannt ath-Tha'labi (gest. 1035), niedergeschrieben wurden. Aus den meist mehreren Varianten, die Tha'labi zu den wichtigen Stationen des Lebens Abrahams zusammenträgt – und deren Großteil im Judentum überliefert worden ist –, treffen wir eine Auswahl. Da das gesamte Werk heute in Übersetzung bequem nachgelesen werden kann (H. Josua, H. Busse), beschränken wir uns darauf, einen zusammenfassenden Eindruck zu geben, welche Aspekte des Lebens Abrahams hier eine hervorgehobene Rolle spielen und welche inhaltlichen Akzente gesetzt werden in Verstärkung koranischer Inhalte oder auch in Ergänzung dazu.

Hier also die wichtigsten Episoden – ohne Anspruch darauf, das Original sprachlich-rhetorisch angemessen wiederzugeben, aber in der traditionellen Reihenfolge. Die Koranstellen, die in Teil 2 schon aufgenommen sind, werden hier nicht noch einmal wörtlich, sondern nur mit Stellenangabe wiedergegeben.

3.1. Abrahams Geburt und Gotteserkenntnis

Es war zur Zeit des ungläubigen Königs und Gewaltherrschers Nimrod (arabisch *Namrud*; vgl. Gen 10,8 – 12), als Abraham in Mesopotamien geboren werden sollte. Nimrod war hochmütig und verlangte von seinem Volk, angebetet zu werden. Als seine Weisen erklärten, es werde übers Jahr ein Junge geboren, der die Religion der Bewohner der Erde verändern werde, suchte er mit allen Mitteln die Geburt von Kindern zu unterbinden. Er trennte die Männer von ihren Frauen, schickte Männer in den Krieg, ja er befahl, alle kleinen Jungen hinzuschlachten. Als Abrahams Mutter schwanger geworden war, verbarg Azar, der Vater, sie in einer Höhle und versorgte sie heimlich mit allem, was sie brauchte. In jener Höhle wurde Abraham geboren und wuchs auf wundersame Weise heran, so dass er nach kurzer Zeit schon viel älter erschien und unbesorgt vor den Kindsmördern heimkehren konnte.

Schon in der Höhle hatte sich Abraham Gedanken über Gott und die Welt gemacht. Die Schöpfung musste doch einen Herrn haben. Und so kam er nach einigem Nachdenken zu der Erkenntnis: „Derjenige, der mich erschaffen hat, der für meinen Unterhalt sorgt und mir zu essen und zu trinken gibt, ist gewiss mein Herr. Außer ihm habe ich keinen anderen Gott." Darauf folgt die Szene, die in Sure 6,76 – 79 geschildert ist (s. 2.7.).

3.2. Kampf gegen den Götzendienst: Abraham und Nimrod

Vater Azar stellte Götzenbilder her, er war sozusagen Devotionalienhändler. Der junge Abraham sollte mit ins Geschäft einsteigen und Götzenbilder verkaufen, war davon aber wenig angetan. Er pflegte sie deshalb zu nehmen und zu rufen: „Wer kauft, was weder schadet noch nützt?" Das war natürlich nicht sehr werbekräftig, so dass er auf der Ware sitzen blieb. Über die Figuren und über das Volk, das an seiner Irreführung festhielt, machte er sich lustig. Er stritt mit den Leuten und rief seinen Vater Azar zu seiner Religion, wie es in Sure 6,80 – 83 und 19,42 –

48 berichtet ist. Der Vater folgte dem Ruf nicht. Darauf machte Abraham seine Religion öffentlich bekannt und predigte, wie wir in Sure 26,75 – 83 lesen.

Diese Geschehnisse konnten dem mächtigen Nimrod nicht verborgen bleiben, weshalb er Abraham vorlud. Er stellte ihn zur Rede, was das für ein Gott sei, der über allen anzubeten sei. „Es ist mein Herr, der lebendig macht und sterben lässt", antwortete Abraham, worauf der Herrscher erwiderte: „Ich mache lebendig und lasse sterben!" Abrahams Antwort war schlicht (Sure 2,258): „Gott bringt ja die Sonne vom Osten her; so bringe du sie vom Westen her!" Da war derjenige, der ungläubig war, verblüfft, heißt es im Koran weiter.

> Abraham soll seine Berufung, die mit der Konfrontation mit Nimrod in Verbindung gebracht wird, im Alter von 40 Jahren erlebt haben – wie alle anderen Propheten auch. So berichtet al-Kisa'i in seinen Prophetengeschichten. Nur Jesus erhielt schon als Kind und dann mit 30 Jahren seine göttliche Offenbarung. Biblisch symbolisiert die Zahl 40 vor allem die Zeit des Wartens und der Vorbereitung. Koranisch ist es das Alter der Vollreife und der Selbstreflexion (Sure 46,15). So wurde auch Muhammad mit 40 Jahren berufen, wie übrigens al-Ghazali und Dschalal ad-Din Rumi ihre Lebenswenden ebenfalls im Alter von 40 Jahren erlebt haben sollen. (H. Josua)

3.3. Abraham im Feuer

Nimrod und das Volk kamen überein, Abraham zu verbrennen. Er wurde eingekerkert, und bestes Brennholz wurde derart aufgehäuft, dass die Hitze des Feuers ins Unermessliche stieg. Die Vögel fielen tot vom Himmel, und um Abraham überhaupt ins Feuer befördern zu können, bedienten sie sich – auf Anraten des Teufels – eines Katapults, auf das der Prophet gebunden und gefesselt gesetzt wurde. Der Himmel geriet in Aufruhr, alle Engel wollten dem Gottesmann zu Hilfe kommen. Abraham lehnte alle Angebote dankend ab, da er sich allein auf seinen Herrn, den Gott des Himmels und der Erde, verließ. Es wird berichtet, Abraham sei allein aufgrund seines Wortes „Gott ist mein Genüge, welch ein vortrefflicher Sachwalter!" gerettet worden.

Als Abraham im Feuer war, wurde ein zweiter Mann bemerkt, der Abrahams Kopf auf seinen Schoß nahm und ihm den Schweiß abwischte. Das sei der „Engel der Schatten“ gewesen, wird berichtet. Auf Gottes Befehl hin erloschen schließlich alle Feuer auf Erden, da sie alle vor dem Wort Gottes erschraken und jedes glaubte, es sei gemeint. Ja, Gott musste sogar die anschließende Kälte unschädlich machen, da Abraham sonst daran zugrunde gegangen wäre. Deshalb heißt es im Koran: „O Feuer, sei kühl und unschädlich für Abraham“ (Sure 21,69).

König Nimrod beobachtete all dies, sah die Allmacht Gottes und rief Abraham aus dem Feuer heraus: „Abraham! Ich werde deinem Gott ein Opfer darbringen, da ich seine Allmacht und Stärke in dem, was er dir getan hat, gesehen habe.“

3.4. Abraham wandert aus ins Land Scham (Syrien/Palästina)

Nicht wenige Männer seines Volkes schlossen sich aufgrund des Errettungswunders Abraham und seinem Glauben an. Darunter waren Lot, Haran, Nahor, Betuël und einige andere, auch Sara gehörte zu ihnen. Abraham machte die Hidschra zu seinem Herrn, wie es heißt. Über Haran und Ägypten zog er ins Heilige Land. Diese Region wird arabisch *Scham* genannt. Abraham heiratete Sara und gab sie in Ägypten als seine Schwester aus, um sein Leben zu retten.

> In anderen Zusammenhängen, zum Beispiel in der Hadithsammlung des Buchari, wird dies als eine der „drei Lügen Abrahams“ gezählt: Der Prophet Abraham habe nie gelogen, außer bei drei Anlässen: zweimal in einer Angelegenheit Gottes, nämlich in Sure 37,89, als er in der Auseinandersetzung um den Götzendienst behauptete „Ich bin krank“, und in Sure 21,63, als er – ironisch – die Zerstörung der Götzenbilder deren größtem anlastete. Und dann in dieser Situation, in der sich Abraham selbst schützen wollte, da seine Frau „zu den schönsten aller Menschen“ zählte.

Sara wurde durch Gottes Eingreifen und Abrahams Gebet vor dem Zugriff des ägyptischen Gewaltherrschers bewahrt. Der schenkte ihr schließlich sogar Hagar, eine koptische Sklavin von schöner Gestalt. Da Sara bis ins Alter kinderlos geblieben war, gab sie die Sklavin Abraham: „Vielleicht schenkt Gott ihr ein Kind von dir.“ Hagar wurde schwanger und gebar ihm Ismael.

Eines Tages kamen Gäste, die dem Propheten Isaak und Jakob als Nachkommen verkündeten, wie es im Koran in Sure 11,69 – 73 erzählt wird (s. 2.2.). Sara lachte, denn sie war neunzig Jahre alt, Abraham hundertzwanzig. Sara wurde schwanger und gebar Isaak. Manche sagten, Isaak und Ismael seien zur gleichen Zeit geboren worden.

3.5. Hagar und Ismael in Mekka

Die Jungen wuchsen miteinander auf und wetteiferten in vielen Dingen. Sara wurde zornig und eifersüchtig, schließlich befahl sie Abraham, die beiden wegzuschicken. Unterstützt durch eine Offenbarung Gottes brachte der Prophet seine Konkubine und den Sohn nach Mekka. Am Platz des Hidschr – es war damals dort ein roter Hügel – bereitete er ihnen ein Lager. Hagar sollte eine Hütte bauen. Als Abraham sich anschickte, sie zu verlassen, fragte sie: „Wem vertraust du uns an?“ Er gab ihr keine Antwort. Da fragte sie: „Hat Gott dir das befohlen?“ Er sagte: „Ja.“ Sie sprach: „Dann wird er uns nicht im Stich lassen.“ Daraufhin kehrte Abraham nach *Scham* zurück. Hagar blieb mit Ismael und einem einzigen Wasserschlauch in der Wüstengegend zurück. Dornsträucher, Akazien, kein Wasser. Bald quälte beide der Durst. Hagar stieg auf einen nahen Hügel, um nach Wasser, einem Menschen oder sonst einem Trost Ausschau zu halten. Es war der Felsen *Safa*, auf dem sie stand. Laute von wilden Tieren ließen sie schnell wieder zu Ismael eilen, um ihn zu trösten. Eine Stimme aus der anderen Richtung ließ sie zum Hügel *Marwa* laufen. So machte sie als erste den Lauf zwischen *Safa* und *Marwa*. (Im Hadith wird ergänzt, dass sie das sieben Mal wiederholte.) Dort rief sie den Namen „El“ an, um Gott um Hilfe zu bitten. Da erschien ihnen der Engel Gabriel und führte sie zu dem Ort des Zamzam-Brunnens. Gabriel stampfte auf den Boden, und eine Quelle sprudelte hervor. So wurden sie gerettet und genossen frisches Wasser, das alle Gäste Gottes, wie die Pilger genannt werden, bis zum heutigen Tage genießen und als heilkräftig schätzen.

Gabriel kündigte den Bau des Hauses Gottes durch das Kind und seinen Vater an. So blieben die beiden, und der altarabische Stamm der Dschurhum siedelte sich an. Sie wurden die ersten Bewohner von Mekka, aus deren Mitte Ismael sich eine Frau nahm, als Hagar gestorben war. So wurde Ismael zum Araber und zum Vater der Araber.

3.6. Die Kaaba

Abraham bat Sara um Erlaubnis, Hagar und ihren Sohn zu besuchen. Als er ankam, war Hagar allerdings schon gestorben. Die Frau Ismaels empfing ihn und wusch ihm Haupt und Haare. Dazu brachte sie den *Maqam*-Stein (der bis heute den „Ort Abrahams“ markiert) und legte ihn einmal zu seiner Rechten, einmal zu seiner Linken, damit er seinen Fuß darauf stütze. Dabei wurden die Fußabdrücke des Patriarchen tief und bleibend in den Stein eingesenkt.

Die Kaaba war zunächst ein himmlischer Schatz, einer der Edelsteine des Paradieses. Siebzigtausend Engel gingen täglich aus und ein. Als Adam aus dem Paradies geworfen wurde, berührte er genau da die Erde, wo heute die Kaaba steht. Eben dort wurde auch der Schwarze Stein herabgelassen, funkelnd wie eine weiße Perle (er wurde erst später schwarz). Hier sollte schon Adam die Pilgerfahrt vollziehen, und auf seine Bitte hin gab Gott ihm ein, er werde einen Propheten aus seiner Nachkommenschaft zum Freund nehmen und ihn mit allem betrauen, was die Kultstätte und ihre Riten betrifft.

Nach diesen Anfängen zur Zeit Adams wurde die Kaaba vor der Sintflut gerettet, indem sie in den vierten Himmel gehoben wurde. Seither war der Platz leer, bis zu den Tagen Abrahams. Ihm gab Gott ein: „Baue mir ein Haus auf Erden!“ Und er schickte ihm eine Wolke im Ausmaß der Kaaba, die vor ihm herging, bis sie ihn an die Stelle des Hauses geführt hatte. So begann Abraham das Haus zu bauen, und Ismael reichte ihm die Steine dazu (vgl.

Sure 2,125–129, s. 2.8.2.1.). Obwohl Abraham Hebräer und Ismael Araber war, konnten sie sich verständlich machen. Die beiden bauten die Kaaba aus Steinen von fünf Bergen: dem Sinai (Ort der Moseoffenbarung), dem Ölberg (Jerusalem), dem Libanon und dem Dschudi; die Fundamente wurden mit Steinen vom Berg Hira, dem Ort der ersten Offenbarung an Muhammad, gebaut. Mit dem Schwarzen Stein als „Zeichen für die Menschen" wurde der Bau vollendet.

Auf die Bitte der beiden hin zeigte Gott ihnen die Riten, indem er Gabriel sandte, der sie in allen Einzelheiten unterwies. Der Bedeutung der Riten wegen zitieren wir hier den Wortlaut aus Tha'labis Prophetengeschichten (nach H. Busse):

> Am Tag des Tränkens [dem 8. Tag des Monats Dhu 'l-Hiddscha] führte er [Gabriel] sie nach Mina und betete dort mit ihnen das Mittags-, Nachmittags-, Abend- und Nachtgebet. Dann übernachtete er mit ihnen dort bis zum Morgen und betete mit ihnen das Morgengebet. Alsbald ging er mit ihnen am Vormittag nach Arafat und vollzog mit ihnen dort das Stehen, bis die Sonne sich neigte. Dabei zog er das Mittags- mit dem Nachmittagsgebet zusammen. Dann ging er mit ihnen von Arafat weg zu dem Haltepunkt und machte an dem Platz Halt, an dem die Leute heute noch Halt machen. Als die Sonne untergegangen war, lenkte er sie nach Muzdalifa und zog das Abend- und Nachtgebet zusammen. Dann verbrachte er mit ihnen dort die Nacht bis zum Aufgang der Morgenröte. Dann betete er mit ihnen das Morgengebet, vollzog mit ihnen das Stehen auf dem Hügel Quzah, und als die Morgenröte in Helligkeit überging, eilte er mit ihnen nach Mina und zeigte ihnen, wie man mit Steinen nach den Säulen wirft. Dann befahl er ihnen das Schlachten (des Opfertieres), zeigte ihnen den Schlachtplatz in Mina und befahl ihnen, sich die Haare schneiden zu lassen. Dann eilte er mit ihnen zum Haus [oder: dann umschritt er gemeinsam mit ihnen das Haus]. Und Gott offenbarte unserem Propheten Muhammad, der Religion Abrahams zu folgen, eines Hanifen, er war kein Götzendiener (vgl. Sure, 3,67; 4,125).

So wie Abraham es errichtet hatte, blieb das Haus Gottes bis fünf Jahre vor der Berufung Muhammads zum Propheten. Damals rissen die Quraisch die Kaaba nieder und errichteten sie neu, da sie ihnen zu niedrig und wohl zu unwürdig erschienen war. Es war angesichts der Heiligkeit des Ortes kein unproblematisches Unterfangen, schließlich gelang es jedoch – nicht zuletzt mit Hilfe eines Schiedsspruchs Muhammads –, den Bau über dem Schwarzen Stein neu aufzuführen. In dieser Form blieb die Kaaba dann bis ins Jahr 64 nach der Hidschra erhalten. Es war noch manche Unbill zu verzeichnen, deren dramatischste sicher die war, dass der Schwarze Stein einmal nach seiner Entführung durch die Qarmaten gar über zwanzig Jahre lang im Exil im Osten der arabischen Halbinsel verbrachte (wohl 930–951 unserer Zeitrechnung), bis er einigermaßen wohlbehalten wieder an seine alte Stelle zurückgebracht werden konnte.

3.7. Der Befehl Gottes an Abraham, seinen Sohn zu schlachten

Die Gelehrten sind uneins darüber, um welchen der beiden Söhne es sich bei dem Befehl Gottes gehandelt habe. Die Darlegung der verschiedenen Meinungen dazu nimmt viel Raum ein. Tha'labi räumt ein, dass die Texte für Isaak als den „Geschlachteten" sprechen, bevorzugt selbst aber Ismael. Und dies wegen der Widderhörner, die zwar nicht im Koran – sondern in der jüdischen Tradition – erwähnt werden, aber doch noch fünfzig Jahre nach dem Tod Muhammads (bis zu einem Brand der Kaaba im Jahr 683/84) an der Kaaba aufgehängt gewesen sein sollen. So wird heute allgemein angenommen, es habe sich bei dem Sohn, der geopfert werden sollte, um Ismael gehandelt.

Abraham hatte Hagar und Ismael immer wieder vom Lande *Scham* aus besucht. Gewöhnlich wurde er von dem Hengst Buraq getragen (auf dem übrigens auch Muhammad seine Nacht- und Himmelsreise machte), ritt morgens los, war mittags in Mekka und kehrte am Abend zurück, um die Nacht wieder bei seiner Familie in *Scham* zu verbringen. Als Ismael herangewachsen war, hoffte Abraham, dass der Junge sich als Diener Gottes und gehorsamer Sohn erweisen werde. In der Zeit empfing Abraham im Traum jene Offenbarung, die das Entsetzliche verlangte (Sure 37,102): „O mein lieber Sohn, ich sah im Schlaf, dass ich dich schlachte." Ismael ist bereit: „Mein Vater! Binde mich fest, damit ich nicht heftig zucke, und binde deine Kleider hoch, damit mein Blut nicht auf sie spritzt und mein Lohn geringer wird oder meine Mutter es sieht und traurig wird. Schärfe die Klinge deines Messers und ziehe es mir schnell durch die Kehle, damit der Tod mir leichter wird, denn er ist wahrlich schwer. Wenn du dann zu meiner Mutter kommst, grüße sie von mir! Und wenn du es für angebracht hältst, ihr mein Gewand zu überbringen, so tue es. Es möge ein Trost für sie sein." Darauf Abraham zu ihm: „So soll es geschehen. Von Gott wird Hilfe kommen, denn du verhältst dich dem Befehl Gottes gemäß."

Der Vater küsst den Sohn. Dann fesselt er weinend den weinenden Jungen, die Tränen laufen ihm über die Wangen. Ohne Furcht legt er das Messer an seinen Hals. Aber das Messer richtet nichts aus – eine Kupferplatte schützt Ismaels Kehle! Da spricht der Sohn: „O mein Vater, wirf mich auf die Stirn, denn wenn du mein Gesicht siehst, erbarmst du dich meiner und wirst von Herzensgüte eingeholt; das hindert dich dann, Gottes Befehl auszuführen." Abraham tut es, wie es in Sure 37,103 heißt: „Als sie sich beide ergeben gezeigt hatten und er ihn auf die Stirn niedergeworfen hatte."

Wieder setzt Abraham das Messer an, diesmal am Nacken, doch es gleitet ab und dreht sich blitzschnell mit der Schneide nach oben. Da bricht Gottes Ruf in das Grauen: „Abraham! Du hast das Traumgesicht wahr gemacht." (Sure 37,105) Gott spricht das erlösende Wort: „Siehe, hier ist dein Schlachtopfer, eine Auslösung für deinen Sohn. Schlachte es an seiner statt."

Da sah Abraham auf, und da stand Gabriel mit einem Widder, großäugig, weiß und gehörnt. Der Widder rühmte Gott: „Gott ist groß!", und Abraham und sein Sohn fielen ein: „Gott ist groß!" Das ist der Vers: „Und Wir lösten ihn mit einem großartigen Schlachtopfer aus." (Sure 37,107)

Abraham bindet seinen Sohn los, nimmt den Widder, bringt ihn zum Schlachtplatz von Mina und schlachtet ihn. Das ist der Beginn des Islam. Der Kopf des Widders aber wurde mit den Hörnern an der Regentraufe der Kaaba aufgehängt, wo er vertrocknete.

Es wird weiter berichtet, dass der Satan mehrfach versuchte, die beiden von ihrem Gottesgehorsam abzuhalten. In Gestalt eines Mannes erscheint er zuerst der Mutter des Jungen und klärt sie auf, dass die beiden keineswegs, wie sie vermutete, zum Holzsammeln gegangen sind. Als ihr klar wird, dass Gott das Unbegreifliche befohlen hat, lässt sie sich dennoch nicht abbringen: „Wenn ihm das befohlen worden ist, tut er gut daran, sich dem Befehl seines Herrn zu beugen und sich ihm zu unterwerfen."

Nach diesem ersten Misserfolg eilt der Satan dem Jungen nach, holt ihn ein und bringt auch diesem in einem Wortwechsel bei, dass der Vater nicht Holz sammeln, sondern ihn schlachten will. „Warum?", fragt Ismael. „Er behauptet, Gott habe es ihm befohlen." Da sagt der Junge: „Dann soll er tun, was Gott ihm befohlen hat. Ich höre und gehorche dem Befehl Gottes." Schließlich macht sich der Satan an den Vater heran: „Wo willst du denn hin, Meister?" Er sagt: „Ich will in diese Schlucht da, um etwas zu erledigen." Satan erwidert: „Bei Gott! Ich habe gesehen, dass Satan zu dir im Traum gekommen ist und dir befohlen hat, deinen Sohn zu schlachten."

Da erkannte Abraham ihn und sagte: „Scher dich weg von mir, Verfluchter! Bei Gott, ich werde den Befehl meines Herrn ausführen." Da kehrte der Teufel – Fluch über ihn! – im Zorn um, ohne seine Absicht bei Abraham und seiner Familie erreicht zu haben. Sie hatten sich ihm mit der Hilfe und Unterstützung Gottes entzogen.

Eine andere Überlieferung berichtet, dass der Teufel sich Abraham beim heiligen Versammlungsplatz (d.i. Muzdalifa) zeigte und versuchte, ihn zu überholen. Doch Abraham war schneller. Als er zum ersten Steinhaufen kam, verstellte der Teufel ihm den Weg. Da warf er sieben Steine nach ihm, so dass er verschwand. Danach verstellte er ihm am mittleren Steinhaufen den Weg. Er bewarf ihn abermals mit sieben Steinen, bis er wegging. Dann holte der Teufel ihn beim größten Steinhaufen ein, und Abraham warf nochmals sieben Steine nach ihm, bis er verschwand. Daraufhin ging Abraham daran, den Befehl Gottes auszuführen.

3.8. Der Tod Saras und Abrahams

Sara starb im Alter von hundertsiebenundzwanzig Jahren in Hebron im Lande Kanaan auf einem Acker, den Abraham gekauft hatte. Dort wurde sie begraben. Hagar war schon vorher in Mekka gestorben und bei der Kaaba im *Hidschr* begraben worden. Abraham heiratete nach Saras Tod Ketura, die Tochter Joktans, und nahm dann noch eine zweite Frau, eine Araberin namens Hadschun. Mit Isaak und Ismael hatte Abraham schließlich dreizehn Söhne.

Als Abraham zweihundert Jahre alt war, kam der Todesengel in Gestalt eines alten Mannes zu ihm. Da Abraham immer großzügig war in seiner Gastfreundschaft, lud er ihn ein. Durch diesen Besuch über die Beschwerden des Alters belehrt wollte Abraham sterben. Da stand der alte Mann auf und ergriff Abrahams Seele. Er wurde neben Sara auf dem Acker von Hebron begraben.

3.9. Abrahams Auszeichnungen

In einem gesonderten ausführlichen Kapitel werden die besonderen Eigenschaften Abrahams gerühmt. Wir zitieren aus der Reihe von sechsundvierzig Vorzügen eine Auswahl:

Abraham ist der Freund des Barmherzigen. Gott sagt: „Und Gott hat sich ja Abraham zum Freund genommen." (Sure 4,125)

Er ist der Vater der Gastfreundschaft. Er nahm die Morgen- und Abendmahlzeit nur zusammen mit einem Gast ein. Manchmal ging er zwei Meilen oder mehr, um einen Gast zu finden. Seine Gastfreundschaft bleibt bestehen bis zum Tag der Auferstehung.

Er ist derjenige, dem Rechtleitung gewährt wurde, bevor er volljährig war.

Er ist das Oberhaupt *(imam)* jener, die sich zu dem einen Gott bekennen. Ihm ist eine nicht zu schlagende Argumentationsfähigkeit für den Monotheismus gegeben. Darum rief er mit (vernünftigen) Argumenten von seiner Jugend bis ins hohe Alter die Menschen zur Wahrheit (Sure 6,83).

Er war der erste, den Gott *Hanif* und *Muslim* nannte (Sure 3,67).

Abraham war der erste, der beschnitten wurde. Einige überliefern das Alter von hundertzwanzig Jahren, als Abraham sich selbst mit der Axt beschnitt.

Abraham war der erste, dessen Haare weiß wurden.

Er war der erste, der die Pilgerriten vollzog, und zwar auf seine Bitte, als er sagte: „Und zeig uns unsere Riten!" (Sure 2,128) Da wurde er erhört.

Er war der erste, der am Abschluss des Pilgerfestes an der Kaaba das Schlachtopfer darbrachte.

Er ist derjenige, der am Tag der Auferstehung mit einem weißen Gewand bekleidet sein wird, und ihm wird zur Rechten vom Thron des Barmherzigen eine Kanzel *(minbar)* aufgestellt.

Er war der erste, der seinen Schnurrbart gestutzt, seine Nägel geschnitten, seine Schamhaare abrasiert, die Haare unter der Achsel ausgezupft, einen Zahnstocher benutzt, seine Haare frisiert, seinen Mund gespült, Wasser durch die Nase gezogen und nach dem Ausscheiden seine diskreten Körperteile mit Wasser gewaschen hat.

Er war der erste, der um Gottes willen ausgewandert ist.

Gott machte seinen *Maqam* (Ort) zur Gebetsrichtung *(qibla)* für die Menschen (Sure 2,125).

Gott setzte ihn als Imam der Menschen ein (Sure 2,124; 60,4).

Darum befahl Gott Muhammad, dem besten aller Propheten, und seiner Gemeinschaft *(umma)*, der besten aller Gemeinschaften, der Religion Abrahams zu folgen (Sure 16,123; 2,135).

Gott nannte ihn mild, bußfertig und empfindsam (Sure 11,75). Mild ist derjenige, der seinen Zorn beherrscht. Empfindsam ist derjenige, der tief seufzt, wenn von den Sünden die Rede ist. Bußfertig ist derjenige, der mit seinem Herzen bei seinem Herrn Zuflucht sucht.

4. Ein Ausblick: Abrahamische Ökumene?

Die Geschichte der wechselseitigen Beziehungen zwischen Christen, Juden und Muslimen zieht Spuren der Missachtung und der Unterdrückung, des Hasses und des Leides durch die Jahrhunderte. Oft genug sind es Blutspuren, und allzu oft sind Christen dabei treibende Kräfte gewesen. Angesichts der schuldhaften Verstrickungen in der Geschichte und der erst spät einsetzenden selbstkritischen Aufarbeitung ihrer Auswirkungen ist es verständlich, dass viele heute den Herausforderungen durch religiösen Fundamentalismus und religiös legitimierte Gewalt so zu begegnen versuchen, dass sie die Gemeinsamkeiten zwischen den Religionen und Elemente der Geschwisterlichkeit betonen. Es ist nicht nur verständlich, sondern notwendig, dass der Dialog mit Andersgläubigen das Verbindende sucht in der Wahrnehmung der gemeinsamen Verantwortung für ein friedliches und gerechtes Zusammenleben in der Gesellschaft. Dies gilt für hier ebenso wie für die Herkunftsländer unserer Dialogpartner. In diesem Bestreben darf allerdings Widersprüchliches und Widerstreitendes nicht marginalisiert oder verharmlost werden. Die Konkurrenz von Religionen in Sachen Wahrheit ist nicht wegzudiskutieren, sie ist kein oberflächlicher Makel, der beseitigt werden könnte, sondern Ausdruck ihrer je konstitutiven Verbindlichkeit. Unterschiede sind deshalb nicht durch theologische Reduktion zu überwinden – auch nicht in vollmundiger Selbstbehauptung zu instrumentalisieren –, sondern zu respektieren. Daher eröffnet der interreligiöse Dialog das ganz praktische Lernfeld für den konstruktiven Umgang (auch) mit den Unterschieden.

Dazu kann auch Abraham dienen. Keine andere Gestalt nimmt auf der Suche nach einer gemeinsamen Basis von Judentum, Christentum und Islam einen so prominenten Platz ein wie Abraham. Für die drei monotheistischen Religionen ist er der „Vater des Glaubens", das Paradigma des Gottvertrauens, Abraham lässt Geschichten erzählen als Teil einer großen Familiengeschichte. Die Herkunft von einer gemeinsamen Wurzel soll Gemeinschaft bestärken, ja, der Patriarch wird als eine Friedensquelle am gemeinsamen Ursprung gesehen, die nur immer wieder durch Totalitätsansprüche und Extremismus zugeschüttet wurde und wird. Um den Frieden zu gestalten, müsste man also nur wieder ent-decken, was hier verborgen ist. Vom „abrahamischen Geist" ist die Rede, gar von „einer „Spiritualität Abrahams", die den Geist der Solidarität atmen und sich in der „Hingabe an Gott" (Hans Küng: „*islam*, sozusagen klein geschrieben") Ausdruck verschaffen.

Kann die Realität der unterschiedlichen Abrahambilder, die als solche Ausdruck grundlegender Glaubenseinsichten sind, die Bürde einer all solche Aspekte in sich vereinigenden und verdichtenden „Abrahamischen Ökumene" tragen?

Die Idee einer abrahamischen Ökumene ist verhältnismäßig jung. Sie ist mit dem Leben und Wirken des französischen Orientalisten und großen Mystikers Louis Massignon eng verwoben. Louis Massignon wurde 1883 als Sohn eines Künstlers und Arztes in Nogent-sur-Marne in der Nähe von Paris geboren. Im Mai 1908 erlebte der begabte junge Mann auf dem Tigris im heutigen Irak seine Lebenswende. Unterwegs auf der Rückreise von einer archäologischen Unternehmung wurde er von der türkischen Polizei verhaftet, da er brisante Fotografien bei sich hatte. Er wusste, dass ihm die Todesstrafe drohte. Nach einem Fluchtversuch noch einmal geschnappt, ereilte ihn die Malaria. Alles schien aus. Da erlebt er, was er später den „Besuch des Fremden" nennt, ein intensives mystisch-spirituelles Erlebnis, das ihm neue Zuversicht verleiht, das ihn zum (römisch-katholischen) Glauben zurückbringt und ihn wieder Mut fassen lässt. Gerettet wird er durch die Intervention von arabischen Freunden, die ihn zu sich nehmen und wegen der Krankheit um sein Leben fürchten. Sie beten für ihn, er wird gesund. Die Erfahrung dieser Hingabe der muslimischen Freunde für ihn, der Gastfreundschaft, die er bei ihnen erlebt, und die Freude neu geschenkten Lebens – all dies bündelt sich im Leben Massignons zum Wurzelboden für die Idee einer abrahamischen Ökumene. Die *Mittlerschaft*, die der Islam für den Franzosen im Blick auf seine persönliche Identitätsfindung als katholischer Christ ausübte, wurde in differenziert reflektierter Form später zur Grundkonstante des Denkens Massignons, und zwar dann in beiden Richtungen.

Am Anfang also ein ganz persönliches, individuelles Erleben. Massignon schreibt später ein bahnbrechendes Werk zur islamischen Mystik. Das verwundert nicht, denn es ist der mystische Weg der Einheit, der Liebe, den er sucht und selbst auch geht. Dabei geht es nicht zunächst um Lehre, sondern etwa um stellvertretende, vermittelnde christliche Liebe, um fürbittendes Gebet für Muslime. Massignon spricht in diesem Zusammenhang von der Stellvertretung, die Christen auf sich nehmen könnten und müssten, um Muslime „nach Hause zu lieben". Nach Hause bedeutet für ihn zurück in die Arme Gottes.

Louis Massignon wird ein berühmter Islamwissenschaftler und ist zugleich ein tief frommer Mann mit guten Verbindungen zur katholischen Hierarchie. Seine freundschaftliche Beziehung zu Monsignore Giovanni Battista Montini (1897–1978) hat kirchengeschichtlich epochale Folgen, als dieser als Paul VI. im Juni 1963 während des Zweiten Vatikanischen Konzils die Nachfolge Johannes' XXIII. als Papst antritt und so die „abrahamische Ökumene" ein eigenes Gewicht in den Konzilstexten erhalten kann. Es kommen Aussagen zustande, die in der Geschichte der katholischen Kirche bis dahin singulär sind:

> Die Heilsabsicht umfasst aber auch die, welche den Schöpfer anerkennen, unter ihnen besonders die Muslime, die sich zum Festhalten am Glauben Abrahams bekennen und mit uns den einzigen Gott anbeten, den barmherzigen, der die Menschen am Jüngsten Tag richten wird.

So formuliert das Vatikanum in der Dogmatischen Konstitution über die Kirche „Lumen Gentium". Und in der Erklärung zum Verhältnis zu den nichtchristlichen Religionen „Nostra Aetate":

> Und sie betrachtet „mit aufrichtigem Ernst [...] jene Handlungs- und Lebensweisen, jene Gebote und Lehren, die zwar in vielem von dem abweichen, was sie selber [die Kirche] festhält und lehrt, jedoch nicht selten einen Strahl jener Wahrheit wiedergeben, die alle Menschen erleuchtet".

Diese Sätze markieren eine Wende in der katholischen Theologie und Kirche. Ohne Massignon wären sie nicht denkbar. Und mit ihnen beginnt ab Mitte der 1960er Jahre die steile Karriere der Idee einer abrahamischen Ökumene über Konfessions- und Religionsgrenzen hinweg, wobei das Judentum erst später mit einbezogen wurde.

Eine Vielzahl von Initiativen, Abrahamischen Foren, Veranstaltungen Christlich-Islamischer Gesellschaften und „Trialog"-Bemühungen spiegelt inzwischen die Bedeutung der Abrahamsmetapher für den Dialogprozess wider.

Betrachten wir die in diesem Buch zusammengetragenen Überlieferungskomplexe und Glaubensüberzeugungen, wie sie sich in der jüdischen, der christlichen und der islamischen Abrahamsrezeption entfaltet haben, so fällt es indes nicht leicht, einen oder gar *den* „abrahamischen Geist" zu beschreiben oder auch nur die „Hingabe an Gott" präziser zu fassen denn als Mut zum Aufbruch, Vertrautes im Vertrauen auf Gott hinter sich zu lassen und Neues zu wagen. (Und schon diese Formulierung ist – vom Islam aus gesehen – weniger allgemein zugänglich als beabsichtigt, sondern spürbar christlich gefärbt.)

Olaf Schumann hat es so ausgedrückt, wie es zusammenfassend kaum treffender zu formulieren wäre: „Es ist misslich, wenn man im Namen Abrahams nach Gemeinsamkeiten suchen will, die Judentum, Christentum und Islam verbinden, falls man sich nicht mit der Chiffre eines bloßen Monotheismus zufrieden geben will, hinter der der suchende Blick des Gläubigen nichts als Leere findet." – Er fährt fort, die traditionsgeschichtliche Untersuchung habe gezeigt, „dass unter Berufung auf Abraham jede der drei Religionen mit dem Anspruch auftritt, allein zum ‚richtigen' Glauben anzuleiten. Auf die Frage nach dem spezifischen Inhalt dessen, was unter ‚Glaube' verstanden wird, waren die Antworten jedoch grundverschieden. In welchem Sinne ist Abraham dann der ‚Vater des Glaubens'?" (Schumann, 54)

Die Bezugnahme der drei großen religiösen Traditionen auf Abraham ist offensichtlich so unterschiedlich, dass die Behauptung einer grundlegenden Gemeinsamkeit entweder nur Hülle ohne Inhalt ist oder aber im Namen einer gemeinsamen Symbolfigur einer eigenen, neuen Konstruktion jenseits dessen bedarf, was in der jeweiligen Glaubensgemeinschaft in Geltung steht. Es wird deutlich, dass das Konzept einer abrahamischen

Ökumene in aller Regel auf die eine oder andere Weise reduktionistisch verfahren muss und eurozentrisch angelegt ist, das heißt wesentlich von einer modernen, immer noch existenzialistisch orientierten historisch-kritischen Bibelauslegung geprägt ist. Denn hier wird auf die eine oder andere Weise ein aller scheinbar zufälligen oder störenden Ausschmückungen entkleideter Abraham an einen Ort ursprünglicher Wahrheit gesetzt, welcher freilich weder „historisch" noch auch in den Glaubensgeschichten der vitalen Religionsgemeinschaften als solcher verifizierbar ist. Er ist vielmehr in dem Maße abstrakt, in dem jene „ursprüngliche Wahrheit" von ihren vielfältigen Manifestationen nicht nur unterschieden, sondern so abgehoben wird, dass die konkrete Unterschiedlichkeit und Widerständigkeit der Überlieferungen als bloße *Ausdrucksformen* ein und derselben göttlichen Transzendenz aufgefasst werden. Die *faktische Konkurrenz* der inhärenten Wahrheitsansprüche in den von Christen, Juden und Muslimen konkret gelebten Religionen wird über eine *behauptete Konvergenz* sehr unterschiedlicher Aussagelinien nicht nur relativiert, sondern schlicht negiert, weil harmonieren muss, was nicht widerständig sein darf. Das Ziel ist mithin eine Harmonisierung auf der übergeordneten Ebene, um dadurch vermeintlich den Dialog auf der Differenzebene, die als äußerlich und vorläufig betrachtet wird, zu fördern. Abraham darf für das stehen, was von vornherein als religiös, moralisch, ethisch, menschlich akzeptabel gilt. Abraham wird instrumentalisiert.

Damit wird eine radikale, weil die Transzendenz einbeziehende Vereinnahmung des Anderen in Kauf genommen, indem ein gemeinsamer *islam* (klein geschrieben) postuliert wird, der dann nur noch unterschiedlich *gedeutet* wird. Es ist kaum von der Hand zu weisen, dass die beschworene Konvergenz nur durch die Behauptung eines gemeinsamen Nenners – und läge er in der Transzendenz („Deus semper maior", Gott ist immer noch größer!) – zu erreichen ist. Und dies zu dem Preis, dass auf dem Wege einer erkenntnisanthropologisch ebenso wie theologisch unhaltbaren Unterscheidung, ja Trennung von Form und Inhalt zentrale Aussagegehalte des einen *wie des anderen* Glaubens wesentlicher Inhalte entleert und gleichsam als Nebensächlichkeiten neutralisiert werden. Es ist hier nur an die trinitarische

Verfasstheit des christlichen Glaubens gegenüber der islamischen Prophetologie im Zeichen des *tauhid* zu erinnern, des Bekenntnisses zu dem einen und einzigen Gott (Sure 112 als Schlüsseltext). Dass Gott sich in Jesus Christus offenbart und im Heiligen Geist leben- und glaubenschaffend gegenwärtig ist, wird im Neuen Testament ebenso klar bezeugt wie im Koran bestritten. Da gibt es keine Vermittlung, auch nicht in der gerne dafür bemühten Transzendenz. Selbstverständlich gilt angesichts unserer Erkenntnismöglichkeiten die Einsicht in die unerfassbare Größe Gottes (1Kor 13,9 ff), doch wird an keiner Stelle die *prinzipielle Unerkennbarkeit* Gottes ausgesagt, die einen zentralen Aussagegehalt christlichen Glaubens – die Selbsterschließung Gottes in Jesus Christus – gleichsam auf der Seite menschlicher Deutung verbuchen ließe.

Existenziell überzeugender und von daher bindender Glaube schließt als solcher die Relativierung seiner Überzeugung zu einer menschlichen Denkkonstruktion aus. Zwar ist das Bild vom Elefanten, der von Blinden betastet wird – und deshalb je nur partiell, nie aber als Ganzes unmittelbar wahrgenommen werden kann –, gerade im interreligiösen Dialog sehr beliebt, um die Vermutung eines Ur-Grundes aller Religion oder einer Einheit des Glaubens hinter oder über den konkreten Religionen zu veranschaulichen. Doch diese Einheitsschau setzt einen Standpunkt voraus, der – als Standpunkt des Sehenden – *außerhalb* der Religionen liegen müsste (und deshalb schlicht *nicht gegeben* ist!). Zudem werden in dieser Sicht die anderen Religionen in einer eigentümlichen „Mischung aus doktrinärer Toleranz und Intoleranz" (P. Hacker) in das eigene System eingebunden, indem man sie als Teilwahrheiten und Wege zu demselben Absoluten deutet. Religionen bilden jedoch Totalperspektiven auf die Wirklichkeit aus, die wohl wandelbar, als solche aber nicht verhandelbar sind und deshalb selbstverständlich in Konkurrenz zueinander treten (müssen). Was sich als offen und tolerant gebärdet, wirkt also ganz im Gegenteil eher als eine Art „kalte Gleichschaltung", wie Gebhard Löhr es genannt hat.

Aus dem Gesagten lässt sich die These erhärten, interreligiöse Toleranz hätte sich gerade darin zu erweisen, dass sie die Religion des Anderen nicht in das Prokrustesbett einer Gemeinsamkeit zwängt, die nur durch Reduktion und Abstraktion zu erreichen ist, sondern sie als vitale Glaubens- und Lebensweise je in ihrem Zusammenhang akzeptiert und respektiert. Um gerade darauf aufbauend Wege des gelingenden gesellschaftlichen Miteinanders zu suchen und zu gestalten! Damit ist ausgeschlossen, dass alte Gräben aufgerissen und bestehende Mauern zementiert werden. Nicht um Selbstbehauptung kann es gehen, sondern offenes Hinhören ist gefragt, Ausredenlassen, um das authentische Selbstverständnis des Gegenübers wahrzunehmen, das in nicht unerheblichem Maße eben nicht nur ein Reflex *meiner* Glaubensweise ist – nur eben in anderer oder ungewohnter Form. Es geht nicht um weniger, sondern um *mehr* Respekt. Der Respekt muss, so die These, im Blick auf die Positionalität religiöser Lebensdeutung *weiter* reichen als die Idee einer abrahamischen Ökumene es bisher zum Ausdruck zu bringen vermochte.

Mit Abraham lässt sich dies einüben. Denn Abraham eignet sich zwar kaum zur interreligiösen Ökumene, aber er eröffnet einen von verschiedenen Seiten her offenen Raum wechselseitiger Gastfreundschaft und Beherbergung. Er bietet Raum für menschliche Begegnung in gegenseitiger Achtung, für aufmerksame Gespräche, für freundschaftliche Erkundungen auf eigenem und fremdem Terrain, für engagierte Impulse zur Wahrnehmung gemeinsamer Verantwortung in der Bewältigung vor uns stehender Aufgaben.

„Rabbi Abbahu sagte: Das Zelt unseres Vaters Abraham hatte offene Zugänge von allen Seiten.“ (Midrasch Bereschit Rabba 48,9)

5. Literaturhinweise (Auswahl)

5.1. Quellen

Bubenheim, A.F./Elyas, N.: Der edle Qur'ān und die Übersetzung seiner Bedeutungen in die deutsche Sprache, Madina/Saudi Arabien 2002.

Ibn Ishaq: Das Leben des Propheten, aus dem Arabischen übertragen und bearbeitet von Gernot Rotter, Kandern 1999. (Enthält die Übertragung von ungefähr einem Viertel des überlieferten arabischen Textes.)

Khoury, Adel Theodor: Der Koran Arabisch-Deutsch. Übersetzung und wissenschaftlicher Kommentar, 12 Bd., Gütersloh 1990 – 2001.

Paret, Rudi: Der Koran. Übersetzung, Stuttgart u. a. [8]2001.

Paret, Rudi: Der Koran. Kommentar und Konkordanz, Stuttgart u. a. [5]1993.

Qurtubi, Abu Abd Allah Muhammad b. Ahmad b. Abi Bakr al-: *Al-Dschami' li-ahkam al-Qur'an*, 11 Bd., Beirut 1414/1993.

Sahih al-Buchari: Ibn Rassoul, Muhammad ibn Ahmad: Auszüge aus dem Sahih Al-Buharyy, aus dem Arabischen übertragen und kommentiert, o. O., o. J. (www.arcelmedia.de).

Suyuti, Dschalal ad-Din as-: *Al-Itqan fi 'ulum al-Qur'an*, ed. N. M. al-Baz, 4 Bd., Riad 1417/1996.

Tabari, Muhammad Ibn-Garir at-: The history of al-Tabari. An annotated translation (Ta'rikh al-rusul wa'l-muluk), übersetzt und kommentiert von William M. Brinner, Franz Rosenthal, Moshe Perlmann u.v.a., Bibliotheca Persica, 38 Bd., Albany/New York 1987 – 1998.

Tha'labi, Abu Ishaq Ahmad b. Muhammad an-Naisaburi ath-: *Qisas al-anbiya', al-musamma 'ara'is al-madschalis* (Prophetengeschichten, genannt „Die Bräute der Versammlungen"), Beirut o. J. Deutsch: Islamische Erzählungen von Propheten und Gottesmännern: Qisas al-anbiya' *oder* 'Ara'is al-madschalis *von* Abu Ishaq Ahmad b. Muhammad b. Ibrahim ath-Tha'labi, übersetzt und kommentiert von Heribert Busse, Diskurse der Arabistik 9, Wiesbaden 2006.

5.2. Weitere Literatur

Busse, Heribert: Die theologischen Beziehungen des Islams zu Judentum und Christentum. Grundlagen des Dialogs im Koran und die gegenwärtige Situation, Grundzüge Bd. 72, Darmstadt 1988.

Eißler, Friedmann: Gibt es eine abrahamische Ökumene? Zur Konstitution eines Begriffs und seinen religionstheologischen Implikationen, in: Ralph Pechmann/Dietmar Kamlah (Hg.), So weit die Worte tragen. Wie tragfähig ist der Dialog zwischen Christen, Juden und Muslimen?, Gießen 2005, 261 – 287.

Gätje, Helmut: Koran und Koranexegese, Bibliothek des Morgenlandes, Zürich/Stuttgart 1971.

Goldziher, Ignaz: Die Richtungen der islamischen Koranauslegung, Olaus-Petri-Vorlesungen 1913, Leiden 1920 (unveränderter Neudruck 1952).

Griffith, Sidney: Sharing the Faith of Abraham: the ‚Credo' of Louis Massignon, ICMR 8, 1997, 193 – 210.

Islamisches Zentrum Hamburg: Geschichten der Propheten aus dem Qur'an, Übersetzung und Überarbeitung Halima Krausen, Hamburg 1403/1982.

Josua, Hanna Nouri: Ibrahim, Khalil Allah. Eine Anfrage an die Abrahamische Ökumene, Proefschrift ter verkrijging van de graad van Doctor in de Godgeleerdheid aan de Evangelische Theologische Faculteit te Heverlee (Leuven), België 2005. (Umfassende Darstellung, Analyse und Würdigung koranischer und nachkoranischer islamischer „Abrahamstheologie")

Klappert, Bertold: Abraham eint und unterscheidet. Begründungen und Perspektiven eines nötigen „Trialogs" zwischen Juden, Christen und Muslimen, Rhein Reden. Texte aus der Melanchthon-Akademie Köln 1, 1996, 21 – 64.

Krupp, Michael: Den Sohn opfern? Die Isaak-Überlieferung bei Juden, Christen und Muslimen, Gütersloh 1995.

Kundert, Lukas: Die Opferung/Bindung Isaaks, Bd. I: Gen 22,1 – 19 im Alten Testament, im Frühjudentum und im Neuen Testament, Bd. II: Gen 22 in frühen rabbinischen Texten, WMANT 78/79, Neukirchen-Vluyn 1998.

Kuschel, Karl-Josef: Streit um Abraham. Was Juden, Christen und Muslime trennt – und was sie eint, 2. Aufl. der ungek. Taschenbuchausgabe 1996, München 1997.

Kuschel, Karl-Josef: Juden – Christen – Muslime. Herkunft und Zukunft, Düsseldorf 2007.

Lings, Martin: Muhammad. Sein Leben nach den frühesten Quellen, aus dem Englischen übersetzt von Shukriya Uli Full, Kandern 2000 (engl. Originalausgabe 1983).

Löhr, Gebhard: Das indische Gleichnis vom Elephanten und den Blinden und seine verschiedenen Deutungen. Zum Problem interreligiöser Toleranz und des interreligiösen Dialogs, ZfMR 79, 1995, 290 – 304.

Massignon, Louis: Les trois prières d'Abraham, Institut international de recherches sur Louis Massignon, Paris 1997.

Moltmann, Jürgen: Kein Monotheismus gleicht dem anderen. Destruktion eines untauglichen Begriffs, Evangelische Theologie 62, 2002, 112 – 122.

Nagel, Tilman: Islam. Die Heilsbotschaft des Korans und ihre Konsequenzen, Westhofen 2001.

Nagel, Tilman/Reinhard G. Kratz (Hg.): „Abraham, unser Vater". Die gemeinsamen Wurzeln von Judentum, Christentum und Islam, hg. im Auftrag der Akademie der Wissenschaften zu Göttingen, Göttingen 2003.

Nöldeke, Theodor: Geschichte des Qorāns, bearbeitet von Friedrich Schwally, 3 Teile in einem Band, 2. Auflage Leipzig 1909 – 38 (5. Nachdruck Hildesheim 2005). (Teil I: Über den Ursprung des Qorāns, bearbeitet von Friedrich Schwally, 1909; Teil II: Die Sammlung des Qorāns, völlig umgearbeitet von Friedrich Schwally, 1919; Teil III: Die Geschichte des Korantexts, von G[otthelf] Bergsträßer und O[tto] Pretzl, 1938.)

Robinson, Neal: Massignon, Vatican II and Islam as an Abrahamic Religion, ICMR 2, 1991, 182–205.

Schreiner, Stefan: al-Quds – Jerusalem, heilige Stadt des Islam, in: M. Hengel/S. Mittmann/A.M. Schwemer, La Cité de Dieu. Die Stadt Gottes, WUNT 129, Tübingen 2000, 405–435.

Schreiner, Stefan: Die „Bindung Isaaks" in islamischem Gewande, Jud 59/1, 2003, 49–55.

Schumann, Olaf: Abraham – der Vater des Glaubens, in: Ders., Hinaus aus der Festung. Beiträge zur Begegnung mit Menschen anderen Glaubens und anderer Kultur, Studien zum interreligiösen Dialog Bd. 1, Hamburg 1997, 13–60.

Six, Jean-François (Hg.): Louis Massignon, Cahier de l'Herne, Paris o. J. (2. Hälfte der 1960er Jahre).

Speyer, Heinrich: Die biblischen Erzählungen im Qoran, 3. Nachdruckauflage der Ausgabe Gräfenhainichen 1931, Hildesheim u. a. 1988.

Watt, W. Montgomery (Bell, Richard): Bell's Introduction to the Qur'an, completely revised and enlarged by W.M. Watt, Islamic Surveys 8, Edinburgh 1970 (Nachdruck 2002).

Wimmer, Stefan Jakob/Leimgruber, Stephan: Von Adam bis Muhammad. Bibel und Koran im Vergleich, mit einem Geleitwort von Isa Güzel, hg. vom Deutschen Katecheten-Verein e.V., München/Stuttgart 2005.

Zirker, Hans: Christentum und Islam. Theologische Verwandtschaft und Konkurrenz, Düsseldorf 1989.